Hermann Fischer

Beiträge zur Literaturgeschichte Schwabens - 2. Reihe

Hermann Fischer

Beiträge zur Literaturgeschichte Schwabens - 2. Reihe

ISBN/EAN: 9783743421783

Hergestellt in Europa, USA, Kanada, Australien, Japan

Cover: Foto ©ninafisch / pixelio.de

Manufactured and distributed by brebook publishing software (www.brebook.com)

Hermann Fischer

Beiträge zur Literaturgeschichte Schwabens - 2. Reihe

Beiträge

zur

Litteraturgeschichte Schwabens

von

Hermann Fischer.

Zweite Reihe.

———— ..

Tübingen, 1899.

Verlag der H. Laupp'schen Buchhandlung.

Vorwort.

Es sind bald acht Jahre verflossen, seit ich die erste Reihe dieser Beiträge meinem Vater zu seinem fünfundsiebzigsten Geburtstag zugeeignet habe. Nun eröffne ich die zweite mit seiner Lebensgeschichte. Diese ist schon vor zwei Jahren als eigenes Büchlein erschienen; ich muß nur bitten, daß man auf Seite 62 statt des 28. April den 27., auf Seite 65 statt des 4. März den 3. lese.

Mit Friedrich Vischer habe ich eine Zeit lang so gut wie täglichen, ein gutes Jahrzehnt hindurch oft wiederholten Umgang pflegen dürfen. Was ich hier über ihn gebe, lehnt sich an die beiden Artikel an, die ich zu seinem achtzigsten Geburtstag in „Ueber Land und Meer" 1887, Nr. 39 und 40, und nach seinem Tode im „Litterarischen Merkur" vom 20. und 30. Dezember 1887 veröffentlicht habe. Es soll lediglich ein Opfer meines Dankes für den seltenen, unvergeßlichen Mann sein.

Die drei weiteren Aufsätze sind noch nirgends veröffentlicht worden. Sie sind hervorgegangen aus den Studien, die ich seit mehreren Jahren über jene Gruppe schwäbischer Dichter gemacht habe, deren bekanntestes Mitglied Hermann Kurz gewesen ist. Die Forschung über diese Dichter ist erleichtert, seit die K. öffentliche Bibliothek in Stuttgart sich in den Besitz von Kurz' handschriftlichem Nachlaß, namentlich seiner Korrespondenz, gesetzt hat. Dieser Anstalt, deren Beamter ich über zwölf Jahre gewesen bin und mit der mich viele liebe Erinnerungen verbinden, habe ich

Inhalt.

	Seite
Johann Georg Fischer	1
Friedrich Vischer	71
Rudolf Kausler	101
Ludwig Seeger	170
Schillers Heimatjahre von Hermann Kurz	217

———

Johann Georg Fischer.

Johann Georg Fischer ist am 25. Oktober 1816 in dem protestantischen Marktflecken Groß=Süßen an der Fils geboren worden. Es ist der nordwestlichste Ort des alten Ulmischen Gebiets, katholische Orte reichsritterschaftlicher und protestantische altwürttembergischer Herkunft grenzen unmittelbar an; und ich meine fast, diese neuwürttembergische Herkunft sei für meinen Vater immer charakteristisch geblieben: obgleich er seine beiden Frauen später aus altwürttembergischen Familien geholt hat, ist er doch mit den Traditionen des Stuttgarter Beamtentums und seiner Oligarchie niemals in irgend eine Fühlung gekommen. Süßen liegt sehr freundlich und fruchtbar in einer Niederung, die in nicht weitem Abstand von den äußersten Bergen und Vorbergen der Alb im Halbkreis umschlossen ist; mehrere Thäler münden zusammen, und der Wechsel von Höhe und Fläche stellt sich so reizvoll dar wie selten an einem Orte des Albtraufs. Ein empfängliches Gemüt konnte da Nahrung schöpfen. Und es war auch eine geistig regsame Familie, aus der mein Vater stammte; einfache, ja arme Leute, von denen doch mehrere es zu bedeutendem Ansehen im Orte

in der Schule, sondern auch nebenher etwas Latein und
Singen, besonders aber suchte er auch durch persönliche
Einwirkung ihm den Blick über den engen Kreis des banausischen Berufs hinaus zu wecken. Die Liebe zur Natur,
jenen ihm ganz eigenen fast erotisch gemahnenden Drang
nach ihr hat er vom Vater gehabt, der ebenso gerne auf
dem höchsten Balken eines neugezimmerten Hauses stand,
von dem sich's nach dem Wald hinüber sehen ließ, wie der
Sohn noch im späteren Mannesalter mit Wonne auf dem
Kirchenturm stand und sich am Glockenseil schwang. Aber
auch die zärtliche Neigung für das Rührende in der Natur
ist väterliches Erbteil gewesen. Mein Vater ist nicht müde
geworden zu erzählen, wie er als ganz kleiner Kerl, während
sein Vater an der Arbeit war, das erste Amselnest entdeckte
und der Vater, zuerst ungläubig, dadurch zu Thränen ge-
rührt wurde. Aber es war dem braven Manne nur vergönnt, den Sohn ein klein wenig über die Schwelle der
Schule zu geleiten. Eine Erkältung im Beruf raffte ihn
schon am 29. Mai 1826 mit sechsunddreißig Jahren hin-
weg; seine letzte Mahnung an den Knaben soll gewesen sein,
er solle sich unterscheiden lernen. Er hinterließ seiner Witwe
außer dem Erstgebornen, der die Aufregung des Begräbnis-
tages dazu benutzte, auf einen Zwetschgenbaum zu steigen
und das Bein zu brechen — es wurde aber vollkommen
geheilt und im Klettern war er noch später sehr gewandt —,
noch einen zweiten Sohn Jakob, 1819 geboren, der später
in seines Oheims Spur nach Frankreich gieng und in Paris
um 1867 gestorben ist. Meines Vaters Mutter Anna Ka-

tharine, geborne Cramer, war zehn Jahre älter als der
Vater, mit dem sie nach dem Zeugnis des Sohnes in glück=
lichster Ehe gelebt hat. Sie war kränklich und mußte sich
hart sein und den Pfennig zusammenhalten, eine Kunst, in
der mehrere andere Weiber der Verwandtschaft ganz Un=
glaubliches geleistet haben; das Vermögen war sehr knapp
und sie mußte sich durch Nähen Brot erwerben. Auch sie
hat ihren ersten Sohn, der immer nur mit der größten
Pietät von ihr gesprochen hat, wacker erzogen, sie hat ihn
noch ins Leben hinaus schicken dürfen, aber nur die dürftigen
Anfänge seiner öffentlichen Laufbahn erlebt, denn sie starb,
fast auf den Tag zweiundsechzig Jahre vor ihm, am 5. Mai 1835.
Tüchtigkeit und Fleiß konnte der Sohn von beiden Eltern
lernen; die eigentliche Richtung des Geistes, das poetische
Talent scheint hier einmal vom Vater ererbt gewesen zu sein.

Der Knabe wuchs also in sehr einfachen Verhältnissen
auf und mußte sich nach der Decke strecken. Das ist ihm
nicht schlecht bekommen, denn jene äußerste Bettelarmut, die
den Körper siech macht, ist auf dem Lande nicht bekannt.
Er war meistens gesund, wenn auch heftige Fieberkrank=
heiten ihn zu manchen Zeiten seines Lebens geschüttelt haben;
die Zugabe feinerer Organismen, nervöse Reizbarkeit, machte
sich in der Jugend und noch in den mittleren Jahren öfters
durch heftiges Kopfweh geltend. Robust und fleischig ist er
nie gewesen, sondern hager und sehnig, eine Natur, nicht
für grobe Arbeit und groben Genuß, um so mehr aber für
elastische Bewegung und rasches Auffassen der feinsten Dinge
der Innen= und Außenwelt organisiert; die Sinnesorgane,

vor allem das Auge, waren von seltener Schärfe. Auf
dem Land aufzuwachsen ist wohl immer ein Glück, und mein
Vater hat es gewußt. Er wäre ohne das nie zu der ge=
nauen Vertrautheit mit allen Vorgängen im Naturleben
gelangt, welche die Grundlage seiner Poesie bildete. Wie
oft hat er gespottet über die, welche sich so etwas anempfinden
wollen, ohne zu wissen, wie es wirklich draußen zugeht,
welche es deshalb nie zu einem vollen Schauen und Ge=
nießen, sondern nur zu einem platonischen Hinbämmern nach
dem verlornen Arkadien bringen; welchen es nichts darauf
ankommt, „Nachtigallnester mit Eiern im Herbst bei Melonen
und Trauben, Flieder und Aster zugleich, wenn es nur reizt
und gefällt" zu malen und zu besingen! Wie habe ich als
Knabe, gebornes Stadtkind mit stumpferen und für solche
Dinge wenig geübten Sinnen, mich abgequält, die Vögel
und Vogelnester alle zu sehen, die verschiedenen Gesänge
und Rufe zu unterscheiden, wenn ich mit ihm durch die
Gartengelände um Stuttgart spazieren durfte; der Refrain
war immer: ja, du bist halt ein Stadtkind, die sehen und
hören nichts! Erst spät habe ich ein wenig nachgelernt von
dem, was er als kleiner Bursche, „barfuß, nur in Hemb
und Hose", schon wußte. Aber Kennerschaft ist ohne Liebe
zur Sache nicht möglich. Schon aus der Knabenzeit weiß
sich mein Vater des leidenschaftlichen Drangs in die freie
Natur zu erinnern: „Wenn die Bücher zusammengeschlagen
waren — jetzt hinaus zum Wald! Sah ich auch unterwegs
einem Storch oder einer Lerche so lange nach, bis der eine
nur noch wie ein Punkt am Gewölk erschien, oder die andere

ganz darin verschwand, oder watete ich durch's Wiesengras,
das mir bis unter die Arme reichte, so lockte doch insge=
heim noch ein stärkerer, der stärkste Punkt, denn des Waldes
dunkle Mündung sah herein wie das Thor, das zur Ent=
zückung führt, und durch das ich viel leichter hinein als
wieder herauszubringen war. Schon von fern grüßte Kukuk
und Amselchoral. Die Amsel war mir ja schon vom Vater
ins Herz geschrieben, weil „die singt, wie's keiner kann".
Und nun ihr ins Nest zu schauen mit herzklopfender Freude
— die verheißungsvollen Eier, dann die wuselnden Jungen!
Aber um nicht zu stören, darf man nicht zu lange bei dem
Neste bleiben. Doch in einiger Entfernung sich in den
Wald legen, das darf man. Und auf einmal — was duftet
so wunderbar, so unsäglich schön? Ja, das hab' ich erst als
Mann erfahren, als ich die erste Bowle mit Waldmeister
kennen lernte, denn ehedem hat mir's Niemand gesagt".
Aber auch jener mystische Zug zum Weibe, dessen Ineinander=
fließen mit dem Naturgefühl der Kern seiner Lyrik ist, geht
schon auf die Schulzeit zurück. „In der Schule, Buben
und Mädchen in derselben Klasse, saß als die erste eine
Schülerin, zwei Jahre älter als ich, durch ihre Stimme,
ihr Auge, ihren Gang solche Andachtschauer erweckend, daß
ich kaum aufzusehen wagte, wenn sie kam und gieng, und
ich sah sie doch, sah sie im Wachen und Träumen. Da
aber diese Margaretha nun konfirmiert wurde (und ich mußte
bei der Schulfeier noch mitsingen), da war mir, als sie den
Segen empfieng am ersten Maisonntag: „So, jetzt hat der
Himmel zwischen dir und ihr die Thür zugeschlagen". . . .

Acht Tage nachher feierte sie ihre erste Kommunion, und am Abend dieses Tages hörte ich sie noch von fern hinter den Gärten mit ihren Genossinnen singen, daß mir die Thränen von den Backen liefen und ich in den Käfig nach meinem Vogel griff, ob wenigstens der mir geblieben". Noch bei unserem letzten Besuch in Süßen hat mir mein Vater ihr Haus gezeigt, und in einem Gedichte seiner letzten Sammlung hat er die ahnungsvolle Stimmung jener Zeit ergreifend reden lassen.

Aber das Leben zog ihn weiter. Im Jahr 1830 wurde er selbst konfirmiert. Er war in den letzten Schuljahren fast immer der Erste gewesen und hatte sich noch nebenher einige Kenntnisse erworben. Das wies ihn auf den Beruf des Lehrers hin. Im Frühjahr 1831 trat er in das Schullehrerseminar in Eßlingen ein. „Im Seminar zogen mich Musik, Naturgeschichte und der Vortrag aus Schillers, teilweise Goethes, Bürgers, Schubarts, Hagedorns ꝛc. Gedichten besonders an; die botanischen Exkursionen aber waren mir am allermeisten nach dem Herzen" — und, darf man vielleicht hinzusetzen, die Beobachtung der Singvögel, die damit verbunden werden konnte. Im Herbst 1833 wurde mein Vater nach wohlbestandenem Provisorats-Examen aus dem Seminar entlassen und brachte nun mehrere Jahre auf Schulgehilfenstellen zu: Dezember 1833 bis Juli 1836 in Neckarhausen bei Nürtingen, August 1836 bis Martini 1837 in Ettlenschieß bei Ulm, Martini 1837 bis 19. Dezember 1838 in Mehrstetten bei Münsingen, dann bis Martini 1840 in Eningen bei Reutlingen. Sein Aufenthalt hat sich nach Norden und Süden nie allzuweit von der heimatlichen Alb entfernt.

Der Liebhaberei für Blumen und Vögel ist er von der Knabenzeit an beständig treu geblieben. In der Pflege blühender Gewächse war er so geschickt wie unermüdlich. Seine Bräutigamsbriefe aus den vierziger Jahren sind voll von Angaben und Ratschlägen über Garten= und Blumenzucht; bis in die spätesten Jahre waren bei ihm alle passenden — die Hausfrau sagte, auch die unpassenden — Räume des Hauses mit grünenden und blühenden Pflanzen vollgestellt. Ohne jede besondere Vorrichtung hat er es dahin gebracht, daß er mit jedem Gärtner in der Pflege solcher Gewächse konkurrieren konnte, die kein Warmhaus brauchen. Später hat er längere Zeit namentlich buntblättrige Pelargonien gezüchtet, deren er auf der Stuttgarter Gartenbau=Ausstellung von 1870 ein ganzes Beet voll hatte; und bis zuletzt hat er die Kultur der Aurikeln als Meister geübt. Dabei war er, trotz aller Kunst, für das Einfache; gefüllte Blumen mancher Arten wie der Dahlien liebte er nicht, weil ihnen „das Auge" fehle, aus dem die einfachen in die Welt sehen. Unübertroffen wenigstens in der schwäbischen Heimat war seine Kenntnis der Vögel, insbesondere der Singvögel. Im Hause hat er nur wenige, Jahre lang gar keine Vögel gehalten und, soviel ich weiß, immer solche, die den Nachtigallen und Grasmücken verwandt sind; denn ihnen war er ganz besonders gewogen. In seinen jungen Jahren und noch als Mann hat er weit in die Runde alle Singvogelnester gewußt, manchen Baum erstiegen und manche Hose dabei zerrissen; aber genommen hat er nur solche Nester,

die von den Alten verlassen waren. Er hat in den siebziger
Jahren allmählich eine recht schöne und vollkommene Samm=
lung von Nestern und Gelegen gesammelt und es war ihm
eine Freude, sie zu zeigen; mit der Zeit wurde ihm die Mühe
zu groß und er gab sie weg. Die Hauptsache aber war
ihm die Kenntnis der lebenden Vögel. Es ist keiner unserer
einheimischen Singvögel, den er nicht nach Aussehen, Gesang,
Lock= und Warnungsrufen und allen Lebensgewohnheiten aufs
genaueste gekannt hätte. Sein Auge erlaubte ihm, sie im
Flug zu erkennen, und seine geübte Aufmerksamkeit ließ ihn
Dinge wahrnehmen, an denen Hunderte achtlos vorüber=
giengen. Als echter Kenner war er nur mit wenigen lit=
terarischen Behandlungen des Gegenstandes zufrieden, und
die jetzt so sehr beliebten Abbildungen von Vögelchen mußte
er sofort als unwahr, geziert, in sich unmöglich zu erkennen;
bloß für das große Fundamentalwerk der Brüder Naumann
hatte er nach Text und Abbildungen ungemischte Bewunde=
rung, und ein oder ein paar Bände davon lagen fast immer
auf seinem Schreibtisch. Er selbst hat sich weniger, als zu
wünschen gewesen wäre, schriftstellerisch über diese Studien
vernehmen lassen. Erst im Jahr 1856 kam er dazu, für
einen Vortrag im Verein für vaterländische Naturkunde No=
tizen „aus dem Leben der Vögel" aufzuzeichnen; sie erschie=
nen im selben Jahr im „Morgenblatt", aber erst 1863 kam
die Schrift bedeutend vermehrt, doch immer noch als ein
schwaches Bändchen von einundsechzig Seiten, bei Brand=
stetter in Leipzig heraus. An eine neue Auflage hat mein
Vater noch in seinen letzten Jahren gedacht, und in seinem

Handexemplar sind viele Zusätze in völlig druckfertiger Form gemacht. Aber die Gunst der Käufer war nicht mit dem Buche gewesen, und so begnügte er sich, in seinem letzten Lebensmonat für die „Gartenlaube" seine Notizen zu einem Artikel zusammenzustellen, der vor kurzem dort erschienen ist. Gerade die Fachmänner sind an dem Büchlein zumeist vorübergegangen. Wie kam Saul unter die Propheten, der Dichter unter die Naturforscher? Und doch ist kein Zweifel, daß nicht nur den meisten poetischen Liebhabern der Natur, sondern auch vielen Naturforschern die genaue Kenntnis der lebenden Natur fehlt; und doch kann eine lebensvolle Wissenschaft nur gedeihen, wenn das Mikroskop und das unbewaffnete Auge, der rechnende Verstand und die vorauseilende Phantasie einander helfen. „Nicht erst dann", heißt es im Anfang der Schrift, „wenn das Tier dem Messer des Anatomen verfiel, hat die Wissenschaft angefangen, sich seines besten Teils zu bemächtigen; sie muß dem lebenden Geschöpf, seinen Verrichtungen, Neigungen, Fähigkeiten, der ganzen Art und Weise, mit der es bei lebendigem Leibe in seinen Besonderheiten sich gibt, zum mindesten so aufmerksam nachgegangen sein, als der Bestimmung des Baues seiner Zähne und Füße"; und am Schluß: „Ich bin gewiß sehr weit von dem Glauben entfernt, daß bei Betrachtungen, wie die im Vorstehenden angestellten, nicht eine Menge von Täuschungen mit unterlaufen könne, daß man nicht gar Vieles in die Natur lege, was wir gerne darin finden möchten, was unsere Meinung und Phantasie wünscht. Aber auch unsere Phantasie über die Naturvorgänge hat ihr Recht, ihre Fünde

können so erbauend und herzbildend sein als reale Beweise;
und wer will es bestreiten, daß, was die Phantasie der Na=
tur unterlegt, gar oft, und häufig gerade in den wichtigsten
Punkten, mit der realen Wahrheit in Eins zusammenfalle?"
Je weniger Beachtung aber die Arbeit bei ihrem Erscheinen
gefunden hatte, um so herzlicher freute es den Verfasser,
als der Tübinger Zoologe, selbst ein tüchtiger Beobachter
des lebenden Tiers, von dem Büchlein ergriffen, ihm zum
achtzigsten Geburtstag die Würde des Doktors der Natur=
wissenschaften bei seiner Fakultät erwirkte und ihm in Ge=
meinschaft mit unserem Botaniker, der sich von eigenen Ver=
suchen her für meines Vaters Beobachtungen bei seinen
Pflanzenkulturen interessierte, das Ehrendiplom überbrachte.

Neben solchen Naturbeobachtungen beschäftigte den jungen
Lehrer auch schon die Poesie. Seine ältesten Versuche reichen
nach seiner eigenen Angabe mindestens bis in sein neun=
zehntes Jahr zurück. Eine kleine Sammlung „Gedichte"
ließ er 1838 bei Hohloch in Münsingen erscheinen. Eine
Vorrede, datiert vom Mai, geht voraus. Sie sagt, einige
Freunde — wohl in Münsingen selbst, von dem sein dama=
liger Wohnsitz Mehrstetten kaum mehr als eine Stunde ent=
fernt ist — hätten ihn zu der Veröffentlichung getrieben;
mit jugendlicher Mischung von Bescheidenheit und Selbst=
gefühl entschuldigt er sich, daß er ohne höhere Bildung mit
Gedichten hervorzutreten wage; er habe nur versuchen können,
„die besten Muster deutscher Poesie nachzuahmen". Ins=
besondere nennt er Schiller, und in der That, auch außer
einem deutlich gewollten Seitenstück zu Hektors Abschied tritt

Schillers Einfluß überall und mit Händen zu greifen hervor — ein anderer nicht, außer dem der moralisch und satirisch gerichteten Durchschnittspoesie der vorromantischen Zeit überhaupt. Die Mehrzahl der Gedichte ist epigrammatisch, betrachtend, kritisch, auch satirisch und mitunter etwas von oben herab, wie es das Alter von zwanzig Jahren liebt. Eigentliche Lyrik steht nur im Hintergrund, und von einer spezifisch lyrischen Begabung wäre hier noch gar nichts wahrzunehmen gewesen; auch die Verse, meistens Disticha, sind oft recht holprig. Aus demselben Jahr und zwar vom 2. Juli haben wir einen Brief Uhlands an meinen Vater. Dieser hatte, offenbar kurz zuvor, ein Manuskript Gedichte an ihn geschickt; Uhland riet aber nur zur Veröffentlichung ausgewählter Stücke in einer Zeitschrift — wie sich jedoch jene Manuskriptsendung zu dem so gut wie gleichzeitigen gedruckten Bändchen verhält, ist mir ein Rätsel; in Uhlands Nachlaß, aus dem alle späteren Publikationen meines Vaters bis 1862 in die Tübinger Universitätsbibliothek gekommen sind, findet sich die Ausgabe von 1838 nicht.

Gleich zwei Jahre später hatte mein Vater eine viel größere Menge neuer poetischer Erzeugnisse beisammen, und Anfang 1841 erschien ein ziemlich stattlicher Band „Dichtungen" bei Griesinger u. Comp. in Stuttgart. Hier ist nun schon das Meiste reine Lyrik: Natur, Religion, Friedhofstimmung; nur wenige Zeitgedichte, die politischen ziemlich allgemein gehalten, ein paar Gedichte zur Verherrlichung von Justinus Kerner, Uhland, Schiller, Gutenberg; dazu einige Balladen, bald mehr bürgerlich bald mehr romantisch,

feierlich und gestaltlos düster; auch sechs Rätsel, eine Gat=
tung, die der Dichter in seinen letzten Jahren wieder ge=
pflegt hat, aber ohne etwas davon in eine spätere Samm=
lung aufzunehmen. Meistens ist die gewöhnliche einfache
Liedform gewählt, daneben Distichen, Hexameter, Sonette.
Es finden sich immer noch manche Anklänge an Schiller, sonst
nichts von ausgeprägterer Gestaltung nach fremder oder ei=
gener Art. Die ganze Sammlung ist noch physiognomie=
und farblos, ferne von der späteren des Dichters; er steckt
noch ganz in den Banden der Konvention, wie auch Andere
in ihren Anfängen, nur daß ein Goethe oder Uhland diese
Fesseln schon früher abgestreift haben, die er zufolge seinem
konventionell gebundenen Bildungsgang noch mit vierund=
zwanzig Jahren trug. Am flüssigsten und eigentümlichsten
sind ein paar Epigramme und etliche Gedichte in freierem
Versmaß; nur eins, das oft citierte Epigramm „Hohen=
stausen", wurde gewürdigt, in die spätere Sammlung auf=
genommen zu werden. Die Natur spielt schon die erste
Rolle und ihre genaue Kenntnis ist leicht zu spüren, aber
die eigentümlichen Töne dafür fehlen noch, die Erotik ist noch
sehr zahm und korrekt=sentimental; von dem Feueratem spä=
terer Natur= und Liebesbegeisterung ist noch keine Spur.
Wenn daher auch im engsten Kreis diese Gedichte sich
Freunde erwarben, so ist es doch kein Wunder, daß sie
den Namen ihres Verfassers nicht in die Ferne getragen
haben; er selbst hat sich später nicht gefreut, wenn er sie in
Jemands Hand wußte.

Als die „Dichtungen" erschienen, war die entscheidende
Epoche in meines Vaters Leben schon eingetreten. Nachdem
er im Herbst 1840 die Schuldienstprüfung gut bestanden
hatte, kam er im November als Unterlehrer nach Bernstadt
bei Ulm. Dort hauste als Pfarrer der Magister Ludwig
August Neubert. Er war 1772 als Sohn des Erzgießers
in Ludwigsburg geboren, dessen Glocken noch jetzt auf manchem
Kirchturm des Landes ertönen; 1804 hatte er sich mit Erne-
stine Landerer, einer von den elf Töchtern des Oberamt-
manns in Lichtenstern, vermählt, war Pfarrer in Wain gewesen, dann in Oberholzheim und nun seit achtzehn Jahren
in Bernstadt. Er muß ein Mann von pedantischen Gewohn-
heiten, aber gelegentlich nicht ohne Humor gewesen sein, in
allem noch ganz aus der Zeit des Nationalismus; nicht
lange vor seinem Tode, er starb 1857, hat mein Vater ihn
in dem Gedicht „beim alten Herrn" verewigt, das ihm noch
viel Freude gemacht haben soll. Der eigentliche Mittelpunkt
des Hauses war die Pfarrfrau, eine Frau voll Leben und
doch von feiner Gemütsart, liebenswürdig, beweglichen Geistes
und warmen Herzens. Neben zwei Söhnen und den zwei
jüngsten Töchtern, die alle früh starben, sind sechs Töchter
aus dieser Ehe hervorgegangen, stattlich von Wuchs, zum
Teil mit wirklicher Schönheit begabt, „Mädchen wie die
Tannen" soll sie ein benachbarter Geistlicher gepriesen haben.
Zum Glück war damals das Heiraten noch ebenso Mode wie
der Kinderreichtum. Als mein Vater nach Bernstadt kam,
waren von den sechs Töchtern schon fünfe mit früheren (oder
damaligen) Vikaren des Pfarrherrn teils verheiratet teils

verlobt. Nur die zweitjüngste, Auguste mit Namen, am
21. April 1811 geboren, war noch ledig. Sie ist meine
Mutter geworden, und ich darf sie deßhalb nicht loben; aber
ich darf sagen, daß in den Erinnerungen an sie, die ich aus
meiner Knabenzeit bewahre, mir alles eingeschlossen ist, was
es von zarter und doch das Leben thätig erfassender Weib=
lichkeit gibt. Die Pfarrtöchter haben alle nicht mehr als
die Dorfschule durchgemacht, aber sie haben es mit den vor=
nehmer geschulten Mädchen der Stadt aufnehmen können,
denn sie hatten klaren Verstand, guten Humor und prak=
tischen Sinn, den das Leben auf dem Land und die damals
noch in den Pfarrhäusern vorherrschende Naturalwirtschaft
schärfte. Wenn die große Familie und die beständige An=
wesenheit eines Vikars schon Leben genug ins Haus brachten,
so kamen noch die verschiedenen Vettern namentlich von
mütterlicher Seite, die Landerer und Hartmänner hinzu.
Und im Ulmischen ist munteres geselliges Leben immer üb=
lich gewesen; mein Vater hat einen Pfarrer gekannt, der
sich sein Leben lang immer im Ulmer Land herum versetzen
ließ, weil es dort keine Pietisten gebe. Die Gemeinde war
wohlhabend und die Einkünfte, als der Pfarrer noch den
Zehnten bezog, reichlich. Man konnte bequem und aus=
kömmlich leben, und wenn es nicht so feudal zugieng wie
auf den Schweizer Pfarrhöfen im grünen Heinrich, so hatte
man doch zwei Pferde im Stall, kutschierte hin und her,
empfieng fröhlichen Besuch und verschmähte weder eine,
auch wohl mehrere gleichzeitige Tarokpartien noch eine aus=
giebige Bier= oder Punschkneiperei. Von verzärteltem Wesen

war nichts; Nerven waren noch nicht so recht erfunden, jedenfalls nicht geduldet; zur frühen Tagesarbeit und zur abendlichen Geselligkeit mußte man gleich munter und willig sein.

Mein Vater kam rasch in nahe Berührung mit dem Pfarrhaus, namentlich auch mit dem Vikar Stoll, dem Bräutigam der jüngsten Tochter; sie beide haben gleich im Winter auf 1841 einen Gesangverein eingerichtet, dessen wohlthätige Wirkung auf die jungen Leute man wohl ver= spürte. Dem alten Herrn, der schon etwas verknöchert war, ist er langsam und nie völlig nahe gekommen, um so rascher und inniger der immer jung gebliebenen Pfarrerin. Schon am 8. Februar 1841 hat er um die Tochter Auguste ge= worben und ist erhört worden; der Vater wußte vielleicht anfangs nichts davon, hat jedenfalls längere Zeit die Ver= öffentlichung nicht gewünscht.

Mit der Verlobung hieng der Uebertritt in eine neue Lebenslaufbahn zusammen. Aus der Beschränkung des Schul= lehrerstandes herauszutreten, war meines Vaters Wunsch schon länger. Er hatte an das Studium der Theologie ge= dacht und ist noch 1842 flüchtig auf diesen Gedanken zurück= gekommen — ich kann ihn mir freilich als Pfarrer mit dem besten Willen nicht denken. Aber er schien sich doch zu alt und zu unbemittelt zu einem längeren Studium und mochte die Riesenenergie, mit der der eine und andere seiner Standes= genossen alle solche Hindernisse durchbrochen hat, nicht in sich fühlen. Ein Ausweg bot sich in dem damals lebhaft be= günstigten Reallehrfach. Diese Praxis hat in unserem Land eine wechselvolle und der zwieschlächtigen Natur des Fachs und seiner Vertreter zufolge nicht immer ganz erquickliche Geschichte. Damals wurde eben nach Mitteln gesucht, die Reallehrer, die wie noch später meist aus den strebsamsten Elementen des Volksschullehrerstandes hervorgiengen, durch die Art ihrer Bildung zu heben. Im Jahr 1838 war das Reallehrer=Seminar in Tübingen gegründet worden, das nun eben in seiner kurzwährenden Blüte stand. Die Lehrer waren mit Ausnahme des Religionslehrers Universitäts= professoren, und die Zuhörer hatten nicht nur Gelegenheit, durch den Seminarunterricht (für den freilich bei den ge= ringen Aufnahmebedingungen die Universitätslehrer nicht recht an ihrem Platze waren) höher hinaufgeführt zu werden, als vorher möglich gewesen war, sondern auch außerhalb des Seminars Vorlesungen als Hospitanten zu hören. Auf den Rat mehrerer, vor allem der Braut selbst, ließ sich mein Vater im Herbst 1841 in das Seminar aufnehmen. Er hat es im Winter auf 1841 und im Sommer 1842 als Zuhörer, im Winter auf 1843 als ordentliches Mitglied be= sucht, bekam auch im letzten Semester ein Stipendium und von dem Seminarvorstand Haug das Zeugnis ununter= brochenen Fleißes, regen wissenschaftlichen Interesses, be= friedigender Fortschritte in verschiedenen Fächern und durch= aus tabellosen sittlichen Benehmens. Der schon fünfund= zwanzigjährige Student arbeitete fleißig und mit Begeisterung drauf los. Er war durch sein Alter und seine Verlobung davor geschützt, allzutief in den Strom des Studentenlebens zu geraten. Aber ein Kopfhänger ist er nie gewesen und,

wenn auch einfach, so hat er nicht ärmlich gelebt. Er hat
in Tübingen manche Freundschaft geschlossen, nicht nur mit
Angehörigen des eigenen Standes und Seminars, sondern
auch mit andern Studenten, teils mit Stiftlern, besonders
dem liebenswürdigen Auberlen, der mit vierzig Jahren als
Professor in Basel gestorben ist, teils auch mit Angehörigen
des Corps der Westfalen — sein alter Studienfreund, der
Präsident Gunzert ist ihm nur um weniges im Tode voran-
gegangen, von Lebenden will ich hier und weiterhin nicht
reden. Die Verbindungsverhältnisse waren dazumal viel
flüssiger als jetzt, ein behaglicher Humor war allgemein,
kostspielige Renommisterei nicht für notwendig angesehen.
Manche Mitternacht hat ihn am Schreibepult gefunden, aber
auch mancher fröhliche Abend in der Kneipe. Vormittags
war der Wirtshausbesuch den Studenten verboten; nur einmal, an einem heißen Vormittag des warmen Sommers 1842,
gönnte er sich ein Glas Bier, aber der vorbeikommende
Pedell meinte: Nun, Sie kenne ich, Sie sind ein fleißiger
Mann, Sie zeige ich nicht an. Abwechslung boten, neben
den Ferien, die jedesmal in Bernstadt zugebracht wurden,
die Besuche bei dem Pfarrer Schneider in Reusten, der die
älteste Schwester meiner Mutter zur Frau hatte. Einen
tiefen Eindruck hat die Bekanntschaft Hölderlins auf meinen
Vater gemacht; er hat auch in spätern Jahren in Rede und
Schrift dessen öfters gedacht und ist bei der Einweihung der
Gedenktafel in Lauffen am 20. März 1870 als Dichter aufgetreten, zu der des Denkmals in Homburg am 28. Juli 1883
als Redner berufen worden. Auch einen Einfluß Hölderlins

auf seine eigene Dichtung glaubte er zu finden; wenn in seinen
später entstandenen Gedichten viel leidenschaftliche Empfin=
dung, eine eigentümliche Art der fast inbrünstigen Hingebung
zu finden ist, so sind das immerhin auch wesentliche Eigenschaf=
ten von Hölderlins Lyrik, aber doch solche, die in erster Linie
auf der Persönlichkeit, nicht auf fremdem Vorbild beruhen.

Die Zöglinge des Seminars waren ziemlich angespannt.
Ihr Lehrplan umfaßte Religion, deutsche Sprache und
Litteratur, französische Sprache, Geschichte, Geographie,
Mathematik, Physik, Naturgeschichte, also eine ähnliche Masse
ganz heterogener Stoffe wie die Schullehrerseminare, nur
auf höherer Stufe. Mein Vater hat Vorlesungen und
Uebungen besucht bei dem Theologen Eisenlohr (dem hoch=
verdienten späteren Nürtinger Rektor und Historiker des
württembergischen Schulwesens), bei dem Historiker Haug,
bei Peschier, Friedrich Vischer und Adelbert Keller, bei
Hugo Mohl — seine beste spätere Examensnote ist die in
der Botanik — und Quenstedt, bei dem Mathematiker Hohl
und dem Physiker Nörrenberg. Vor der wissenschaftlichen
Blasiertheit anderer Studenten war er durch seinen Bildungs=
gang gesichert. Ich habe ihn von allen seinen Tübinger
Lehrern nie anders als mit größter Achtung reden hören.
Mit einigen, besonders Keller und Vischer, ist er in längerem
Verkehr geblieben. Jenem hat er zahlreiche Beiträge für
sein schwäbisches Idiotikon geliefert, mit Vischer über die
poetische Produktion beider korrespondiert, wovon er nach
Vischers Tod in der „Deutschen Revue" Proben gegeben
hat, eine weitere gebe ich später. Zu Vischers Lyrik konnte

2 *

er, obwohl er manches liebte und selber in seinen letzten
Sachen nahe an Vischers Art streifte, keine ganz rechte
Stellung gewinnen; um so unbedingter verehrte er den
Aesthetiker und den Erzähler, den deutsch-französischen Krieg
und „Auch Einer" hat er rezensiert und Vischer höchlich
damit erfreut. Bei der Feier von Vischers achtzigstem Ge-
burtstag am 28. Juni 1887 war er unter den Rednern.
Persönlich haben sie nicht sehr viel mit einander verkehrt.

Nach Beendigung des kurzen Studiums kehrte mein
Vater im Frühjahr 1843 ins Bernstädter Pfarrhaus zurück.
Im Dezember desselben Jahrs machte er das Reallehrer-
Examen mit Erfolg. Aber es sollte dem Brautpaar lange
nicht glücken, in den Hafen zu laufen; sieben Jahre sind
sie verlobt gewesen und waren doch beide nicht mehr allzu
jung. Zunächst konnten sie sich wenigstens räumlich nahe
bleiben. Denn seit Neujahr 1844 war mein Vater Unterlehrer an der Mittelschule in Langenau, vom 1. Juli an
Vikar an der Realschule in Ulm. Er stand dort unter dem
verdienten Rektor Nagel, der große Stücke auf ihn gehalten hat. Aber zu Ende 1845 kam er als Lehrer an
die Elementarschule in Stuttgart, für die er im ganzen
reichlich zwanzig Jahre thätig sein sollte. Er kam so in
den großen Zusammenhang des hauptstädtischen Lebens, das
nach jetzigen Begriffen noch sehr einfach war, aber wenigstens
in litterarischer, dramatischer und musikalischer Beziehung
sich mit dem heutigen füglich messen konnte. Der lebendige,
geistvolle Mann wurde in künstlerische Kreise gezogen, er
hat mit manchen Mitgliedern des Theaters schon früh Be-

ziehungen angeknüpft, die ihm später für seine eigenen
dramatischen Arbeiten nützlich wurden; in Konzerten ist er
mit seiner klangvollen Baßstimme als Solist aufgetreten.
Besonders wichtig und dauernd war seine Verbindung mit
dem Stuttgarter Liederkranz. Er hat ihm von 1847 an
etwa zwei Jahrzehnte als Chorsänger angehört und war
seit 1865 Ehrenmitglied; auch hat er eine Zeit lang die
damals noch sehr bescheidene Bibliothek der Gesellschaft
verwaltet. Er hat in diesem Verein und zu seinem Lob oft
genug das Wort ergriffen, ist bald sein berühmtester Redner
und Dichter geworden, und diese Beziehungen haben fort=
gedauert, nachdem er sich von den geselligen Veranstaltungen
allmählich zurückgezogen hatte.

Im Anfang des Jahres 1848 wurde meinem Vater
seine Stelle an der zweiten Klasse der Elementarschule be=
finitiv übertragen. Nun fand auch die Hochzeit in Bernstadt
am 25. April, dem Osterdienstag, statt. Eine Hochzeitsreise
hat es wohl nicht gegeben, außer nach Stuttgart. Das
neue Paar nahm in der Augustenstraße, in der mein Vater
schon ledig gewohnt hatte, Numero 14ᵇ seine Wohnung.
Es ist noch jetzt eine stille Straße; damals war sie nur
wenige Häuser lang, die Gärten fiengen ein paar Schritte
von unserem Haus an und zogen sich in fast ununterbrochener
Masse von Baumwipfeln bis an den Hasenberg hinauf; hier
konnte man die Vogelstudien fortsetzen. Erst 1862 suchten
meine Eltern eine neue Wohnung in Nr. 36 der Silber=
burgstraße auf (bald in Nr. 136 umgetauft); als aber unten
eine Metzgerei hineinkam, wurde 1864 nicht weit von der

erſten eine etwas geräumigere Hermannsſtraße 3 bezogen.
Dort hat mein Vater auch nach dem Tod meiner Mutter
gewohnt und ſeinen neuen Hausſtand begründet, bis im
Frühjahr 1872 die Wohnung Nr. 42 der Reinsburgſtraße
gewählt wurde, in der er bis zu ſeinem Tod gewohnt hat
und die er auch nicht verlaſſen wollte, als ſie zu groß für
ihn geworden war: „Denn eine Wohnung hat eine Seele,
Die atmet und wächſt mit des Menſchen Seele, Aushält
mit ihm und von dannen geht". So ſind wir immer un=
gefähr im ſelben Stadtteil einheimiſch geweſen; ich habe als
Knabe manche Jahre lang die andere Thalſeite am Bopſer
kaum gekannt, und ich glaube, auch mein Vater hat ſich
dort nie ſo vollkommen zurecht gefunden.

Die Gründung des neuen Hausſtandes fiel in das
erregteſte Jahr unſerer modernen deutſchen Geſchichte. Mein
Vater war bis dahin nie in der politiſchen Oeffentlichkeit
aufgetreten. Für einen Mann der Initiative, für einen
Leiter der Maſſen war ſein Temperament zu ſanguiniſch,
zu weich und nervös. Extreme Anſichten irgend einer Art
hat er nie gehabt, ſo wenig als er ein Mann der Kom=
promiſſe war, er überließ lieber die Gegenſätze ſich ſelbſt
und ihrer Auseinanderſetzung. Aber in jenem frühzeitigen
Frühling, als alles keimte und blühen wollte, da wurde
auch er zu aktiverer Teilnahme hingeriſſen. Gleich von
Anfang an muß er der Stuttgarter Bürgerwehr angehört
haben, welche die Ordnung gegen die Angriffe von unten
her zu verteidigen beſtimmt, aber auch nach oben als eine
Schutzwehr des Bürgertums ſchwerlich ſehr beliebt war. Er

hat es zum Lieutenant in dieser Truppe gebracht, und
mehrere Teile seiner Ausrüstung haben noch lange ihr Da=
sein in unserer Wohnung gefristet, am längsten der Säbel,
der 1863, als man eine populäre Erhebung für Schleswig=
Holstein hoffte, dafür hergeschenkt wurde — Gott weiß, wo
er hingekommen sein mag! Noch vor seiner Verheiratung,
im April, trug mein Vater in einer Wehrmänner=Versamm=
lung ein Gedicht mit ungeheurem Beifall vor, das alsbald
in fünftausend Exemplaren gedruckt ward; beim Schillerfest
des Liederkranzes am 8. Mai sprach er sein Gedicht „Schillers
Auferstehung", welches die Erfüllung von Schillers Frei=
heitswünschen feiert, und bei demselben Fest am 19. Mai 1849
hielt er seine erste Schiller=Rede. Ich besitze sie im Manu=
skript. Sie nimmt deutlich auf die Ablehnung der deutschen
Kaiserwürde Bezug, ist aber für den Moment, in dem sie
gehalten wurde, noch recht hoffnungsvoll; ein Wallenstein
wird vom Schicksal erbeten, der aber mit der Größe des
Helden auch schöne Menschlichkeit verbinde — energischer
hatte der Redner benselben Gedanken, daß nur die rücksichts=
lose That „eines Mannes aus Millionen" helfen könne, in
dem bekannten, auch in den Revolutionsjahren entstandenen,
aber erst 1865 veröffentlichten Gedichte ausgesprochen; —
revolutionäre Haltung kann man der Rede durchaus nicht
nachsagen. Trotzdem wurde mein Vater durch seine Haltung
in jenen Jahren verdächtig und zwar, wie es scheint, beim
König Wilhelm selbst, der nicht leicht verzieh, wie er es
Uhland gegenüber bewiesen hat. „Ich ward mißliebig, ob=
wohl ich im Volksverein das eine=, bei einem Straßen=

auflauf das anderemal entschieden mitgeholfen hatte, un=
sinnige Ausschreitungen zurückzuhalten. Der Vater eines
meiner Schüler hat mir vertraut, es seien an maßgebendster
Stelle zwei Gedichte von mir eingesandt worden, welche
sehr gegen mich verstimmt hätten. Es war mir nicht in
den Sinn gekommen, sie hierhin zu beziehen, aber sie wurden
so aufgefaßt."

So blieb der für höhere Lehrstellen geschaffene Mann
über ein Jahrzehnt in der Niederung seiner ersten Stutt=
garter Anstellung, obwohl der Studienrat ihm die besten
Lehrerfolge nachrühmte, obwohl Kieser, der Rektor der
Realschule, den er hoch verehrte, seine wiederholten Meldungen
um Realschulklassen mit günstigen Zeugnissen unterstützte,
ihm lebendigen, anregenden Unterricht, gute Disziplin ohne
Anwendung von Schreckmitteln bezeugte und dabei betonte,
daß er seinen Fähigkeiten nach an eine höhere Klasse gehöre.

Es wurden Versuche gemacht, Nebeneinnahmen zu schaffen,
und glückten. Schon seit 1847 hat mein Vater den Sing=
unterricht an der sechsten, später an der fünften Klasse des
Gymnasiums gegeben und erst 1857 dieses Nebenamt nieder=
gelegt; eben solchen gab er auch in der Realschule. Seit
1853 unterrichtete er in deutscher Sprache und Litteratur
an der kaufmännischen Fortbildungsschule. Er wurde 1859
Vorstand dieser Schule und hat dieses Amt, obwohl die
Stunden abendliche Arbeit und die Vorstandschaft manche
Unlust mit sich brachte, erst im Jahr 1872 niedergelegt.

Auch litterarische Einnahmen flossen, aber nicht reich=
lich. Schon damals wie später hat mein Vater seine stets

gerne gehörte Stimme auch in Zeitungen und Zeitschriften
vernehmen lassen. Er hat für den Schwäbischen Merkur,
später auch für den Württembergischen Staatsanzeiger und
die Allgemeine Zeitung Berichte über Bücher und Theater=
aufführungen, Nekrologe u. ä. geschrieben, in den siebziger
und achtziger Jahren dann auch für andere, seither entstan=
dene Zeitschriften; vor allem aber für das Morgenblatt,
jene Zierde des Cottaischen Verlags, das leider 1865 unter
dem Ueberschwall der seichteren illustrierten Zeitschriften er=
drückt worden ist. Aber diese Thätigkeit ist nie ausgedehnt
gewesen; mein Vater schrieb nicht ohne besondern Anlaß,
regelmäßiger Berichterstatter oder so etwas ist er nie ge=
wesen, schon seine gehäuften Unterrichtsstunden hätten das
unmöglich gemacht, noch mehr seine Abneigung gegen jeden
äußeren Zwang. Auch seine als Bücher erschienenen Werke
haben weder ihn noch seine Verleger reich gemacht. Popu=
lär zu schreiben war weder seine Absicht noch auch seine
Fähigkeit; dazu war einerseits sein Temperament zu rasch,
zu leicht zu feuriger Begeisterung oder schroffer Ablehnung
geneigt, andererseits die Neigung zum Spekulieren und zur
Abstraktion zu groß bei ihm. So wenig er die Oeffentlich=
keit scheute, so gern es hörte, wenn er anerkannt wurde, so
eifersüchtig er auf seinen litterarischen Ruf sein konnte, so
empfindlich ihn die Erwähnung von wirklichen Mängeln
berührte, die er unbewußt fühlen mochte: die Rücksicht auf
den Beifall von oben oder von unten hat ihn niemals
geleitet.

Die Zahl der Sorgen wurde durch die Geburt des

erften und einzigen Kindes vermehrt. Dieses Kind war ich,
der ich am 12. Oktober 1851 geboren worden bin. Meine
Mutter war schon als Mädchen von zarter Gesundheit ge=
wesen; ihre Lungen gaben zu Besorgnissen Anlaß; bei meiner
Geburt war sie schon vierzig Jahre alt, und es fehlte nicht
viel, so hätte ich ihr das Leben gekostet, längere Zeit war
es in Gefahr und die Gesundheit war tief erschüttert. Und
doch kann ich sie mir nicht anders als rüstig und liebevoll
thätig denken, und es hat mir, der ich ein recht zartes Kind
war, an allen Bedürfnissen des Lebens und an der treuesten
Pflege niemals gefehlt.

Mein Vater konnte sich für seine Nichtbeachtung von
Seiten der Regierung nicht nur mit seinem häuslichen Glück
trösten, sondern auch einen Sporn finden in der großen An=
erkennung, die ihm sein öffentliches Auftreten als Dichter
und als Redner eintrug. Der erste und bedeutende Erfolg
seiner lyrischen Dichtung und die fruchtbare Thätigkeit für
das litterarische und künstlerische Leben der Stadt und des
Landes fallen schon in die fünfziger Jahre.

Ueber meines Vaters poetische Thätigkeit in der Zeit
nach dem Erscheinen des Gedichtbandes von 1841 weiß ich
so gut wie nichts; denn er hat nie — außer bei etlichen
Gedichten zu Festen — eine Jahreszahl beigesetzt, und ge=
rade die für seine Art bedeutsamsten Gedichte sind ihrem
Inhalt nach zeitlos. In Tübingen hat er, wie er selbst er=
zählt, nur zwei Gedichte verfaßt und äußert sich einmal in

einem Brief, wo er mit naiver Befriedigung erzählt, wie
er einen Studenten sagen hörte „Du, da sitzt ein famoser
Dichter": es sei ihm dazu noch gegenwärtig nichts weniger
als poetisch zu Mute. Die lebhaftere Wiederaufnahme der
poetischen Thätigkeit wird etwa mit der Verheiratung zu-
sammenfallen. Im Morgenblatt, in dem mein Vater früher
nur einmal drei Gedichte, zur Zeit der Redaktion des von
ihm stets hoch verehrten Gustav Pfizer, veröffentlicht hatte,
standen 1851 mehrere, und von da an hat diese Zeitschrift
bis zu ihrem Eingehen immer wieder neue Proben seiner
Lyrik gebracht. An Robert Pruß sandte er eine größere
Anzahl von Gedichten, die 1852 im Deutschen Museum erschienen, auch die Jahrgänge 1853 und dann wieder 1856
hat er mit einzelnen bedacht. Die in beiden Zeitschriften
bis 1854 gedruckten sind etwa die Hälfte der ganzen neuen
Sammlung, die im Jahr 1854 bei Cotta wieder unter dem
Titel „Gedichte" erschienen ist. Auf dieser Sammlung be-
ruhte sein Ruhm, der von da an kaum höher steigen, nur
weiter sich verbreiten konnte; ähnlich wie bei Uhlands Gedichten kann man sagen: wenn er damals zu dichten aufgehört hätte, so würde uns Manches fehlen, was schmerzlich zu vermissen wäre, aber die Gesamtcharakteristik seiner
Lyrik und sein Rang unter den andern Lyrikern würde
sich nicht verändern. Statt der Farblosigkeit der früheren
Gedichte auf einmal ein höchst charakteristischer, energischer
und zugleich elastischer Stil; man könnte von da an fast bei
allen Gedichten den Verfasser erraten. Die Sammlung zerfällt in drei Abteilungen „Lieder der Liebe", „Natur und

Leben", „Bilder vom Bodensee". Mehr als schon in der zweiten Sammlung herrschen die rein lyrischen Formen vor, häufig sind von jetzt an auch freiere, reimlose Rhythmen. Der energischere Zug zeigt sich schon in den Gedichten über Zeitfragen und litterarische oder künstlerische Größen; man sieht, daß das Frühlingsgewitter von 1848 schon ausgebrochen ist, aber man sieht auch, daß die großen Fragen Deutsch= lands noch immer ohne Antwort sind. Die positive Seite jedoch ist damals und immer die Hauptsache bei dem Dichter. Er liebt, er bewundert, und wenn er tadelt, wenn er klagt, so ist es nicht Grundstimmung bei ihm; dem Pessimismus und zwar dem echten, notwendigen, charaktervollen wie dem unwahren, selbstgefälligen der Nirwana=Poeten ist Niemand so weltfern gewesen als er. Leicht entzündbar, mit dem Herzen sehend und hörend, geht er den Dingen entgegen und findet mit der Spürkraft des Naturkindes das Schöne und Herzbewegende an ihnen heraus. Bald ist es mehr das verwunderte Staunen über den Reichtum der Schön= heit, wie es der erste Mensch im Paradies empfunden hat, bald mehr das leidenschaftliche Verlangen nach Ineinsschmelzen mit dem Gegenstande, bald auch der Jubel der gelungenen Vereinigung; aber immer ist ein Hauch der seligen Trunken= heit des noch jugendlich=feurigen und doch schon zur vollen Kraft gereisten Mannes zu spüren. Das Gebiet, das seine eigenste Domäne ist, erscheint schon jetzt mit aller Sicher= heit umschrieben; er hat auf verschiedenen Gebieten Schönes geschaffen, ganz Eigentümliches nur auf dem der reinen Lyrik: Natur und Eros. Denn seine Stärke ist nicht An=

schauung und Schilderung, sondern Empfindung und Gefühls=
erguß. Selten sind Naturgefühl und Erotik bei ihm voll=
ständig getrennt; der eigentliche Reiz seiner Gedichte liegt
zum Teil eben in ihrem unauflöslichen Ineinander. Er selbst
sagt darüber: „Auch erinnere ich mich noch heute aufs leb=
hafteste daran, wie mir diese und jene Blume das Bild oder
ein Wort jener Dorfkonfirmandin in das Gedächtnis rief,
wie ich eines auf das andere beziehen mußte, oder wie Ge=
stalt, Farbe und Duft dieser und jener andern Blume mir
Gleichnis für diese und jene neue weibliche Erscheinung in
dem städtischen Aufenthalt wurde. Ich könnte ganze Reihen
von Nummern aus meinen Gedichten anführen, bei deren
Entstehung mir ein bestimmter Ort, eine bestimmte Natur=
erinnerung, ein bestimmter Blütenduft, diese oder jene Luft=
und Lichtstimmung vorschwebte; aber immer mußte ich sie
auch vergleichen mit der Vorstellung einer weiblichen Anmut,
nach der die Liebe sich sehnte. Darum werden unter meinen
eigentlich lyrischen Gedichten wenige sich finden, welche diesen
Zug nicht atmeten. . . . Und das ist der Kernpunkt, auf
welchen diese Aufzeichnungen zielen: Die Natursymbolik ist
die einzig wahre künstlerische Erfassung des Geheimnisses
der Liebe und des Lebens. Ich bin sehr von der Meinung
entfernt, als ob meine Poesien mustergültige Erzeugnisse
dieser Einsicht wären; aber eingegeben sind sie von der Em=
pfindung, vermöge welcher ich nicht anders konnte, als aus
der Natur die Menschenseele, und aus der Menschenseele die
Natur empfangen.“ Der Ausdruck Symbolik kann hier leicht
zu eng verstanden werden, und mein Vater selbst hat später

manchmal symbolisch im engern Sinn gedichtet. Aber richtig und schon für die Gedichte von 1854 durchaus bezeichnend ist der Ausdruck, wenn man ihn im Sinn eines naturalistischen Pantheismus, der echten Religion der Lyriker, faßt, für den alles hin und her wogt, alles Nerv, Muskel, Blut an einem großen Körper ist, alles Blüte und alles Frucht, für den Leben nichts als Liebe, Liebe nichts als Leben ist. Wenn Goethe der eigentliche Vater dieser dichterischen Weltanschauung und nach ihm Mörike ihr bedeutendster Vertreter ist, so ist diese Grundstimmung am ausschließlichsten, vielleicht am reinsten bei meinem Vater vorhanden. Den Reiz jener älteren Gedichte bildet es nun aber, daß diese mystische Grundempfindung nicht in spekulativer, sondern in echt lyrischer, mitunter fast kindlich naiver Form vorgetragen ist. Eine Gefahr hatte die ganze Richtung: die der Schwerverständlichkeit. Wenn die große Menge sich mitunter beklagen mochte, daß meines Vaters Gedichte nicht leichter verständlich seien, so konnte er ja füglich antworten, wie jener Musiker, dem man sagte, seine Lieder seien so ungeschickt zum Singen: die Kerle sollens eben singen können. Aber immer konnte man das nicht sagen und namentlich von den späteren Gedichten nicht immer. Für größere Dichtungen jedenfalls war diese ganze Geistesverfassung wenig geeignet. Ein Epiker konnte dieser Dichter nicht werden, obwohl er noch im Jahr 1856 einmal angab, seit längerer Zeit beschäftige ihn der Versuch einer größeren epischen Dichtung. Aber der betrachtenden Gattung größeren Umfangs ist er nicht ganz aus dem Wege gegangen; ihr

gehören die „Bilder vom Bodensee" an, die aus einer Boden=
seereise vom Sommer 1852 hervorgegangen sind und ur=
sprünglich den etwas abgegriffenen, aber für die Art der
Dichtung ganz charakteristischen Namen Fata Morgana führen
sollten. Die Reise dient nur äußerlich zur Anreihung der
Bilder; an diesen Faden sind aber die verschiedensten Phan=
tasien über Natur, Liebe, philosophische Spekulation und
patriotische Empfindung angereiht; das leichtgeschürzte Vers=
maß erlaubte solche freie Bewegung. Der Dichter selbst
hat die „Bilder" später verworfen und in die dritte Auf=
lage der Gedichte nicht mehr aufgenommen. Er mochte em=
pfinden, daß das eine schillernde Gattung war, die leicht
zum Unklaren und Nebelhaften führen konnte. Ich möchte
die eine Probe doch nicht missen; es sind Skizzen, ungeord=
net und willkürlich, aber sie sind empfunden und haben eine
gewisse silberne Leuchtkraft. — Eine vermehrte Ausgabe der
Gedichte, etwa fünf Viertel der ersten, erschien 1858. We=
niges ist hier gestrichen, weniges leicht umgearbeitet, manche
bedeutsame Gedichte neu hinzugefügt; die ersten zwei Ab=
teilungen, die ihrem Inhalt nach doch nicht recht auseinander
zu halten waren, sind in eine zusammengeworfen, die dritte
hat jetzt die Ueberschrift „Exkursionen am Bodensee". —
Im Jahr 1883 erschien die dritte Auflage, die nun freilich
weit mehr als das war; sie nennt sich selbst „vermehrt und
aus den verschiedenen Sammlungen vervollständigt". Die
Zahl der einzelnen Gedichte ist bald viermal so groß als
1854. Manches Alte ist überarbeitet, nicht immer mit Glück,
wie es so oft geht: die neue Lesart ist öfters richtiger, aber

weniger ansprechend und flüssig. Neben dem, was aus den
zwei ersten Auflagen und den zwischen 1858 und 1883 er=
schienenen fünf weiteren Sammlungen aufgenommen ist, ent=
hält die dritte Auflage auch einiges ganz neue.

Im Jahr 1865 trat mein Vater mit einer neuen Samm=
lung hervor; die „Neuen Gedichte" erschienen wieder bei
Cotta, in drei Unterabteilungen „Erlebtes", „Blumen auf
Gräber", „Für unsere Zeit". In der letzten Abteilung stand
unter anderem das alte „Nur einen Mann aus Millionen",
außerdem eine Anzahl von Balladen historisch=politischer Art,
welche ganz des Dichters besondere Weise solchen Gegen=
ständen gegenüber zeigen. Episch sind sie ganz und gar nicht,
wollen es auch nicht sein: „Ich hatte aus dieser Gattung so
manches wie mir schien zu trocken Referierendes von andern
gelesen, das die Forderung auszudrücken schien, und auf das
man die Behauptung baute: so müsse es sein. Meine Scheu
hievor ließ mich also minder zu Balladenstoffen greifen. Wo
ich es aber dennoch that, da schien mir bedeutsam, das äußer=
lich Stoffliche in der Erzählung durch den Charakterzug der
psychologischen Kausalität zu vertiefen." Daher sind nach
der Art von Schillers Kassandra mehr Selbstgespräche, Dia=
loge und ähnliche psychologische Situationsbilder daraus
geworden, die wirklich heroischer Größe und dämonischen
Reizes nicht entbehren; nur die atemlose, fahrige Hast des
Ausbrucks zeigt hier, wie in manchen andern seiner Zeit=
gedichte, daß wir uns nicht im Zentrum des spezifischen Ta=
lents dieses Dichters befinden. — Diese Gattung, die üb=
rigens 1854 schon angedeutet erscheint, ist dann noch beson=

bers gepflegt in der 1869 im selben Verlag erschienenen
Sammlung „Den deutschen Frauen", mit den vier Abtei=
lungen „Vom eignen Herzen", „Frauengestalten", „Lenau
in Wien", „Fremdes und eignes Loos". Schon dem Titel
nach ist hier die Verherrlichung des Weibes der Angelpunkt
des Ganzen. Aber häufiger als zuvor ist die Klage ver=
zichtender Neigung, auch die Klage um den Tod der Geliebten,
wie denn auch, wie wir sehen werden, dem Dichter zwei
Jahre zuvor seine Frau gestorben war. Am meisten charak=
teristisch sind die zweite und die dritte Abteilung, in welchen
mit dichterischer Penetrationsfähigkeit einer Anzahl historisch
bedeutender Frauen und dem am Problem des Geschlechtes
zu Grunde gehenden Lenau ihre Gedanken und Empfindungen
abgehört sind. Vielleicht darf man bei der verhältnismäßig
großen Zahl solcher Gedichte, die fremdes Geschick schildern,
daran erinnern, daß in derselben Zeit, in welche die beiden
Sammlungen von 1865 und 1869 fallen, auch die drama=
tischen Arbeiten meines Vaters entstanden sind. Deutlich
zeigt sich aber in beiden Sammlungen, daß der Dichter jetzt
— nicht auf der Höhe seines Könnens, denn die ist schon
1854 erreicht und noch immer behauptet —, aber auf der
Mittagshöhe des Lebens angekommen ist, an jener Sonnen=
wende, „Wo die Erde umher so seltsam schweigt, An des
Baches verblühten Borden Die Seele ihr Antlitz wundernd
neigt, Wie es so stille geworden." Es ist etwas mittäglich, hoch=
sommerlich schwüles in diesen Gedichten, in denen bezeichnender=
weise die Naturfreude, die auch hier durch manches Lied ver=
treten ist, doch nicht mehr so die Hauptrolle spielt wie früher.

Diese alte Liebe kommt wieder voller zum Ausdruck in
der nächsten Sammlung „Aus frischer Luft", welche 1872
bei Karl Grüninger erschienen ist. Von den drei Abteilungen
„Aus eigenem Leben", „Aus der Zeit. 1870" und „Vom
Dorf. Bilder aus der Heimat" bewegt sich die erste im
Ganzen in denselben Tönen und Stimmungen wie die älteren
Gedichte. Die zweite enthält zumeist Kriegslieder, deren
mein Vater schon 1870 in dem mit Feodor Löwe und Karl
Schönhardt zusammen veranstalteten Hefte „Drei Kameraden",
sowie in Lipperheides Sammlung „Zu Schutz und Trutz"
eine Anzahl hatte ertönen lassen. Neu aber ist der Inhalt
der dritten Abteilung. Es sind sieben idyllische Gedichte,
meist im anspruchslosen Versmaß trochaischer Dipodien. Der
Dichter hatte schon früher idyllische Töne gelegentlich angeschlagen. Frische, fröhliche Bilder aus der Jugendzeit auf
dem Dorf waren schon 1854, das früher erwähnte „beim
alten Herrn" in den Neuen Gedichten, ein reizendes häus-
liches Idyll 1869 veröffentlicht. Aber in der Sammlung
von 1872 tritt das Idyll in etwas breiterer Masse vor uns
und zumeist als eigentliche, mehr oder weniger erzählende
oder doch berichtende Schilderung des Landlebens und der
Personen, welche die Jugend des Dichters begleitet haben.
Es liegt ja darin an sich schon ein Moment retrospektiver
Betrachtung, zu der die aufstrebende Jugend weniger geneigt
sein wird als das stille stehende höhere Mannesalter; und
eines der Gedichte, „Tuch und Leder", ist großenteils bestimmt, den Gegensatz zwischen früher und jetzt zur warnen-
den Kritik der Gegenwart aufzustellen. Aber von gries-

grämiger Kulturflucht oder wehleibiger Weltscheue ist nichts
zu finden. Das Idyll ist durchaus gesund, Humor und Ernst
zusammenflechtend in einer wahrheitsgetreuen Schilderung
der Heimat. Ihre Zustände und Menschen sind mit dem
Auge der Liebe geschaut, aber ohne jede Verschönerung sei
es nach Geßnerischem sei es nach Auerbachischem Muster
gezeichnet. Mein Vater war ein guter Kenner wie der Heimat überhaupt so auch ihrer Mundart, und er hat über
deren litterarischen Gebrauch sehr nüchterne Ansichten gehabt:
nur selten sei sie im Elementaren ohne Fehler und zugleich so
gebraucht worden, daß nicht schriftdeutsche Empfindung und
sogar schriftdeutsche Wörter in mundartliche Form gepreßt
worden wären. Er selbst hat sich der Mundart zum litterarischen Gebrauch gar nie bedient, auch in diesen Idyllen
nicht, wo er etwa verfahren ist wie Melchior Meyr in seinen
meisterhaften Erzählungen aus dem Ries: er hat nur gelegentlich mundartliche Ausbrücke, aber in schriftsprachlicher
Form, eingestreut. Idyllen werden nie Jedermanns Geschmack sein, und daß in diesen anspruchslosen Gebilden
weder die Individualität noch die Kunst ihres Dichters auf
ihrer höchsten Staffel stehe, wird mein Vater selbst gewußt
haben. Aber er konnte verlangen, daß man die Wahrheit
und in ihr die Schönheit der Sache zu sich reden lasse und
daß man der schlichten Schilderung die Bewegung des Ge-
müts anfühle. Für die Einseitigkeit, die sich über diese
Bauernpoesie lustig gemacht hat, konnte er sich mehr als
entschädigt fühlen durch den Beifall eines von den Berufensten.
Friedrich Bischer schrieb ihm: „Mir will es scheinen, Ihr

Talent rufe Sie zur Idylle. Jene Bilder haben mich höch=
lich erfreut und eben nun diesen Gedanken in mir aufge=
weckt. Also was meinen Sie zu Folgendem: ein größeres
Idyll, eine wirkliche Komposition; bedeutender Hintergrund,
der das Idyllische in die Nähe des Epos hebt, wie in
Hermann und Dorothea. Dieser Hintergrund: unser Krieg!....
Also: ein Kerl wie Ihr prächtiger Johannes (in dem
Idyll „Beim Kirchenbauer"); — Dorf=Idyll; ein Schatz.
Dann der Krieg, mächtig intoniert! Gewitterhimmel! Ab=
schied, Abmarsch. Dann Heimkehr mit dem eisernen Kreuz
.... Schluß=Accord wieder idyllisch, dann große Schluß=
wendung mit weitem Blick .... Man könnte auch einen
französischen Emissär einführen, dessen Verlockungs=Versuch
am festen Brustlatz des Johannes scheitert 2c. 2c." — Vischers
Brief hat gewiß dazu beigetragen, daß mein Vater das vor=
hin genannte Idyll „Beim Kirchenbauer" später ins breitere
ausführte und zu einem vollständigen Lebensbild gestaltete,
das aber erst 1881 unter dem Titel „Der glückliche Knecht"
bei Adolf Bonz erschien. Vischers Programm ist hier nur
zum Teil ausgeführt, der Held stirbt eines frühen Todes
in Ausübung treuer Menschenliebe, ähnlich wie des Dichters
Vater. Das wollte Vischer nicht recht hinunter: „Nun
müssen Sie", schrieb er, „Ihre Gründe haben, warum sie
dann das Rotbackige nach und nach in das Bleiche (nicht
Erdfahle zwar, sondern zart Bleiche), das Bastante in das
mehr Transparente, Idyll in Elegie, das Epische ins Lyrische
überführen. Und ehe ich diese Gründe gehört, glaube ich
mein Urteil nicht feststellen zu dürfen." Vischer hatte Recht

und Unrecht. Recht: denn jenes Schlußkapitel, in sich schön
und rührend, sieht nach dem Vorausgehenden fast wie eine
Verlegenheitswendung aus; Unrecht: denn was wäre nach
der ganzen Darlegung ländlichen Lebens und der Entfaltung
kriegerischer Tüchtigkeit noch viel anders möglich gewesen
als etwa eine glückliche Hochzeit, entweder trivial moralisch
oder derb niederländisch geschildert, was beides zum Früheren
nicht gepaßt hätte? Mein Vater wird das gefühlt haben
und außerdem auch, daß epische Erfindungsgabe ihm ver=
sagt war. Sie hätte sich bei weiterer Fortspinnung des
Fadens nicht entbehren lassen; so weit als er erzählte,
konnten die eigenen Erinnerungen, in freier Gruppierung
natürlich, ihm den Stoff geben. So wird auch wohl mancher
sein, der die kurzen Skizzen von 1872 dem ausgeführteren
Werke vorzieht.

Rasch hinter einander erschienen dann 1876 „Neue
Lieder" (bei Adolf Bonz; in sieben Abteilungen „Maifeier",
„In der Krankheit", „Bekenntnisse", „Jahr und Tage",
„Dem Verdienste", „Schicksale", „Die Konfirmandin") und
1877 „Merlin" (mit einem Anhang; bei Hallberger), der
Universität Tübingen zu ihrer vierten Jahrhundertfeier
gewidmet. Die zweite der beiden Sammlungen enthält ganz
überwiegend Naturbetrachtung. „Merlin ist, wer nicht sein
und leben, Nicht ruhen und gedeihen kann, Bis daß der
Geist ihr inn'res Weben Den spröden Stoffen abgewann".
Schon diese Worte des Widmungsgedichtes zeigen, daß hier
das Spekulative im eigentlichen Sinn eine größere Rolle
spielt als früher. Aehnlich in den Neuen Liedern. Neben

reinen Naturbildern und lyrischen Stimmungen in der alten
Art findet sich manches Faustische und hinwiederum auch
einige Versuche christlicher Apologetik. Seit den Neuen Ge=
dichten ist das nicht ganz ohne Beispiel, aber erst jetzt tritt
es deutlicher hervor. Jene Gemütsverfassung, welche, des
alten Habers müde, mit der Welt und mit dem überlieferten
Glauben zugleich sich auseinandersetzen, das Schöne an
beiden empfinden und rein herausziehen möchte: sie zeigt
sich am rührendsten in dem Gedicht Die Konfirmandin, das
der Dichter vorausschauend an sein kleines Töchterchen ge=
richtet hat. Es erinnert in der Form an die alten Bilder
vom Bodensee, ist aber im Inhalt von strafferer Einheit;
denn es geht der Gedanke hindurch, daß der Dichter mit
seiner Tochter vor ihrer Konfirmation die Bilder und
Stimmungen jener Zeit des Lebensfrühlings durchwandere.
Sonst aber kommt mit dem Grübeln, dem Diskutieren, dem
Ringen nach Objektivierung manchmal ein fremder und er=
kältender Zug in die Gedichte herein, wo früher volles, be=
rauschtes Glück oder voller Schmerz redete. Es ist das be=
ginnende Alter, das seine Schatten hereinwirft, das um=
ständlicher, zaghafter, wechselnder in der Stimmung macht.
Darf ich an Goethe erinnern? es soll ja keine Gleichstellung
sein, nur eine Vergleichung der nämlichen Vorgänge in zwei
ganz ausgesprochen lyrischen Persönlichkeiten. Auch Goethe
hat ja eine solche Zeit des halben Alters gehabt, die mannig=
fach unerquicklich ist, die besitzen möchte und doch nicht mehr
recht besitzt, jung sein möchte und doch nicht mehr jung ist.
Auch die Darstellung in den beiden Sammlungen von 1876

und 1877 hat darunter manchmal gelitten. Einfache Glätte
und populäre Haltung ist schon zuvor nicht die Stärke
meines Vaters gewesen. Aber jetzt wird er teils umständ-
licher teils gedrängter; er hat immer viel vom Leser verlangt, jetzt eher noch mehr; er gefällt sich mehr als früher
in Personifikationen, Anrufungen, etwas dunkeln Wendungen.
Ich kann das nicht verschweigen, was damals mancher empfunden hat. Auch bei Goethe läßt sich ja dasselbe be-
merken; die natürliche, direkte Rede der Jugend geht in
eine symbolische, orakulose Manier über.

Mein Vater ist alt genug geworden, um jene Periode
hinter sich zu bringen; das zeigen die beiden Bändchen, die
nach langer Pause in den neunziger Jahren erschienen sind.
Wohl zeigt die Sammlung „Auf dem Heimweg“ (1891,
bei Cotta; in sieben Abteilungen „Leben und Liebe“, „Balladen“, „Kunst und Verwandtes“, „Ein Totenkranz“, „Persönlichkeiten“, „Sprüche“) die genannten Eigenheiten des
Stils noch immer, sie sind auch nachher nicht ganz abgestreift worden; auch der elegische Ton, wie er schon im
Titel erklingt, ist nicht selten, vor allem naturgemäß in den
rührenden, herzlichen Liedern auf den Tod der zweiten
Frau; aber jenes Grübeln, Bohren, auch wohl Dozieren
ist nicht mehr. Man sieht, das Greisenalter mit seiner
Ruhe und Gleichmütigkeit ist eingetreten. Auf das erfreu-
lichste aber zeigt sich dieser Typus der gesunden Alters-
poesie in der letzten Sammlung „Mit achtzig Jahren“,
1896 bei Cotta erschienen. Das Epigramm ist hier ganz
besonders zahlreich vertreten, überhaupt fast lauter kurze

Gedichte; die zweite Hälfte führt die Ueberschrift „Herzens= gespräche" und ist größtenteils dem alten Thema der Liebe, der Verehrung des Ewig=weiblichen gewidmet. Heitere Weis= heit und Behaglichkeit des Alters kommt neben unvermin= derter Glut der Empfindung so erfreulich zum Worte, daß es vielleicht keine Vermessenheit ist, wenn ich sage: man wird nicht so selten an den westöstlichen Diwan erinnert. Ein sonst galliger Kritiker hat angesichts dieses dünnen, aber inhaltsreichen Bändchens geschrieben:

Frisch und warm erklinget dein Lied, gern lausch' ich dem
Wohllaut;
Wenn die Jugend vergreist, zeige das Alter sich jung.

Trotz der erwähnten Veränderungen ist doch, glaube ich, die Gesamterscheinung des Dichters immer die alte geblieben. Er selbst war sich, wie die früher angeführte Stelle über Natursymbolik beweisen kann, des springenden Punktes in seinem Wesen wohl bewußt. Ebenso hat er seinen eigenen Wert recht gut gekannt und sich leicht ärgern können, wenn gehaltlosere, aber leichter verdaulichere Ware vorgezogen wurde. Aber Ueberhebung ist ihm fremd ge= wesen. Wahrhafte Größe hat er stets anerkannt und sich ihr willig untergeordnet.

Es legt sich mir nahe, hier gleich von meines Vaters Urteilen über andere deutsche Dichter zu reden, welche so häufig sich auch zu Gedichten und Reden verdichtet haben. In der Mitte steht hier unbedingt Schiller. Ich habe schon

von bem Stuttgarter Liederkranz und ber Schillerfestrede
von 1849 gesprochen und wende mich mit ihr wieder um
vier Jahrzehnte rückwärts. Es war bie erste von vielen —
nicht gerade von neunundzwanzig, wie es schon hieß; sein
eigenes Gedächtnis hat ihn ba, so vorzüglich es sonst war,
etwas im Stich gelassen — aber boch von wohlgezählten vier=
undzwanzig. Außer ben allgemeineren Feiern von 1859 und
1876 in Stuttgart und Marbach, auf bie ich nachher komme,
hat er beim Schillerfeste bes Liederkranzes einundzwanzigmal
bie Rebe gehalten, und zwar in ben Jahren 1849 bis 1853,
1855, 1857, 1863, 1864, 1867 bis 1870, 1872 bis 1875,
1877, 1880, 1883 und 1893. Er hat seine Reben, ent=
gegen bem früheren Gebrauch, alle selbst vorgetragen, und
wenn er sprach, konnte man sich in bem weiten Garten ober
später in bem großen Saal nach Belieben verteilen, seine
Stimme brang überallhin burch. In Ansehung Schillers
war er, mit Lessing zu reben, ein wahrer irrender Ritter
und stets bereit, seine Lanze für ihn zu verstechen. Selten
wird ein Mann an einem anbern, ben er selbst nie von Auge
zu Auge gesehen, mit solcher Kraft und Hingebung gehangen
haben, und Hingebung an anbere war sonst gerabe nicht
seine Sache. Gelehrt hat er sich nie mit Schiller beschäftigt;
auch bie illustrierte Schiller-Ausgabe, bie er 1877 für Hall=
berger besorgte, gibt nichts Neues. Aber er hatte sich schon
früh so vollkommen in Schillers Werke eingelebt, baß er
nicht nur Gebichte, sonbern ganze Partien aus ben Dramen
auswenbig wußte; einer Ausgabe beburfte er kaum und hat
in ber That nur eine ganz geringe alte gehabt. Stilistisch

ist er ja nur in seinen Jugendversuchen von Schiller ab=
hängig, später auch in den Dramen nicht — außer sofern
jeder moderne Dramatiker Schillers Schüler ist. Aber er
hat Schiller als den verehrt, von dem er am meisten ge=
lernt habe, ohne den er sich selbst sich gar nicht vorstellen
könne. Seine Schillerreden sind unerschöpflich in dem Preise
des Unvergleichlichen, mannigfach und immer neu nach Stoff
und Anordnung, vollkommen gleich in zündender Beredsam=
keit, der doch die Unterlage des Gedankens, eines poetischen,
spekulativen, ethischen oder politischen Themas niemals abgeht;
etwas zu oft gerät er auf die gefährliche Bahn des Schiller=
Apologeten; aber immer hat er gezündet, denn er sprach zu
einem Kreis von Strebenden — aus dem Herzen kam es,
zum Herzen ging es. Das Behagen im Besitz des Daseins
war nicht seine Sache und hat sich im Leben und in der
Poesie erst spät bei ihm eingestellt.

So auch die Freude an Goethe. Immer hat er ihn
— braucht man das eigentlich zu sagen? — verehrt; er
konnte erzählen, wie bei der Nachricht von Goethes Tod
ein Schauer durch die Seele des Fünfzehnjährigen ging.
Aber in ihn hineingewachsen ist er, wie so viele andere, nur
allmählich, und erst im höheren Alter war es, als er 1882
zum fünfzigjährigen Gedächtnis von Goethes Tod sich in
einem dithyrambischen Gedicht vernehmen ließ. Ein intimeres
Herzensverhältnis hat er nie zu ihm gewonnen, und manche
Werke des alten Herrn waren ihm etwas antipathisch; na=
mentlich in der Verwerfung des zweiten Teils Fausts war
er mit Vischer durchaus einig. — Von Hölderlin war schon

früher die Rede. — Für Uhland hatte mein Vater eine
unbegrenzte Verehrung und kam, angesichts der Verirrungen
anderer Lyriker, gerne darauf zurück, was das doch für
ein ganz anderer Kerl sei, bei dem alles stets in schönster
Ordnung, stets der Nagel auf den Kopf getroffen sei. Es
war dabei vielleicht nicht nur die Bewunderung des Lyrikers
gegen den Lyriker, sondern noch mehr die neidlose Hoch-
achtung gegen einen Mann, der in jeder Beziehung grund-
mäßig verschieden von ihm selbst war, durchaus bewußter,
seiner Mittel stets mächtiger, über seine Ziele stets klarer
Künstler. Sie haben sich persönlich gekannt, wenn auch
nicht oft gesehen. Auch für Uhlands Andenken war mein
Vater bemüht. Er hat am 16. November 1862 an Uhlands
Grab ein Gedicht gesprochen, am 1. Mai 1863 die Uhland-
linde am Ameisenberg bei Stuttgart, am 21. September 1865
Uhlands Erzbüste im Garten der Stuttgarter Liederhalle
durch seine Rede eingeweiht, am 14. Juli 1873, dem Tag
der Enthüllung von Uhlands Standbild in Tübingen, beim
Festmahl und beim Kommers geredet und endlich am
26. April 1887 das Festkonzert zu Uhlands Säkularfeier
in Stuttgart durch sein Gedicht eröffnet, ein zweites wurde
in dem Konzert gesungen. — Auch an der Einweihung des
Denkmals für Justinus Kerner in Weinsberg am 18. Oktober 1865 und an Kerners Säkularfeier am 18. September 1886 hat er sich durch dichterische Huldigungen beteiligt.
— Am nächsten von allen neueren deutschen Lyrikern ist
wohl Mörike meinem Vater gestanden; in ihm war die echt
lyrische Persönlichkeit mit voller Kunst gepaart. Beide

waren einander auch persönlich nahe befreundet und längere
Zeit Nachbarn. Poetische Grüße und Aufmerksamkeiten
giengen herüber und hinüber. Diesem Meister, mit dessen
Namen man einmal „die Schönheit benennen werde“, gab
mein Vater gerne den vollen Lorbeer; daß ihn so viele
nicht kannten, that ihm so wehe, wie wenn ihm selbst solches
wiederfuhr, und es hat ihn ganz von Herzen gefreut, wahr=
zunehmen, wie mit der Zeit Mörikes Stern immer heller
und ephemere Größen verdunkelnd leuchtete. Bei Mörikes
Begräbnis am 6. Juni 1875 und bei der für Mörike und
Freiligrath gemeinsam veranstalteten Feier am 14. April 1877
hat er Gedichte gesprochen und, als am 4. Juni 1880 des
Dichters wunderbar gelungenes Bildnis in Stuttgart ent=
hüllt wurde, im Namen des Komitees den Kranz daran
niedergelegt.

Auch manchem andern Freunde, manchem Heros der
Dichtung und Kunst in neuer und alter Zeit hat er poe=
tisch oder rhetorisch ein Denkmal gesetzt. Ich führe nur
einiges an, was ich weiß; es wird mir das eine oder
andere wohl entgangen sein. 1851 hat er Conradin Kreutzers,
1856 Lindpaintners Gedächtnis gefeiert, 1859 an Ferdinand
Fellners Grab gesprochen, des Schülers von Cornelius, der
in Stuttgart sein Talent leider nicht zur vollen Geltung
bringen konnte. Zwei Genossen in der Dichtung, die zu
dem engeren Freundeskreis meines Vaters gehörten, Ludwig
Seeger und Hermann Kurz, hat er, den einen 1864, den
andern 1873, am Grabe gefeiert und wenig Monate vor
Kurz den zu früh verblichenen Adolf Bacmeister; dem

Mathematiker Reuschle, den ein Unglücksfall aus voller Ge=
sundheit 1875 wegraffte, hat er die Grabrede gehalten.
Mit Freiligrath war er während dessen letzten Lebensjahren,
die er in Cannstatt zubrachte, befreundet und hat 1878 sein
Denkmal mit eingeweiht. Bei Shakespeares dreihundert=
jährigem Jubiläum 1864, bei der Enthüllung von Keplers
Denkmal in Weilderstadt 1870, bei der Einweihung von
Schuberts Denkmal im Lieberhallegarten 1878, von Hauffs
auf dem Hasenberg 1882 hat er seine Leier gestimmt und
noch 1883 das Lutherfest durch sein Gedicht verschönert.

Es war in den früheren Jahren seines Lebens noch
allgemeine Sitte bei uns, die Abende in Männergesellschaft
zuzubringen, und mein Vater ist bei dieser Gewohnheit bis
zuletzt geblieben. In dem kleineren Stuttgart der fünfziger
und sechziger Jahre war es leicht, geistig Verwandte häufiger
um sich zu sehen. Eine litterarische Geselligkeit im engern
Sinn gab es aber nicht und mein Vater hätte auch nicht
hinein getaugt, denn er war gegen jeden Zwang. Ein Kreis
von Künstlern hatte die Gesellschaft „Bergwerk" gegründet.
Mein Vater hat ihr nur wenige Jahre, um 1860 herum,
angehört. Jene Gesellschaft hat ein äußeres Ritual, das
eben dem Bergmannswesen entnommen ist; einem solchen
sich auf die Länge zu unterwerfen, hat ihm nicht behagt,
so hat er auch niemals einer freimaurerischen Verbindung
strikterer oder laxerer Observanz angehört. Die Museums=
gesellschaft in Stuttgart hat ihn 1856 zum Ehrenmitgliede
ernannt. Ein kleinerer Kreis litterarisch thätiger Männer
versammelte sich mehr als zwanzig Jahre hindurch mit ihm

alle vierzehn Tage Sonntag Nachmittags beim Kaffee; die meisten sind schon vor ihm dahin gegangen.

Eine besondere Freude haben meinem Vater die Bemühungen für die Gründung der allgemeinen deutschen Schillerstiftung gemacht, welche ihm auch im Jahr 1864 die Ernennung zum Meister des Freien Deutschen Hochstifts in Frankfurt eingetragen haben. Im Schwäbischen Merkur vom 8. Januar 1856 erschien ein Aufruf des württembergischen Komitees, der von ihm mit unterzeichnet war; einen Monat vor Schillers Centenarfeier, vom 8. bis 10. Oktober 1859, wurden in Dresden die Statuten des Gesamtvereins endgiltig festgestellt, und mein Vater war dazu vom Stuttgarter Komitee abgeordnet. Er ist dann von 1860 bis 1865 und wieder von 1875 bis 1880 Mitglied des Verwaltungsrats gewesen; in der zweiten Periode hat er sich stets durch einen andern vertreten lassen, in der ersten aber hat er die Versammlungen in Weimar fleißig besucht und dabei auch seine Bekanntschaft mit Ländern und Menschen erweitert.

Auch sonst ist er um jene Zeit nicht ganz wenig gereist. Seine Exkursionen erstreckten sich nach Süden bis ins Berner Oberland und bis nach Mailand, nach Osten bis Wien und Dresden, nach Norden bis Berlin und bis in die Niederlande. Auch im Lande selbst hat er manchen Besuch abgestattet, bei den eigenen Verwandten in Süßen, bei den Schwägern und Schwägerinnen in Ehningen und Simmersfeld, bei denen meine Mutter fast alle Ferien mit mir zuzubringen pflegte, oder bei einem alten Bernstädter

Vikar und treuen Lebensfreunde, dem Pfarrer Eberhard in
Warth bei Altensteig, später in Oppelsbohm, oder bei dem
Pfarrer Faber in Gschwend, mit dem er auch mehrere seiner
größeren Reisen gemacht hat, oder bei Rudolf Kausler,
dem Pfarrer in Stötten, später in Klein=Eislingen, dem
Altersgenossen und Freunde von Hermann Kurz, der
unter dem Namen K. Rudolf ein paar feinsinnige und
vielleicht eben deswegen kaum beachtete Novellen veröffent=
licht hat.

In der zweiten Hälfte der fünfziger Jahre sollte es
mit der äußeren Stellung allmählich aufwärts gehen. Mein
Vater suchte bei der philosophischen Fakultät in Tübingen
den Doktorgrad nach, in der damals noch vielfach üblichen
Weise durch gleichzeitige Einreichung mehrerer Arbeiten:
seiner Gedichte, seiner Morgenblatt=Aufsätze aus dem Leben
der Vögel und eines nicht zum Drucke gelangten Aufsatzes
über das Verhältnis der modernen zur klassischen Poesie;
er erlangte die Würde unterm 12. Januar 1857. Ein
Jahr später legte Kiefer die Vorstandschaft der Elementar=
schule nieder und starb einige Wochen darauf. Die Vor=
standschaft wurde meinem Vater am 13. Februar 1858
provisorisch, am 29. Juni definitiv mit dem Titel eines
Schulinspektors übertragen, weil sie wegen des größeren
Wachstums der Realschule von dem Realschulrektorat ge=
trennt werden sollte. Der Nachfolger Kiefers als Rektor
der Realschule wurde Ehrhart. Mein Vater hat schon da=
mals, den deutschen, geschichtlichen und geographischen Unter=
richt an der obern Realschule, den Ehrhart bis dahin ge=

habt hatte, übernehmen zu dürfen; er sollte aber noch ein paar Jahre warten.

Das Jahr 1859 stand unter einem doppelten Zeichen, dem des italienischen Krieges und dem der Centenarfeier von Schillers Geburt. Die Nachricht von dem Präliminar= frieden von Villafranca am 12. Juli erhielt mein Vater, als er eben mit Faber auf einer Alpenreise begriffen war; sie waren höchlich entrüstet darüber. Eine gewisse Zuneigung zu Oesterreich war dem Süddeutschen im Blut, und Preußen hatte nicht das mindeste gethan, sie zu erschüttern. Während jedoch Faber bis zu seinem Tode positiv österreichisch ge= sinnt war und das als Redakteur des Staatsanzeigers im Jahr 1866 viel zu deutlich und leidenschaftlich gezeigt hat, war bei meinem Vater das Mißtrauen gegen die öster= reichische Regierung nicht minder groß als gegen die preußische. Ein ehrlicher Großdeutscher ist er geblieben, bis die Ereig= nisse von 1866 es unmöglich machten; ein Freund des spezifischen Preußentums ist er niemals geworden, wohl aber mit der Zeit ein großer Verehrer Bismarcks. Er hat sich in diesen Dingen nicht viel anders verhalten als Vischer, der ja in mehreren seiner kritischen Gänge die Probleme von 1849, 1859, 1866 und 1870 sehr zutreffend entwickelt hat. Die Lösung von 1859 konnte Niemand befriedigen. Oesterreich wurde geschwächt, Italien kam nicht zu seinem natürlichen Recht und der Sieger war Napoleon, den es gar nicht anging.

Die ganze nationale Empfindung flüchtete sich aus der Gegenwart in die Vergangenheit, zu dem großen Manne, ber nie ein praktischer Politiker war und doch voll von politischem Tiefblick und politischem Pathos. Am 10. November 1859 fand in Stuttgart das „große Schillerfest" statt, wie es von da an hieß, bei dem die ältere Dichtergeneration durch den Trinkspruch Uhlands, die jüngere durch meinen Vater vertreten war. Die Festkantate, von Kücken komponiert, war von ihm gedichtet; er hielt die Festrede im Reithaus und am nächsten Tag die Rede zur Einweihung des Schillerhauses in Marbach. Als zu jenem Fest eine Auswahl aus Schillers Gedichten für die Jugend und etwas später eine solche aus Schillers Prosa veranstaltet wurde, war er mit im Redaktionsausschuß. Er selbst hat von der Stuttgarter Festrede die Wendung seines Geschicks datiert: „Ich hatte in der Rede selbstverständlich einen Dank auszusprechen an König Wilhelm, so daß der anwesende Landesfürst, der das königliche Reithaus zur Abhaltung des Hauptfestes eingeräumt und das Hoftheater wie bare Mittel zur Verfügung gestellt hatte, mit stürmischem Jubel begrüßt wurde."

Seit Anfang 1861 hatte mein Vater Deutsch, Geschichte und Geographie an der obern Abteilung der Realschule zu lehren und am 28. Januar 1862 wurde ihm diese Stelle mit dem Titel als Professor definitiv übertragen. „Hier war es, wo ich mich in meinem Elemente befand. Es bestand ein schöner Rapport zwischen mir und den Jünglingen, und ich darf mich noch heute der Anhänglichkeit ihrer besten erfreuen." In der That hat er dort reichen Samen der Bildung ausgestreut, an einer Anstalt, wo gerabe seine Lehrfächer für die allgemeine, besonders für die gemütliche und Charakter=Bildung weitaus die wichtigsten sind. Ich könnte hundert Zeugnisse aus dem Mund alter Schüler anführen oder auf den herzlichen Dank hinweisen, der ihm bei Niederlegung der Stelle nach fast einem Viertel= jahrhundert zu Teil geworden ist. Die Vorstandschaft der Elementarschule behielt er daneben noch bis 1866, die der kaufmännischen Fortbildungsschule, wie schon erwähnt, noch bis 1872 bei.

Ganz zu derselben Zeit, als mein Vater durch diese Ernennung in öffentlicher Stellung emporgestiegen war, ge= lang es ihm, auf einer andern Bühne der Oeffentlichkeit Beifall zu finden. Er war unter die Dramatiker gegangen. Im Unterschied von andern Lyrikern, die schon frühe und noch spät dramatische Pläne geschmiedet haben, hat er sich erst in der Mitte des Lebens dem Drama zugewandt und sich auf eine kleine Anzahl von Stücken beschränkt, die dann auch wirklich zu Stand kamen. Er begann mit einem Stoffe, der aus innern Gründen und, weil er schon mehrfach be= handelt war, für das größte Wagnis gelten mußte. „Saul, ein Drama" erschien 1862 bei Cotta; im nämlichen Verlag ein Jahr später „Friedrich der Zweite von Hohenstaufen, historische Tragödie" und 1866 „Florian Geyer, der Volks= held im deutschen Bauernkrieg, Trauerspiel"; 1868 end= lich, bei Franckh in Stuttgart, „Kaiser Maximilian von Mexiko, Trauerspiel". Außerdem hatte mein Vater kurze

Zeit im Sinne, die Geschichte der Jakobäa von Holland
(1401 bis 1436) zu dramatisieren; ich habe in seinem Nachlaß nur einen Zettel mit genealogischen Notizen gefunden
und glaube, daß er nie wirklich die Hand an diesen Plan
gelegt hat. Mehr im Scherz als im Ernst sprach er gelegentlich von einem modernen Lustspiel, das in die Kreise
des Bürgertums hinein leuchten sollte; der ausgesprochene
Idealist, dem Humor und realistische Kritik, so wenig er
ihnen im Leben abhold war, in der Poesie nicht zu Gebote
standen, wäre für so etwas nicht der rechte Mann gewesen.

Die Kritiker sind darüber einig, von den dramatischen
Leistungen meines Vaters als von etwas in sich eigentlich
Verfehltem zu reden, das freilich durch poetische Schön-
heiten — man darf wohl auch hinzufügen, durch dramatische
Momente — es mit manchem andern aufnehmen könnte,
das mehr und länger von der Zeitgunst getragen wurde.
Es verhält sich, das haben schon andere gesehen, ähnlich
wie mit den zwei vollendeten Dramen Uhlands, so wenig
die positiven poetischen Charaktere beider Dichter und ihrer
Dramen direkt vergleichbar sind — nur die Schönheit der
Sprache und manche scenische Einzelwirkungen sind beiden
gemeinsam. Daß Uhland im Grunde kein Dramatiker war,
zeigt sich weniger an den dramatischen Mängeln seiner
Stücke — Ludwig der Baier ist dramatisch gar nicht so
schlecht aufgebaut —, als darin, daß er nur während drei
Jahren seines Lebens dazu gelangt ist, dramatische Schöpfungen zu vollenden, und daß das eben in der Zeit seiner
ersten politischen Thätigkeit und in Beziehung auf Stoffe

von entschiedenem politischem Gehalte der Fall war. Nur
dieses äußere Moment, das Pathos des Verfassungskampfes
gab ihm die nachhaltige Energie zur Vollendung der zwei
Stücke; alle andern ernsthaften Dramenpläne hat er nach
kurzen Anläufen wieder aufgegeben. Einem echten Drama=
tiker werden sich ganz verschiedenartige Stoffe zur drama=
tischen Gestaltung zusammenballen; ich erinnere nur an
Shakespeare, aber auch der weit mehr aufs Praktische, auf
Dialektik und Charakter gestellte Schiller, bei dem deshalb
die politischen Stoffe voranstehen, hat in mehreren seiner
Dramen dieses Element gar nicht oder nur nebensächlich
behandelt. Was aber wichtiger ist: Schiller hat auch in
benjenigen Stücken, die voll von historisch=politischem Gehalt
sind, das Gewicht ganz und gar auf die Entwicklung der
dramatischen Personen und Handlungen gelegt; Tendenz,
von der seine lyrischen Gedichte voll sind, ist in seinem
Drama, als seiner Hauptdomäne, nirgends. Sie ist bei
Uhland deutlich vorhanden, wenn auch nicht plump hervor=
bringend, so doch latent durch die ganzen beiden Dramen
hindurch, mitunter sehr vernehmlich und nicht immer ganz
geschickt angebracht. Ebenso bei meines Vaters Dramen.
Niemand wird behaupten, daß sie Tendenzstücke im vulgären
Sinne seien, weder auf Wildenbruchische noch auf Haupt=
mannische Art. Aber sie sind ganz und gar aus politischer
Betrachtung und Stimmung heraus geboren; neben dem
Pathos des politischen Inhalts tritt noch die rein poetische
Schönheit der Sprache und einzelner Partien hervor; die
psychologische Entwicklung der Helden ist die schwächste Seite.

gerade wie bei Uhland. Weiter aber darf der Vergleich, wenn er nicht hinken soll, nicht geführt werden.

Die große Hochfluth von 1848 und 1849 war längst verlaufen und versandet. Die liberalen Ideen mit republikanischer Färbung waren in Süddeutschland herrschend geblieben. Mit dem Jahr 1862 wurde die Frage nach der Gestaltung Deutschlands wieder brennend. Die bis dahin einige demokratische Partei Württembergs spaltete sich in zwei Lager; bald waren alte Freunde zu heftigen Gegnern geworden. Aber wenn auch von den Freunden Preußens die Einheit, von seinen Gegnern die Freiheit in den Vordergrund geschoben wurde: liberal wollten beide sein. Konservativ war nur die von beiden bekämpfte württembergische Büreaukratie, die mehr österreichisch als preußisch, vor allem aber württembergisch war. Sie war der alte Gegner beider, der noch immer lebte, aber seine Bekämpfung war nicht mehr neu und interessant. Ein Gegner vom aktuellsten Interesse war dagegen der Klerikalismus, dessen Bekämpfung schließlich noch das einzige Einheitsmoment des deutschen Liberalismus geblieben ist. Er herrschte in Oesterreich und war in Preußen sehr begünstigt. In Württemberg war um 1860 die kirchenpolitische Frage der Angelpunkt der politischen Interessen. Das Ministerium Rümelin hatte 1857 die Konvention mit der Kurie vereinbart, gegen die sich der Ansturm in der öffentlichen Meinung, in Presse und Kammer erhob; die Stände verwarfen am 12. Juni 1861 die Konvention, Golther wurde Kultminister und schon am 30. Januar 1862 wurde das Gesetz erlassen, das nun das

Verhältnis des Staats zur katholischen Kirche definitiv regelte. In jener Zeit und Bewegung wurzeln die ersten zwei Dramen meines Vaters. Er selbst wußte religiöse Empfindung in jeder Form zu schätzen und hat sie in freier, nicht bekennt= nismäßiger Form so gut gehabt wie einer; er war aus einer Gegend, wo Protestanten und Katholiken friedlich neben einander wohnen, und hat nie etwas von konfessioneller Feindschaft gewußt und gewollt — Priesterherrschaft war es, was er haßte und was ihm im protestantischen Gewand ebenso widerwärtig schien wie im katholischen. Kirche und Staat: das ist das Thema seiner zwei ersten Dramen.

Im „Saul" werden die Gegensätze selbst vorgeführt in ihren Repräsentanten Samuel und Saul. Daß Samuel unhistorisch zum Hohenpriester gemacht worden ist, hat der Dichter durch Schillers Vorgang im Don Carlos zu recht= fertigen gesucht. Es kann uns jedenfalls gleichgiltig sein, ob das ganze Verhältnis historisch richtig gezeichnet ist oder nicht; denn dem Leser der alttestamentlichen Erzählung drängt sich mit Notwendigkeit die Vorstellung des Gegensatzes der Theokratie und des von ihr sich lösenden Königtums auf; wenn dieser Gegensatz dort vom Standpunkte der Theokratie dargestellt ist, so konnte ein Moderner den Stiel umdrehen. Mein Vater hat das übrigens nicht einmal so ganz gethan. Er ist durchaus unparteiisch. Samuel ist nur der Vertreter des großartigen Grundgedankens der Theokratie, pfäffische Herrsucht und Fanatismus ist ihm fremd und nur den jüngern unter den Priesterzöglingen eigen — wie man den nämlichen Unterschied zwischen den älteren, in Wessenber=

gischen Ueberlieferungen erzogenen und den jüngern katho=
lischen Geistlichen wahrnehmen konnte — ; ebenso steht neben
dem aufwallenden, aber gerechtigkeitsliebenden Saul der
rücksichtlos durchgreifende Priesterfeind Abner. Mitten inne
steht David, der zwar Sauls Eidam, aber zuvor schon von
Samuel zum König gesalbt ist. Er geht am Ende wie ein
Fortinbras aus dem Zusammenbruch der Dinge hervor,
um bessere Zeiten heraufzuführen. Die überlieferte Dar=
stellung hat der Dichter hier nicht ganz beseitigen mögen;
und so ist aus diesem David die schwächste Figur des ganzen
Stücks geworden, ein Mann, der, wenn er bewußt so han=
deln würde wie er thut, nur ein vollendeter Schurke sein
könnte. Wenn das Stück in seinem Gesamtthema an den
Don Carlos erinnern mag, so gemahnt es auch an Ernst
von Schwaben, vor allem in dem Grundfehler, daß der
Konflikt schon im ersten Akt so gut wie fertig dasteht und
alles Folgende nur ein weiteres Hinabgleiten ist. Die Sprache
des Stücks war ein schwieriges Problem; ich glaube aber,
es ist gut gelöst; der alttestamentliche Ton war nicht ganz
zu umgehen, hätte aber, durchs Ganze durchgeführt, ge=
zwungen wirken müssen und ist daher auf ein paar lyrische
Partien konzentriert worden.

Entschiedener ist die Parteinahme bei dem zweiten
Stück, das eine bekannte Phase des Kampfs der beiden
mittelalterlichen Imperien darstellt, den Untergang Fried=
richs II. Dieser Kampf ist aber hier nur die Grundlage,
das Treiben der Kirche nur die dunkle Folie des Ganzen,
weil es an einem Punkt angelangt ist, wo es durchaus

unberechtigt und verwerflich wirb; alles Licht fällt auf die Vertreter der Staatsidee. Denn es sind ihrer zwei, beren Verhältnis zu einander das eigentliche Thema des Stückes ist, Friedrich und sein Kanzler Pietro. Dieser, nicht Friedrich, ist in Wirklichkeit der Mittelpunkt des Stückes. In ihm, bem Gehilfen des Kaisers, erwacht allmählich der Wiber= streit des Italieners gegen den Deutschen, der historischen Rechtszustände gegen den aufgeklärten Despotismus, die ab= solutistische Demokratie. Friedrich, der kränkelnde Mann mit der an die Materie geketteten Feuerseele, rührt uns menschlich; das bramatische Interesse ist bei Pietro, der, zwischen die Gegensätze hineingestellt, wie Wallenstein mit ihnen spielen, zwischen ihnen vermitteln will — freilich nicht wie jener zum eigenen, sondern zum allgemeinen Besten — und den nun die Strafe für diese Ueberhebung, diesen All= machtsbünkel des Genies ereilt. So hat das Stück mehr persönliches, menschliches Interesse als Saul, denn seine Personen sind mehr als bloß die Träger von Prinzipien; auch im Einzelnen sind die Farben reicher und prächtiger, manchmal fast zu üppig; auf mittelalterliches Kolorit ist mit gutem Recht verzichtet worden.

Das Kirchenpolitische tritt im „Florian Geyer" ganz zurück; denn der Stoff ist dem großen sozialen Kampfe des sechzehnten Jahrhunderts entnommen. Der populäreren Sphäre halber ist das Stück in Prosa geschrieben. Mein Vater hat, wie mir ein Konvolut von Auszügen beweist, in der damals vorhandenen Litteratur über den Bauernkrieg ganz gründliche Studien gemacht; mag seine ibeale Auffassung

Geyers, die in der Hauptsache auf Zimmermanns Dar=
stellung beruht, richtig sein oder nicht, was verschlägt das
dem Dichter? Um so weniger, als das Stück von jeder
Tendenz ganz und gar frei ist. Mein Vater fühlte demo=
kratisch im besten Sinn und kannte zwischen Hoch und
Nieder keinen Unterschied; aber er war, wie wohl die
meisten, die sich durch eigene Kraft emporgearbeitet haben,
ein abgesagter Feind jeder Demagogie und jedes Strebens,
das Große um den einen Kopf kürzer zu machen, durch
den es über das Kleine hinausragt. So ist das Stück
alles andere mehr geworden, als ein modernes sozialistisches
oder auch antisozialistisches Machwerk. Es ist dem Gehalte
nach nicht mehr und nicht weniger als das Bild einer
großen, berechtigten, aber zu ihrer eigenen Leitung unfähigen
und von der Unbildung der einen, der Gemeinheit der
andern in die Irre und ins Verderben geführten Bewegung.
Die Figuren in diesem Bilde sind reich und bunt gemalt
und geben die verschiedensten Typen öffentlicher Charaktere
in mannigfacher Abstufung wider. Der Held selbst er=
weckt reines menschliches Interesse, das durch die Gestalt
seiner heldenmütigen Begleiterin Marie Weigand noch mehr
ins rührende gezogen wird. Daß Götz von Berlichingen
und Egmont in vielen Dingen das Muster abgegeben haben,
hat nicht anders sein können; aber das Stück wirkt doch
nicht als bloße Nachahmung, sondern hat eigenes, natür=
liches Leben. Ohne straffe dramatische Verknotung läuft
alles flott weiter, und ich habe die Empfindung, als ob
Florian Geyer in seiner anspruchsloseren Art zwar nicht

das bedeutendste, aber das gelungenste unter den vier
Stücken sei.

Mein Vater selbst hielt mehr von dem vierten, dem
wieder in Jamben gedichteten „Maximilian von Mexiko“,
den er nach fleißigen geographischen und historischen Studien
am 14. Januar 1868 begann und schon am 5. April fertig
hatte. Die Politik der Kurie ist hier wieder ein wesentliches
Agens, aber wie in Friedrich II. bloß negativ, verwerflich
geschildert; ihr handelnder Vertreter, der Pater Fischer,
spielt im Haushalte des Stückes eine ähnliche Rolle wie
dort Pietro, nur daß er nicht so vollkommen in den Vordergrund tritt und man nie ganz klar wird, wo der Schurke
anfängt und der auf seine Weise das Rechte wollende Mensch
aufhört. Ganz und gar dunkler Hintergrund ist die französische Politik Napoleons III. und seines Werkzeugs Ba-
zaine. In den Hauptgegnern Maximilian und Juarez treten
wieder wie im Saul zwei gleich berechtigte Prinzipien und
Interessen einander gegenüber; die Teilnahme des Lesers
würde aber größer sein sowohl für den unglücklichen Phan-
tasten auf dem Thron als für den Vorkämpfer der ameri-
kanischen Unabhängigkeit, wenn nicht die Politik jenes durch
schwere Fehler und noch mehr durch die sofort sich auf-
drängende Empfindung einer in sich unmöglichen, niemals
zu wollenden Aufgabe, die Sache des letzteren aber durch
die Schurkerei anderer Mithandelnder getrübt würde; man
bekommt so das Gefühl des von Aristoteles verpönten
μιαρόν, des Gräßlichen, eine eigentlich tragische Empfindung
kommt nicht auf. Ich glaube mich auch nicht zu täuschen,

wenn ich meine, der Erfolg dieses Stückes sei der geringste
von allen gewesen; um so geringer, als eben damals große
europäische Fragen das Interesse an dem Opfer von Quere=
taro sehr schnell abgestumpft haben.

Dagegen haben die beiden ersten Stücke, besonders
Friedrich II., es auch zur scenischen Darstellung gebracht,
wenn auch nicht für lange Zeit. Saul wurde am Stutt=
garter Hoftheater am 28. Februar und 26. Mai 1862 und
am 7. Oktober 1863 aufgeführt; von andern Bühnen weiß
ich nur, daß das Stück dem Wiener Burgtheater angeboten,
aber von Laube zurückgewiesen worden ist, teils, weil der
theatralische Zusammenhalt in den letzten Akten nicht straff
und stark genug sei, teils weil der Kampf gegen die Geist=
lichkeit in Wien unmöglich auf die Bühne gebracht werden
könne. Friedrich II. wurde zuerst am Hoftheater in Weimar
gegeben am 25. September und 2. Oktober 1862 und am
12. März 1863; sodann in Stuttgart, und zwar mit leb=
haftem Beifall, am 21. September und 3. Oktober 1864,
dann in neuer Einstudierung am 17. September 1867, am
18. März 1868 und am 5. April 1869. Die Hauptrollen
der beiden Stücke hatten in Stuttgart Löwe und Grunert;
Friedrich II. konnte als eine der Glanzrollen Löwes gelten,
dem solche edle, angekränkelte Träumer ganz besonders
gelangen.

Mein Vater ist durch seine dramatischen Arbeiten in
fieberhafte Thätigkeit und Aufregung versetzt worden. Ich

weiß, wie oft er gegen seine frühere und spätere Gewohn=
heit bis nach Mitternacht daran gearbeitet hat. Auch bei
der Einstudierung für das Theater war er eifrig thätig;
er setzte seinen ganzen Ehrgeiz darein, auf diesem neuen
Boden Erfolge zu erringen. Der Rückschlag blieb nicht
aus; nach der ersten Aufführung des Saul verfiel er in
einen lebensgefährlichen Zustand der Depression, der aber
ebenso rasch völlig vorübergieng, wie er erschreckend auf=
getreten war. Auch sonst war er in jenen kritischen Jahren
um die fünfundvierzig herum, die schon manchem übel mit=
gespielt haben, öfters krank, zumal da sie für ihn Jahre
angestrengtester Arbeit und gespanntester Erregung waren.
Ich erinnere mich einer schweren Lungenentzündung und
zahlreicher Anfälle von heftigem Kopfweh. Sein Magen
war längere Zeit sehr empfindlich, die leichtesten Speisen
bekamen übel, während er später gerade in diesem Punkt
von manchem Jüngeren beneidet werden konnte. Die gründ=
liche Hebung dieser Beschwerden schrieb er dem Genuß des
herrlichen neuen Fünfundsechzigers zu.

Meine Mutter hat jene Jahre der Aufregungen, der
Erfolge, aber auch der Enttäuschungen, die zugleich an
politischen Krisen so reich waren, noch erlebt und innerlichst
mit erlebt. Die einfach erzogene, aber für alles Große
empfängliche Frau nahm an der geistigen Arbeit des Mannes
lebhaften Anteil, und ich kann mir, wenn ich mich in die
atemlose Spannung zurückversetze, mit der wir bei den
ersten Aufführungen der Dramen in einer versteckten Loge
des Theaters saßen, die Empfindungen einer bis zum Ende

jugendlich gebliebenen Frauenseele vergegenwärtigen. Ihre Gesundheit war empfindlich geblieben, aber sie war sich hart und hat nie nachgegeben. Treufleißig hat sie die kleine Haushaltung in musterhafter Ordnung gehalten und ist jeden Morgen mit dem frühesten auf gewesen. Im Jahr 1866 traten Zeichen einer rascheren Zerstörung der Lungen auf; aber erst im Juni 1867 wurde sie an das Bett gefesselt und ist nach zehn Tagen voll Angst und vergeblicher Hoffnung am Abend des 15. Juni entschlafen. Am 18. wurde sie der Erde übergeben.

So stand mein Vater mit mir allein. Ich hatte 1865 das Landexamen gemacht, war aber im Stuttgarter Gymnasium geblieben. Jetzt mußte mein Vater es vorziehen, den Haushalt aufzulösen. Ich kam nach Blaubeuren und für ihn fieng nach fast zwanzig Jahren das alte Junggesellenleben wieder an. Die Besorgung der Wohnung war in den Händen der Frau des Hauseigentümers, die mit treuer Anhänglichkeit an meiner Mutter hieng. Auch an einem Kreis trefflicher Freunde fehlte es nicht, die ihm gemütliche Anregung gaben, und mancher schönen Tage aus meinen Ferien weiß ich mich zu erinnern. Aber die Verödung des Hauses konnte der auf den lebendigen Austausch der Gefühle angewiesene Mann, dem es in der Einsamkeit nie so recht wohl war und der auch in äußerlichen Dingen des Lebens der Hilfe anderer etwas bedürftig war, auf die Länge doch nicht ertragen.

Schillers dankbarer Schatten half ihm aus. Es waren gegen Ende der sechziger Jahre die Bemühungen um ein

Denkmal in Schillers Vaterstadt Marbach lebhaft im Gange. Mein Vater stand selbstverständlich mitten drin und hatte öfters den Weg nach Marbach zu machen. Dort war es, wo er in Bertha Feucht, der jüngsten Tochter aus dem weit-bekannten Hause zur Post, seine zweite Frau und ich eine zweite, treulich besorgte Mutter finden sollte. Sie verlobten sich am 28. Oktober 1869 und am 15. Februar 1870, dem Tage vor dem fünfundzwanzigsten Geburtstag der Braut, fand die Hochzeit in dem Saale zu Marbach statt, der meinen Vater hernach noch mehrmals als Festgast und Fest-redner gesehen hat. So hatte der dem Alter entgegen-gehende Mann wieder eine Heimat und eine Seele, die er sein nennen durfte, eine Frau, die ihm ihre eigene Jugend ins Haus brachte und mit sorgender Liebe ihn umgab. Sie ist mit unermüdlicher Treue um ihn thätig gewesen, ihm nicht nur das Verlorene zu ersetzen, sondern neues Glück zu schaffen. Muntere Kinder, denen sie eine liebevolle, ängstlich besorgte Mutter war, wuchsen herauf und belebten das stille Haus. So zog die Freude und junges Leben wieder ein; auch die Prüfung, das Leid sollte nicht aus-bleiben.

Die Donner des großen Krieges hallten in das erste Jahr des neuen Hausstandes herein und über der Wiege des ersten Sohnes Friedrich, der am 27. November 1870 geboren wurde. Am 10. April 1874 kam die einzige Tochter Bertha, am 28. April 1878 ein zweiter Sohn Georg dazu. Im Jahr 1873 hatte ich meine Studien beendigt und habe von da an ein Jahr lang wieder im elterlichen

Haus gewohnt, später wenigstens den Mittagstisch dort geteilt. Ich habe Zeuge zweier schönen Feste, aber auch tiefer Trauer sein können. Am 9. Mai 1876 wurde das Schiller= denkmal bei Marbach enthüllt; mein Vater hielt die Weihe= rede und eine Kantate von ihm, durch Faißt komponiert, eröffnete die Feier. Auch sein eigener sechzigster Geburts= tag wurde Gegenstand einer großen festlichen Veranstaltung im Liederkranz. Aber diesen Freudentagen folgte schweres Leid, namentlich für die Gattin, auf dem Fuße. Ihr Vater starb zu Ende des Jahrs, alt und nach sehr schmerzlicher Krankheit, und am 30. Januar 1877 erlag mein Bruder Friedrich, der blühend herangewachsen und schon in das erste Schuljahr eingetreten war, einem tückischen Scharlach= fieber. Ich habe ein paar Monate später meinen eigenen Hausstand gegründet und bin so dem elterlichen Haus etwas ferner gerückt worden.

Im Jahr 1883 erteilte die Stadt Marbach meinem Vater, der sich mehr als viele andere um sie verdient ge= macht hatte, das Ehrenbürgerrecht zu seinem Geburtstage; er wies in seiner Dankrede darauf hin, wie nur die Ver= ehrung Schillers, von dem er sich wie von einem geistigen Vater abhängig fühle, das treibende Moment in ihm ge= wesen sei und wie er alles Verdienst auf dieses verehrte Haupt weitergeben müsse. Zwei Jahre später legte er nach über fünfzigjähriger Dienstzeit sein Lehramt nieder. Er war 1879 nicht ganz unbedenklich krank gewesen, aber voll= kommen wieder genesen. Jetzt kamen entzündliche Vorgänge in der Kehle, die auch schon früher dann und wann da gewesen waren, öfters hintereinander, und die Stimme wurde leicht müde und heiser. Vom Mai 1885 an mußte ein Amtsverweser für meinen Vater eintreten, und im Herbst sah er sich genötigt, seine Versetzung in den Ruhestand nach= zusuchen. Sie erfolgte am 17. November 1885 mit den rühmendsten Auszeichnungen von Seiten des Königs, der Behörde, der Kollegen und der Stadt, in deren Dienst er vierzig Jahre thätig gewesen war. Man konnte fürchten, der lebhafte Mann würde unter dem Mangel einer festen Thätigkeit leiden; aber es war nicht der Fall. Seine Blumen, seine Vögel, die eigene Dichtung und die Lektüre fremder Erzeugnisse füllten neben den gewohnten und noch lange mit alter Rüstigkeit fortgesetzten Feldgängen seinen Tag zur Genüge aus. Die frühere Gesundheit kehrte wieder, als die Anstrengung der Schule aufgehört hatte, und auch die Stimme, nicht mehr Stunden lang angestrengt, gewann bald wieder ihren ehernen Klang. So haben wir am 25. Ok= tober 1886 den siebzigsten Geburtstag eines jugendfrischen Greises begangen, der mit frohem Mut sagte: wenn ihm die Lust an Wald und Feld erhalten bleibe, „wohlan, so mögen auch achtzig kommen“.

Bald sollte es freilich stiller und einsamer um ihn werden. Die Gattin verließ ihn zuerst, um nicht wiederzu= kehren. Ich sehe sie noch als hochgewachsenes, blühendes Mädchen und als junge Frau von imposanter Erscheinung vor mir; Niemand hätte geglaubt, daß sie dem fast dreißig Jahre älteren Mann im Tode vorangehen würde. Aber sie war schon in jungen Jahren von empfindlicher Konstitution;

freudige und schmerzliche Erregungen haben sie leicht ange=
griffen, und der Tod des ersten Kindes ist ihr lange nach=
gegangen. Gegen Ende der achtziger Jahre traten heftigere
Beschwerden auf. Eine Operation im Winter von 1888
auf 1889 schien gelungen, im Mai konnte sie sich der Kon=
firmation der Tochter wenigstens von ihrem Lager aus
erfreuen und im Sommer mit der Familie einen Kurauf=
enthalt in Urach nehmen. Aber das Uebel kehrte bald ver=
schärft wieder, und schneller, als erwartet wurde, ist sie am
14. August 1890 verschieden und im Grab ihres Söhnchens
am 16. beigesetzt worden.

Die Tochter war zum Glück dem Kindesalter schon
entwachsen und hat den Vater in den folgenden Jahren
mit Treue gepflegt.

Im Mai 1893 schien es freilich, als ob seine Tage
gezählt wären. Eben um die Zeit, als er seine letzte
Schillerrede halten sollte, befiel ihn eine Lungenentzündung,
die ihn schwer zu Bett legte und langsam, aber doch voll=
ständig geheilt wurde; ja er meinte nachher gesünder zu
sein als zuvor. Die Verheiratung der Tochter am 4. März
1894 machte zwar dem Zusammenleben im Haus ein Ende;
aber sie behielt ihren Wohnsitz in Stuttgart, und so konnte
mein Vater sich nicht nur des Heranblühens eines munteren
Enkelchens, sondern auch der fortdauernden Fürsorge der
Tochter, wo sie Not that, erfreuen. So war es ihm denn
im Haus nicht zu still, wenn er es auch nur mit dem jüngsten
Sohn und einer treuen Dienerin teilte.

Auch an neuen Ehren fehlte es ihm in seinen letzten

Jahren nicht. Die Heimatgemeinde Groß-Süßen erfreute
ihn zu seinem Geburtstag 1894 mit dem Ehrenbürgerrecht.
Und wenn er so in der engsten Heimat die alte Anerkennung
durch eine jüngere Generation bestätigt fand, so durfte er
es erleben, daß sein Ruf auch im Norden Deutschlands sich
mehr und mehr verbreitete. Schon früher war E. Brenning
dort mit seinem Lob hervorgetreten; jetzt ließ sich auch
Jacobowski über ihn vernehmen, und in Karl Busse fand
er einen jungen Verehrer, den er um seiner eigenen Lyrik
willen hochschätzte.

Ich muß sagen, ich vergegenwärtige mir meines Vaters
Bild am liebsten so, wie er in seinen letzten Jahren war,
als das Bild eines grünenden Alters. Seine körperliche
Erscheinung war ungebrochen. Das Haupt mit der mächtigen
Schädelwölbung, mit dem leuchtenden gelblich-grauen Auge
saß aufrecht auf einem schlanken Körper, der den hohen
Wuchs alter Zeit behalten hatte; nur auf der Straße, wo
er seit der Krankheit von 1893 langsam zu gehen liebte,
konnte er den Eindruck des Alters machen, der sofort wieder
schwand, wenn er einem seiner vielen Bekannten begegnete
und ihn in alter Lebhaftigkeit anredete. Das Auge, das
zum Lesen und Schreiben schon lange eines Glases bedurfte,
sah in der Ferne noch das Kleinste; das Ohr nahm noch
die leisesten Geräusche wahr; die Stimme war klar und
metallen wie immer. Ebenso frisch und ungebrochen, nur
ruhiger und heiterer, war sein Inneres geworden. Er war
von ausgesprochen sanguinischer Gemütsart, leicht erregbar
und reizbar; heftige Ausbrüche eines lebhaften Temperaments,

die freilich nie in anhaltenden Groll übergiengen, waren
nicht selten. Das Alter hat ihn ruhiger, gleichmütiger ge=
macht, ohne ihn abzustumpfen. Wie er mit unverminderter
Kraft fortdichtete, so ist er auch als Mensch Lyriker ge=
blieben. Er stand dem praktischen Leben nicht feindlich
gegenüber, aber er lebte in seiner eigenen Sphäre. Was
er aufnahm, erfaßte er mit den Kräften der Empfindung;
der rechnende Verstand und der harte, unbeugsame Wille
waren Eigenschaften, die er lieber aus der Ferne verehrte.
Er hatte seine Anschauung von den Dingen und Menschen,
und da sie durch das Medium der gefühlsmäßigen Empfin=
dung, nicht der kalten, objektiven Beobachtung gegangen
war, so war sie leicht einseitig, ohne Abwägung des Plus
und Minus; daher war er für fremde Anschauungen nicht
ganz leicht zugänglich; aber er ließ sich überzeugen, wenn
auch zunächst mit ärgerlichem Widerstreben, und hielt es
für keine Verkleinerung seiner selbst, auf andere Meinungen
zu kommen. Er zeigte sich gerne am guten Tag bequem
gesellig und ließ den schlechten nicht zu nahe an sich heran.
Er hatte Interesse für alles und warme Empfindung für
das Wohl anderer; nur mußte man ihm zur geschickten
Stunde kommen, denn mit ganzer Seele in seinen Kreisen
lebend, wünschte er nicht sie gestört zu sehen. Er war ein
Mensch, der nicht vollkommen sein wollte, aber ein Mann
voll Leben und Kraft; er war eine Natur und wünschte
auch um sich Natur zu haben, bei aller Emphase, zu der
er in ernsthaften Dingen neigte, war ihm doch das Stelzen=
gehen ebenso wie alles Kriechend=Niedrige zuwider. Das

5 *

Alter hatte alle diese Eigenschaften an ihm verklärt und ihnen ein behagliches Ausruhen hinzugefügt. Das war das Bild, das wir im letzten Jahrzehnt seines Lebens von ihm bekamen. Wie manche gute Stunde habe ich da mit ihm noch zusammen verbringen dürfen, wenn die Ferien mich nach Stuttgart oder — leider viel seltener, denn es zog ihn seit dem Tode der Frau jedes Jahr nach Urach — ihn nach Tübingen brachten! Und die schönsten waren die stillen Nachtstunden, wenn wir zu Haus noch um die Lampe herum saßen und von diesem und jenem, er immer am liebsten von den Großen im Geist, redeten, wenn wir da auch öfters an einander gerieten und uns schließlich mit Lachen und mit dem Bewußtsein gute Nacht boten, daß die Verschiedenheit der Meinungen neben herzlicher Liebe und gegenseitigem Verständnis wohl Raum habe. „Vorbei ist nun das Alles und kehrt nimmer so.“

Der Herbst 1896 und der achtzigste Geburtstag kam heran. Die unerschöpfliche Frische der letzten Gedichtsamm= lung, die im Frühjahr erschienen war, lag auch auf dieser Feier, die den Greis mit Blumen und Weinen, mit Freund= schaftsgrüßen und Ehrenbezeugungen von allen Seiten über= schüttete. Es wollte uns bange werden, ob ihm die Menge der Aufregungen nicht schaden könnte. Aber er hat tapfer ausgehalten. Der Winter war gut, und seine Milde ge= stattete fleißigen Gebrauch der frischen Luft. Im Frühjahr ward mein Vater noch überrascht durch die Mitgliedschaft des Pegnesischen Blumenordens in Nürnberg, der einzigen jener Dichtergesellschaften alter Zeit, die noch am Leben

ist. Am Ende des Aprils erkältete er sich; eine ganz leichte
Entzündung der Lunge stellte sich ein. Sie schien bereits
wieder gehoben zu sein, als ihn am Nachmittag des vierten
Maies in Gegenwart der Tochter, die seine Hand in der
ihrigen hielt, der Tod leis und unmerklich überschattete,
von Niemand erwartet, von ihm selbst nicht gefühlt; er
kam ihm „wie ein leichter Traumgesang, vom Abenbrot
gesungen."

Am Abend des sechsten Maies wurde mein Vater von
einer unzählbaren Menge zu Grabe geleitet. Die Liebe
und Verehrung Vieler that sich noch einmal in rührenden
Worten kund. Er wurde zu Weib und Kind ins Grab
gesenkt. Die Vögel sangen ihm in die Gruft nach, Sonne
und leichter Sprühregen eines wechselvollen Frühlingstages
ergoßen sich darauf. Wer dort oben an dem Grabhügel
steht, der sieht weit im Bogen das schöne Stuttgarter Thal
und die Neckarberge vor sich und mag sich gerne dessen
erinnern, der für diese Schönheit manches Dichterwort ge=
funden hat.

So ist ein reiches Leben schön zu Ende gegangen. Wir
hatten uns gedacht, es gehe noch ein paar Jahre, möglichst
viele sogar, so weiter. Aber es ist wahr, was uns zum
Trost gesagt wurde: wenn es einmal sein muß, lieber zu
früh als zu spät.

„Wenn die Greise sinken, zum Grab gereift,
„Das ist ein sanftes Klagen,"
so hat er selbst gesagt, und wir dürfen es uns auch sagen,
die wir ihn immer vermissen werden und doch mit der

Summe seines Lebens auch sein Ende glücklich preisen müssen: tu vero felix non vitae tantum claritate, sed etiam opportunitate mortis.

Friedrich Vischer.

Vor mehr als einem Jahrzehnt hat sich ferne von der schwäbischen Heimat das Leben eines schwäbischen Denkers und Dichters, eines deutschen Vaterlandsfreundes geschlossen, das an Inhalt und an dramatisch packendem äußerem Verlauf gleich reich war und durch innere und äußere Stürme zu einer wohlthuenden, friedlichen Ruhe und Klarheit geführt hat. Es soll hier in kurzen Zügen dieses Leben geschildert werden.

Friedrich Theodor Vischer wurde am 30. Juni 1807 zu Ludwigsburg als Sohn des Oberhelfers geboren; durch seine Mutter war er mit der Familie des Dichters Stäublin, etwas entfernter auch mit Uhland verwandt. Der Vater war ein liberaler Theologe im Sinne jener Zeit des Rationalismus und ein Mann von glühender Vaterlandsliebe. Er starb, als sein Sohn erst sieben Jahre alt war, als ein Opfer der Pflichttreue, mit der er sich in ein Typhusspital gewagt hatte. Die Mutter zog nach Stuttgart. In dem lebhaften Kunsttreiben der Stadt gab es für Friedrich (denn so wurde der Sohn genannt, nicht Theodor, wie jetzt

oft zu lesen ist) künstlerische Anregungen genug; aber die
bildende Kunst, wie er wohl damals wünschte, zur Lebens=
aufgabe zu machen, reichten die Mittel nicht zu. Der Knabe
wurde für die Laufbahn seines Vaters bestimmt. Im Jahre
1821 kam er in das niedere theologische Seminar Blau=
beuren. Wenn irgend einer „Promotion" junger Theologen
das Glück in ihrer Seminarzeit segensreich und vorbedeu=
tend geleuchtet hat, so ist es die gewesen, welcher Vischer
angehörte. Es war in ihr eine auch in den württember=
gischen Seminarien, die doch immer schon eine geistige Elite
in sich schließen, seltene Zahl von bedeutenden Talenten,
die ihr den oftgehörten Namen der „Genie=Promotion" ein=
getragen hat. Neben Vischer ist vor allem Friedrich Strauß
zu nennen, der sein Ludwigsburger Landsmann war und
später so oft in gemeinsamem Kampfe neben ihm gestanden
ist; ferner Christian Märklin, dem Strauß ein rührend
schönes Denkmal der Freundesliebe gesetzt hat, und Gustav
Pfizer, der als Senior der schwäbischen Dichter Vischer
noch um drei Jahre überlebt hat. Außerdem hatten die
Jünglinge das Glück, zwei wirklich bedeutende Männer zu
Lehrern zu haben, die Professoren Baur und Kern, beide
später Professoren der Theologie in Tübingen. Baur hat
seine theologisch=kritische Thätigkeit erst beträchtlich später
begonnen; aber durch Wissen, Lehrgabe und einen Charakter
von seltener Größe war er schon seinen Blaubeurer Schülern
ein glühend verehrter Lehrer. Dazu die gesunde Nahrung,
welche eine romantische Gegend mit rauher, aber frischer
Bergluft dem Gemüte der Jünglinge gab: kein Wunder,

wenn diese stets mit freudiger Erinnerung an die vier Jahre
in Blaubeuren zurückdachten. Unter Vischers Gedichten ist
eines der ergreifendsten jenes, in welchem er des „Jugend=
thals" gedenkt. Auch in Tübingen hatte die Promotion
das Glück, die verehrten früheren Lehrer nach einiger Zeit
wieder als Professoren begrüßen zu dürfen. Bei Vischer
und seinen Freunden, unter denen vor allen Strauß und
Märklin zu nennen sind, bildete übrigens dazumal das philo=
sophische Studium den Mittelpunkt aller ihrer Beschäftigungen
und Interessen. Hegels Werke drangen eben damals in
das Tübinger Stift ein, in welchem schon durch die offizielle
Anordnung des Studienganges die Philosophie eine bedeu=
tende Rolle spielte; dieser letzte und großartigste Versuch
einer einheitlichen Weltanschauung, einer philosophischen
Zusammenfassung alles menschlichen Wissens und Denkens
hat auch auf die jugendlichen Freunde einen tiefen, be=
geisternden Einfluß geübt und für längere Zeit ihrem Denken
und Forschen Richtung und Ziel gegeben. Die Philosophie
und zwar in dieser höchsten spekulativen Ausbildung ist auch
für Vischer noch lange der wesentliche Gegenstand seiner
Studien gewesen. Er ist nicht nur der philosophischen Teil=
wissenschaft der Aesthetik zeitlebens treu geblieben und einer
ihrer bedeutendsten Vertreter geworden, sondern hat sich
auch mit der eigentlichen philosophischen Spekulation öfters
und mit Auszeichnung beschäftigt; in späteren Jahren lag
es ihm namentlich am Herzen, die wenig gekannte tiefsinnige
Philosophie seines Landsmanns Karl Planck zu Ehren zu
bringen. Von der Theologie, welche die Freunde anfangs,

nur nicht im Sinne der Orthodoxie, sondern in höherer
spekulativer Ausbildung, noch für vereinbar mit ihrem
philosophischen Streben gehalten hatten, entfernten sie sich
weiter und weiter.

Vischers äußerer Lebenslauf nach einer glänzenden Ab=
gangsprüfung war noch für ein paar Jahre der herge=
brachte theologische. Nachdem er ein Jahr als Pfarrvikar
auf dem Lande verbracht hatte, wurde er 1831 Repetent
in dem theologischen Seminar Maulbronn, zugleich erwarb
er sich den Doktorhut durch eine Abhandlung über die
Gliederung der Dogmatik. Dann machte er von 1832 auf
1833 die wissenschaftliche Reise, die ihn weiter herumführte
als andere, nach Göttingen, Berlin, Dresden, München,
und ihm nicht nur die Bekanntschaft mancher bedeutenden
Männer verschaffte, sondern auch den Entschluß in ihm
reifte, sich der Wissenschaft der Aesthetik ein für allemal
zuzuwenden. Nach Schwaben heimgekehrt trat Vischer in
die Stelle eines Repetenten am Tübinger Stift ein, wo er
nun wieder mit den gleichstrebenden Strauß und Märklin
schöne Jahre geistiger Gemeinschaft lebte und schon nach
höheren Flügen des Geistes ausschaute. Das theologische
Amt hatte er immer mehr als eine seinem Geiste nicht
passende Fessel ansehen gelernt; so bemühte er sich mit Er=
folg, eine 1835 ihm zu Teil gewordene geistliche Anstellung
rückgängig zu machen, und ließ sich 1836 als Privatdozent
für deutsche Litteratur und Aesthetik in Tübingen nieder.
Das Jahr 1837 brachte zunächst die außerordentliche, das
Jahr 1844 die ordentliche Professur für diese Fächer. Fast

ein Jahrzehnt verfloß unter erfolgreicher Lehrthätigkeit und
eifrigem Studium, aus welchem manche bedeutende schrift=
stellerische Leistungen hervorgingen und in welchem das
große Lebenswerk, das Lehrgebäude der Aesthetik, vorbereitet
wurde. Die Vorlesungen Vischers erstreckten sich damals
wie später auf verschiedene Teile des ästhetischen und
litterarischen Gebiets; er gehört zu denen, welche zuerst
Göthes Faust zum Gegenstand akademischer Vorlesungen
gemacht haben; auch praktische Uebungen hat er nach Uhlands
Vorgang eingerichtet. Eine Reise nach Italien, dem nach=
her oft wieder aufgesuchten, und nach Griechenland, 1839
und 1840 unternommen, vermittelte die direkte Anschauung
alter Kunst und eines Volkstums, das in vielem noch eng
mit der antiken Welt zusammenhängt. Eine schmerzliche
Lücke in dem glücklichen Wirken trat ein, als Vischer, Or=
dinarius geworden, am 14. Februar 1844 seine Antritts=
rede hielt, in der er mit dem ihm eigenen Freimut seine
Weltanschauung darlegte. Die orthodoxe theologische Partei
fiel mit Grimm über diese Rede her, auch andere fanden
die Grenzen des akademischen Vortrags überschritten, und
es gelang in der That, den beredten Mund auf einige Zeit
stumm zu machen: Vischer wurde für zwei Jahre des Rechts,
Vorlesungen zu halten, beraubt; eine Auskunft, durch welche
das ihm nicht übelwollende Ministerium es erreichte, ihn
wenigstens in Amt und Würden lassen zu können.

Das bewegte Jahr 1848 brachte auf größerem Schau=
platz neue, andersartige, aber auch nicht stets erfreuliche
Arbeit. Vischer wurde zum Abgeordneten in die Frank=

furter Nationalversammlung gewählt und hat als Groß=
deutscher, als Mitglied der gemäßigten Linken, in einer ähn=
lichen Stellung etwa wie Uhland, dort bis zuletzt ausgeharrt.
Er gehörte mit mehreren Landsleuten dem Klub des Würt=
temberger Hofes an, hat aber in wichtigen Dingen eigene
Stellung genommen und sich bei der tiefgreifendsten Frage,
der über die Erblichkeit des Reichsoberhaupts, der Ab=
stimmung enthalten. Es war ihm in Frankfurt nicht wohler
als andern; Pflichtenkonflikte und Aufregungen von allen
Seiten. Vischer hat das dort zugebrachte Jahr sein Marter=
jahr genannt, aber die Pflicht in sich gefühlt, auszuhalten;
auch nach Stuttgart ist er mit dem Rumpfparlamente ge=
gangen, wo er von Anbeginn an machtlos in Opposition
gegen den immer weiter links drängenden Taumel der großen
Majorität stand.

Aus den Sitzungssälen des Parlaments, mit schweren
Enttäuschungen beladen, kehrte Vischer zu seinem Tübinger
Lehrstuhl zurück, auch dort sich unbehaglich fühlend ange=
sichts der steigenden Reaktion, die, wie er wahrzunehmen
glaubte, sein Treiben als Lehrer mit Argusaugen beob=
achtete.

Ein Ruf nach Zürich, als Professor an der Universität
und dem Polytechnikum, dem er 1855 folgte, versetzte ihn
in eine zusagendere Atmosphäre, in die angenehmen, freien
und lichten Verhältnisse eines bedeutenden Bildungszentrums,
wo ungehemmte Bewegung und Aeußerung des Geistes
möglich und erwünscht war. Elf Jahre hat Vischer in
Zürich zugebracht. Auch dort fand er sich nicht in allem

befriedigt, seine sensitive Natur nahm an manchem Anstoß, was andere gleichgiltig gelassen hätte. Aber er hat es nie bereut, in den eigenartigen, die Energie des Willens anspannenden Verhältnissen der Republik gelebt zu haben. Die immer lebhafter werdenden Bewegungen der deutschen Heimat zogen ihn endlich zurück. Er wurde 1866 in der alten Eigenschaft nach Tübingen zurückberufen und nahm an. Er trat unter ganz anderen Verhältnissen, mit der vollen Möglichkeit ungehinderten Wirkens, in seine alte Lehrstelle wieder ein; aber auch hier stellten sich Hemmnisse in den Weg. Als Angehöriger der großdeutschen Partei war Vischer im engsten akademischen Kreise etwas isoliert; der Betrieb der Wissenschaft hatte sich geändert, die Philosophie war an ihrem alten Sitze keine Großmacht mehr; die kleine Stadt beengte ihn. Neben den Vorlesungen in Tübingen waren auch von Zeit zu Zeit solche am Polytechnikum in Stuttgart zu halten; mit der Zeit wurde diese Verbindung, welche oftmaliges Reisen notwendig machte, allzu lästig; im Herbst 1867 wurde ausgemacht, daß Vischer im Sommer in Tübingen, im Winter in Stuttgart lesen sollte. Ein Ruf nach München verursachte neue Zweifel, und endlich entschied sich Vischer, seine Thätigkeit auf das Stuttgarter Polytechnikum zu beschränken. Dort hat er im Ganzen zwei Jahrzehnte lang als hochverehrter Lehrer einer dankbaren Jugend und eines ausgedehnten Kreises nicht-akademischer Zuhörer gewirkt.

Der Ausgangspunkt von Vischers litterarischer Thätigkeit war die Philosophie. Auf das Gebiet der Theologie,

und zwar nur der historischen, hat er sich bloß in seiner
ersten Zeit einmal begeben, indem er 1834 gemeinsam mit
einem älteren Bruder die Werke des mittelalterlichen Theo=
logen Berengar von Tours (des nämlichen, dessen Wieder=
auffindung eine der bekanntesten gelehrten Leistungen Lessings
gewesen war) herauszugeben unternommen hat. Ein philo=
sophischer Zug, ein lebhaftes Wehen spekulativen Geistes,
faustischen Erkenntnisdranges durchzieht alle seine Werke;
auch das Studium der Litteratur, die eigene Dichtung, die
Interessen und Strebungen des Tages betrachtet er gern
unter höheren Gesichtspunkten, stellt sie gern in philosophische
Beleuchtung. Nicht freilich so, als ob er nun den lebens=
vollen Gestalten des wirklichen Daseins die Blässe des Ge=
dankens ankränkeln würde; zu jener Fähigkeit, das Große,
Allgemeine, Ewige auch im Kleinen, Einzelnen, Alltäglichen
zu finden, gesellt sich vielmehr ein scharfes Auge, ein feiner
Nerv für das Gegenständliche, für die plastische und farben=
reiche Fülle des Realen. Diese Vereinigung zweier Eigen=
schaften, die sich nur bei wenigen Forschern in so feiner
und bedeutender Ausbildung zusammenfinden, mußte fast
notwendig auf das ästhetische Gebiet führen, als auf welchem
beide zusammentreffen, auf welchem die Vereinigung beider
eine unabweisliche Forderung für gedeihliches Forschen ist.
In der That waren schon die frühesten schriftstellerischen
Arbeiten Vischers der Aesthetik gewidmet, und noch seine
spätesten haben Anteil an ihr. Auf was er sein energisches
Denken zuerst gewendet hat, das war die eigentlich philo=
sophische, spekulative Aesthetik, die Philosophie des Schönen.

Zu ihr wurde er nicht allein durch seine persönliche Fein=
fühligkeit für das Schöne hingezogen, sondern auch durch
das begeisterte Studium der Philosophie Hegels, in welcher
dem Schönen eine besonders hohe Stelle angewiesen ist.
In der That hat er auch im Geiste Hegels, nicht als
sklavischer Nachahmer, sondern als selbständiger Fortbildner,
sein eigenes ästhetisches System entworfen. Erst gab er
1837 einen vielverheißenden Vorläufer desselben in der
glänzenden Schrift: „Ueber das Erhabene und Komische“;
dann folgte von 1846 bis 1857 das mächtige, siebenbändige
Werk: „Aesthetik oder Wissenschaft des Schönen“, in welchem
er in der durchdachtesten Form die Resultate langjährigen
Forschens gegeben hat. Man darf es wohl sein Lebens=
werk nennen; jedenfalls ist es dasjenige, welchem er am
meisten seine Stellung in der Wissenschaft verdankt. Vischer
war in späteren Jahren mit der philosophischen Fassung
desselben in manchen Punkten nicht mehr einverstanden und
hat selbst Beiträge zur Kritik derselben gegeben. Neben der
an Hegel gebildeten äußeren Form des spekulativen Auf=
baus steht aber noch der außerordentlich reiche Gehalt des
sachlichen Wissens, der feinsten Bemerkungen über das Schöne
und die einzelnen Künste, und dieser wird nicht veralten;
vielmehr wird Vischer wohl zu jeder Zeit, deren Denken
mit dem unseres Jahrhunderts noch in einem inneren Zu=
sammenhang stehen wird, unter die leitenden Geister auf
diesem Gebiete der Forschung gerechnet werden.

In späteren Jahren hat sich Vischer von der spekula=
tiven Aesthetik mehr der angewandten zugekehrt, der ver=

ſtändnisvollen Betrachtung der bildenden Künſte, noch mehr
aber der ſchönen Litteratur. Um kleinere Arbeiten zu über=
gehen, muß vor allem an die tief einbringenden, von wahr=
haft künſtleriſchem und philoſophiſchem Geiſt erfüllten über
Goethes Fauſt — das Werk, in dem wie in keinem zweiten
Poeſie und Philoſophie eins geworden ſind — erinnert
werden. Schon in ſeiner erſten Zeit hat Viſcher die Litteratur
über den Fauſt aufmerkſam verfolgt und kritiſch beſprochen;
wenn er ſich damals gegen die verſchiedenen Modetollheiten
in der Erklärung des Gedichts mit ſeiner ſcharfen Satire
gewendet hat, ſo hat er ein Menſchenalter ſpäter, 1875,
in ſeinen „Neuen Beiträgen“ zur Kritik des Fauſt beſonders
die innere Geſchichte des Werks verfolgt. Der zweite Teil
war ihm ſtets antipathiſch, ſo wenig er auch große Schön=
heiten im Einzelnen verkannte. Er hat 1862 in ſeinem
berühmt gewordenen „dritten Teil“ des Fauſt die myſtiſchen
Wunderlichkeiten des zweiten parodiert, und 1886 iſt dieſe
Parodie in zweiter Auflage erſchienen, bereichert namentlich
durch vortreffliche ſatiriſche Bilder aus dem politiſchen
Leben der Zeit. Aber auch poſitive Angaben hat Viſcher
darüber verſucht, wie ein wirklich dramatiſcher zweiter Teil
des Fauſt zu geſtalten geweſen wäre.

Viſcher iſt auch in ſeinen litterariſchen Studien ſtets
von bedeutenden, über das Einzelne und Kleine hinaus=
gehenden Anſchauungen getragen. Gewiſſenhaft im Erwägen
auch des Unweſentlicheren, das immerhin zum Großen ſich
wie der Stein zum Gebäude verhält, iſt er ein Freund jeder
gründlichen und poſitiv förderſamen Forſchung. Aber er

sieht stets darüber hinaus; er hält es — und wer würde
ihm, angesichts mancher grenzenlosen Verirrungen unserer
modernen Litteraturforschung in das Allereinzelste, nicht gar
zu oft Recht geben müssen? — er hält es des Aufwands
von Geist und Zeit nicht für wert, allen Kleinigkeiten, die
ihrer Natur nach keinen Beitrag zu dem Verständnis des
Ganzen geben können, mit ernsthaftester Beflissenheit nach-
zujagen, und kaum ist er irgendwo geistreicher gewesen als
in dem köstlichen „Gesang der Exakten", der die Mikrologen
unter den Goetheforschern aufs prächtigste verhöhnt. Ihm
scheinen solche an der Scholle klebende Forschungen um so
verderblicher, als er selbst zu den bewundernden Verehrern
Goethes zählt, dessen großes Bild durch solche Ameisenarbeit
ins Kleine und Unbedeutende herabgezogen zu werden droht:
Goethes und Shakespeares, welchem letzteren er gerade in
den letzten Jahren einen besonderen Teil seiner akademischen
Thätigkeit gewidmet hat. Solche bewundernde Verehrung
ist jedoch keineswegs blinde Hingabe; denn niemand hat die
Schwächen der Poesie des alternden Goethe so rückhaltslos
dargelegt wie Vischer, und noch wenige Jahre vor seinem
Ende hat er im Goethe-Jahrbuch höchst bedeutsame Winke
zum allgemeinen Verständnis des Meisters gegeben.

Ein Mann von so frischer Kraft, die Welt zu erfassen,
kann bei einer Beschränkung auf das Schöne, auf die der
rauhen Wirklichkeit entrückte Welt der Kunst unmöglich stehen
bleiben; er muß auch in die praktischen Fragen der Zeit
sein Wort dreinwerfen. So auch Vischer. In seinen drei
Sammlungen vermischter Aufsätze: „Kritische Gänge", 1844;

neue Folge derselben, 1860—1873; „Altes und Neues",
1881—1882, hat er, neben den Fragen der Kunst, der
Litteratur, der Weltanschauung im Großen, auch den Ange=
legenheiten der Zeit sein kraftvolles Wort geliehen. Es
sind nicht allein die jedes Herz erregenden Fragen nach der
endlichen Gestaltung der vaterländischen Dinge, nach der
Umgestaltung der theologischen Vorstellungen und Einrich=
tungen, welche ihn zum Reden bringen; auch die Verkehrt=
heiten der Sitte haben ihm, zuletzt noch in dem besonders
erschienenen Schriftchen: „Mode und Cynismus", 1879,
grimmige Spottreden entlockt, auch die Ungezogenheiten
geselligen Verkehrs weiß er zu geißeln, und vor allem hat
der warme Freund der Tierwelt sich mehr als einmal ge=
trieben gefühlt, die in unserer occidentalischen Welt so viel
verbreitete Tierschinderei mit Skorpionen zu züchtigen. Das
ist kein Herabsteigen von der Höhe philosophischer Anschau=
ung, keine Erniedrigung des spekulativen Denkers; denn im
Sittlichen gibt es kein Kleines, kein Gleichgiltiges, auch das
Kleine ist Symptom oder Wurzel einer allgemeinen Gesinnung
im Großen.

Vischer ist nun aber nicht bloß Denker und Forscher,
er ist auch Dichter; er ist in diesem Teil seines Wesens
den meisten erst in späteren Jahren bekannt geworden, und
in der That gehören die eigentümlichsten und großartigsten
Schöpfungen seiner Dichterindividualität erst seinem letzten
Jahrzehnt an. Aber schon in jungen Jahren hat er der
Muse geopfert; das Jahrbuch schwäbischer Dichter und No=
vellisten, welches Mörike und Zimmermann für 1836 heraus=

gaben, brachte unter dem angenommenen Namen A. Trenburg mehrere Gedichte und Novellen von ihm, welche zu den Zierden dieses Almanachs gehörten. Leider hat derselbe kein großes Publikum gefunden und ist ohne Nachfolger geblieben.

Dem größeren Publikum ist zunächst und zumeist der Humorist Vischer bekannt geworden; ihm verdankt es, ab= gesehen von der schon genannten Faust=Parodie, die berühmt gewordene Brehmiade „Schartenmaiers" und den unter dem gleichen Pseudonym im nämlichen, unvergleichbar köstlichen Philisterstil verfaßten „Deutschen Krieg 1870/71", in welchem durch den barocken Humor der sittliche Ernst des warmen Vaterlandsfreundes oft genug deutlich hindurchbricht. Einiges andere ist erst nach seinem Tode durch die Sammlung „Allotria" bekannt geworden.

Humor ist freilich überhaupt ein, vielleicht kann man sagen der Grundzug von Vischers Poesie; Humor aber eben nicht in dem ganz trivialen Sinn der Spaßmacherei, sondern in dem tieferen und tiefsten, welchen die Aesthetik diesem Worte beilegt. Wohl behagt ihm auch der einfache Spaß ohne Hintergrund und Tendenz; es will ihm nicht hinunter, wenn die Leute so grämlich sind, wenn sie zu klug zum harmlosen Lachen sein wollen, und die ruhigen Philister der Bierkneipe mit ihrer breit=gemütlichen Lustigkeit sind ihm, wie Mörikes „Sommerwesten", ein Labsal nach dem Geschwätz des Strebers, der ihn auch in der Mußestunde noch mit hochstilisierten Reden verfolgt. Allein einen tieferen Unter= grund des Humors und Witzes verlangt er wie von andern,

6*

wenn sie Dichter heißen wollen, so vor allem von sich selbst. Eine seiner dankenswertesten litterarischen Thaten ist es gewesen, als er Gottfried Keller aus seiner Unbekanntheit hervorzog; nicht zum wenigsten hat ihm an Keller gefallen, daß er so herzhaft lustig sein kann, daß er den Mut hat, sich um die Einwürfe eines philiströsen Realismus dann und wann einmal gar nichts zu kümmern; aber er wäre ihm doch nicht der bedeutendste Erzähler der Gegenwart gewesen, wenn nicht ein tiefer Ernst, eine wahrhaft sittliche Weltanschauung und eine poetische Gestaltungskraft ohne gleichen dahinter stäke.

Vischer hat auch der einfachen, harmlosen Lustigkeit seinen Tribut gebracht in dem kleinen, schwäbisch geschriebenen Lustspiele „Nicht I a“ (1884), das sich in der schwäbischen Heimat, aus deren Verhältnissen es so recht hervorgegangen ist, schnell zahlreiche Freunde gewonnen hat. Sonst fehlt auch bei ihm niemals jener tiefere Untergrund. Vielleicht am schärfsten tritt er hervor in den von einer juvenalischen Entrüstung eingegebenen, im Dienste der Sittlichkeit und des Patriotismus die Waffe des unbarmherzigsten Hohns schwingenden „Epigrammen aus Baden-Baden“, welche 1867 zuerst erschienen und recht ein Schnitt ins faule Fleisch gewesen sind. Eine bedeutende Rolle spielt der Humor auch in Vischers lyrischen Gedichten, die er unter dem Titel „Lyrische Gänge“, an die kritischen Gänge früherer Jahre erinnernd, 1882 herausgegeben hat. Die Sammlung ist aber auch reich an Klängen anderer Art; sie enthält eine Reihe der schönsten Perlen, deren Besitzer sich kecklich in die

vordere Linie unserer modernen Dichter stellen darf. Selten
wird man unter der Masse konventioneller Lyriker einen so
originalen Poeten finden, der so ganz er selbst ist und sein
will, der vom lustigen Schwank bis zur höchsten Begeisterung
und bis zu faustischer Versenkung in die unentwirrbaren
Welträtsel sich so immer neu, immer offen und mannhaft
darstellt.

Noch in seinem Todesjahre 1887 hat Vischer mit seinem Bühnenfestspiel zu Uhlands Säkularfeier in ergreifender
Weise die Saiten angeschlagen — wer hätte denken mögen,
daß das die Leistung eines Achtzigers gewesen sei?

Am meisten in den Mittelpunkt seiner Natur bringt
man, wenn man den im Jahre 1879 zuerst erschienenen
Roman: „Auch Einer, eine Reisebekanntschaft" liest. Nicht
unrichtig hat man bei diesem Buch an Jean Paul erinnert,
dessen halbvergessenen Namen Vischer in seinen ästhetischen
Schriften des öfteren wieder in Erinnerung gerufen hat.
Der Humor des Werks ist dem Jean Pauls ebenbürtig;
nicht minder die Fülle mannigfaltiger Beziehungen, nicht
minder die in scheinbarem Durcheinander und krummen
Wegen sich behagende Anlage des Ganzen. Aber man darf
wohl ohne Unbilligkeit gegen den älteren Humoristen sagen,
daß der geistige Hintergrund des Buches ein bedeutenderer
ist als bei Jean Paul. Es ist hier in einem willkürlichen,
frei gewählten Rahmen, in einer Form, die frei genug ist,
um sich der reichsten Fülle des Inhalts zu bequemen, ein
Bild der Kämpfe, der Widersprüche, der mannigfaltig verschiedenen und zersetzten Interessen und Zustände der Gegen-

wart gegeben, wie es kaum ergreifender gegeben werden
konnte. Der Held des Romans ist, gleich dem Verfasser
desselben, mit einer ihn oft quälenden feinsten Empfindlich=
keit für die tausend Unvollkommenheiten des Daseins, für
die Nadelstiche der gemeinen Wirklichkeit begabt und oft
genug das Opfer dieser Empfindlichkeit. Aber daneben ist
er der Mann, sich mit einem mutigen Sprung über diese
Elendigkeiten zu erheben, von einer kühnen Phantasie, einer
leicht entzündbaren Leidenschaft sich dahin reißen zu lassen
und doch, den Polarstern des Sittlichen, das sich, wie er
sagt, „von selber versteht", nicht aus dem Auge verlierend,
sich zu einer wahrhaft großen Erhabenheit über die Leiden
der Welt hinaufzuarbeiten. So wenig es richtig wäre, in
dem frei, zum Teil höchst phantastisch erfundenen äußeren
Zusammenhang der Geschichte überall persönliche Erlebnisse
finden zu wollen, so wenig kann es zweifelhaft sein, daß
Vischer die Erzählung benutzt hat, um in sie und in die
Figur des Helden die tiefsten Empfindungen seiner eigenen
Seele zu gießen. Es ist ein mit poetischer Laune oft kraus
geformtes Werk, aber ein Werk, das von der Liebe zu höchster
Schönheit und Sittlichkeit durchglüht ist; es ist keine Kaffee=
tischlektüre, es ergibt sich nur dem ernst nachdenkenden Leser
vollkommen — dem aber bereitet es Stunden hohen, geistigen
Genusses.

Mit der unverminderten geistigen Rüstigkeit, welche in
den Schöpfungen des Greises hervortrat, hielt die körperliche

gleichen Stand. Trotz der Neigung zu Erkältungskrankheiten,
welche der Leser des Romans und der Lyrischen Gänge zur
Genüge kennt, war Vischers Gesundheit bis zu seiner töb=
lichen Erkrankung sehr fest. Nur das Auge war in den
letzten Jahren erkrankt und drohte immer schwächer zu werden.
Aber die andern Organe blieben gesund. Vischer hielt sehr
viel auf körperliche Tüchtigkeit und war beflissen, sie sich
zu erhalten. Dem flott dahinschreitenden, fast elegant auf=
tretenden Mann hätte man die achtzig Jahre noch bis zu=
letzt nicht angesehen. Auch bei öffentlichen Veranstaltungen,
zumal bei den Huldigungen, welche vaterländischen Größen
dargebracht wurden, fehlte er nicht leicht. Wie er in Zürich
beim Schillerfest und bei der Totenfeier für Uhland die
Festrede gehalten hatte, so sah man ihn am 6. Juni 1875
an Mörikes Grab stehen. Den weihevollen Worten, die
er dort sprach, ließ er fünf Jahre später bei der Enthüllung
des Stuttgarter Mörike=Denkmals die Rede nachfolgen,
welche, ein Muster edelster Beredsamkeit, allen Zuhörern
unvergeßlich geblieben ist. Als im Februar 1882 Berthold
Auerbach gestorben war, ließ Vischer sich nicht abhalten, der
Bestattung auf dem hochgelegenen Kirchhof von Nordstetten
bei widrigem Winde beizuwohnen und dem Freunde Worte
des Andenkens nachzurufen. Zwei Jahre später wurde
die Gedenktafel an Strauß' Geburtshaus in Ludwigsburg
enthüllt. Die alten Freunde, die so lange miteinander ge=
gangen waren, waren in Entzweiung geschieden. Als Strauß
seinen „Alten und neuen Glauben" veröffentlichte, konnte
Vischer das glaubenssichere Bekenntnis des Materialismus

und den haßerfüllten Kampf gegen die liberale Theologie
nicht mitmachen, so ferne er auch selbst den theologischen An=
schauungen blieb. Es kam kurz vor Strauß' Tode zu einem
Bruche; Vischer hat schwer daran getragen und war gerne
bereit, als die Familie des alten Freundes ihn 1884 einlud,
die Weiherede zu halten. Es war, als ob eine Falte in
seinem Dasein geglättet wäre.

Ueberhaupt — es war ein erfreulicher Anblick, wie
der Mann des leidenschaftlichen Empfindens, ohne an lebendiger
Kraft einzubüßen, in den Greisenjahren sein Wesen zu milder
Ruhe und Weisheit ausgeglichen und verklärt zeigte. Die
friedliche Stimmung des leidenschaftslosen Alters, die manche
seiner spätesten Gedichte zeigen, war auch ihm selbst immer
mehr geworden. Verehrt und geliebt, dem Kampf entrückt,
hat er seine letzten Lebensjahre zugebracht. Als sein acht=
zigster Geburtstag heranrückte, war es seinen Freunden ein
Bedürfnis, ihn festlich zu begehen, und Vischer entzog sich
nicht. Am Abend des 28. Juni 1887 fand sich eine Fest=
versammlung zusammen, für welche der herrliche Konzertsaal
der Liederhalle fast zu klein war. Vischer war in der ge=
hobensten Stimmung und ist, wie Sokrates, von seinem
Symposion als einer der Letzten heimgegangen. Die Studenten
feierten ihn am 30. Juni selbst in dem schönen Garten der
Silberburg. Auf die Festtage folgte der Semesterschluß
des Polytechnikums. Vischer gedachte in den Ferien Venedig
ein letztes Mal zu besuchen. Einige Zeit hielt er sich mit
seinem Sohn in Miesbach auf. Von dort ging er, schon
krank, nach Gmunden, und ist dort am 14. September sanft

entschlafen. Er wurde am 17. September auf dem prote=
stantischen Friedhof von Gmunden beigesetzt.

Allgemein war die Bestürzung und der Schmerz der
Freunde, als die Nachricht von seinem Tode in die Heimat
gelangte. Aber auch eine unaussprechlich versöhnliche Em=
pfindung war dabei: er ist dahingegangen schmerzlos, mit
festem Gemüte, aus ungebrochener Geisteskraft heraus; nach
einem Feste, das ihn die Verehrung und Dankbarkeit einer
ungezählten Schar von geistig Verbundenen in vollen Zügen
hatte trinken lassen, ist er der Rückkehr in das graue Einerlei
des Tages überhoben worden: ein paar frohe Wochen noch
im Kreise seiner Familie und dann friedliche Ruhe am Ufer
des Traunsees, in den Bergen Oesterreichs, die sein Herz
so oft erfreut hatten.

Was hat Vischers Tod uns geraubt? Bewegte er noch
neue Gedanken zu schöpferischer That in seinem rastlosen
Geiste, dessen letzte Geburt noch aller früheren völlig würdig
gewesen ist? Ruhen noch Schätze in seinem Pulte, die wir
dereinst zu genießen haben werden? Die Pietät seines
Sohnes hat uns seit Vischers Tod mehrere Publikationen
gegeben: außer einer vermehrten Auflage der „Lyrischen
Gänge“ eine neue Folge seiner letzten Sammlung „Altes
und Neues“, welche willkommene Ergänzungen, aber nur
wenig nicht schon von ihm selbst veröffentlichtes geboten
hat; ferner die zu ihrem größten und wertvollsten Teil
aus Aelterem, meist Humoristischem und Satirischem, bestehende
Sammlung „Allotria“ (1892); sodann die Vorlesungen über
„Das Schöne und die Kunst,“ 1898 veröffentlicht als erste

Reihe der „Vorträge". Am meisten Neues werden die
Vorlesungen über Goethe, Schiller und Shakespeare enthalten,
welche im Druck sind. Für uns, die wir mit ihm persönlich
verbunden waren, stehen solche Einzelleistungen, sie mögen
noch so bedeutend sein, nicht im Vordergrunde. Uns ist
ein Mann genommen, dessen Dasein sozusagen zu unserem
geistigen Inventar gehörte. Das machte in erster Linie:
Vischer war ein Schwabe vom Wirbel bis zur Zehe, und
er war eine der glänzendsten Verkörperungen der Schwaben=
natur; ja es dürfte schwer halten, jetzt noch einen zu finden,
von dem man das mit ebenso vollem Recht sagen könnte.
Er hat sein Schwabenvolk gekannt; zu mehreren Malen
hat er Schilderungen von demselben gegeben, die fast kano=
nisch geworden sind und unter denen einem die Wahl weh
thut, welcher man den Preis geben solle. Ein Grundzug
seines Wesens: energische Empfindung in der Liebe und im
Haß und daneben eine aus innerster, tiefstbegründeter Wahr=
heitsliebe hervorgegangene Neigung, kein Urteil ohne Be=
gründung, in der einseitigen, der Kehrseite aller Dinge
nicht achtenden Weise, wie es gemeiniglich geschieht, abzu=
geben: das ist ein echt schwäbischer Grundzug, und er ist
diesem Gesetz seines Wesens unerschütterlich treu geblieben.
Das zog an ihm vielleicht in erster Linie an, daß er sich
nie mit einem lauen, aber auch nie mit einem apodiktisch=
einseitigen Urteil zufrieden gab, weder bei anderen, noch
bei sich selbst; es zog an und — stieß vielleicht ab. Nur
schwer, oft schwerfällig, durch eine Reihe von Erwägungen,
Antinomien, Zweifeln gelangte seine Erörterung zum Ziel,

und das war ein Fehler da, wo für solche Dialektik kein
Platz, wo nur eine geradlinig aufs Ziel eilende Darstellung
das Richtige war. In rein schriftstellerischer Hinsicht hat ·
er sich damit die Wirkung mancher seiner Werke geschwächt;
in anderer Hinsicht ist damit eine hohe Tugend ausgesprochen.
Bischer war zu ehrlich, zu gewissenhaft, um die Gegengründe
zu verschweigen, auch wenn er am Leser und Hörer kein
Unrecht mit ihrer Verschweigung begangen hätte, da er der
völligen Widerlegbarkeit derselben versichert war; er schenkte
uns kein Glied in der Kette des dialektischen Prozesses.
Aber was er als recht erkannt hatte, das mußte er durch=
führen oder in seinem Teil durchzuführen helfen. Es gab
für ihn keine Rücksichten, kein weltkluges Paktieren mit dem
Bösen, mit dem Falschen; neben der strengen Gerechtigkeits=
liebe stand eine leidenschaftlicher Hingabe und grimmigen
Hasses gleich fähige warmblütige Gemütsanlage. Wir lieb=
ten beides in ihm, aber wir liebten vor allem die durch
und durch mannhafte Ehrlichkeit, mit der er beide Seiten
seines reichen Wesens zu erkennen gab. Darin lag auch
der erzieherische Wert seiner Persönlichkeit und seiner Schrift=
stellerei.

Es giebt Schriftsteller, die mit einem bedeutenden Wissen
und bedeutender Fähigkeit der Auffassung und Unterschei=
dung zugleich die Gabe einer glatten, fließenden und doch
kräftigen Darstellung verbinden, welche wie spielend über die
Dinge hinweggleitet und doch stets das Richtige treffend
sagt. Kaum ist im neunzehnten Jahrhundert ein bedeutenderes
Muster solchen schriftstellerischen Talents auf deutschem Boden

zu nennen als Strauß, an den man immer wieder gemahnt
wird, wenn man von seinem Freunde redet. Anders
Vischer. Die Vorzüge seiner Art zu reden sind ganz andere.
Er ringt mit dem Gedanken, preßt ihn herüber und hinüber,
bis er in die taugliche Form gebracht ist; er scheut vor
neuen Wortbildungen, vor Provinzialismen, vor Häufungen
nicht zurück, er will seine Sache recht und ganz sagen.
Darum lesen sich seine Schriften nicht leicht; er zwingt den
Leser zu strengem Aufmerken, zu Umwegen und atemrauben=
den Kletterpartien. Aber er hat eine ungeheure Gewalt,
einen sich nachzuzwingen; man sieht allezeit, wie der ganze
Mann — und was für ein Mann! — mit Leib und Seele
auf dem Platze ist. Kein Umgehen einer Schwierigkeit
kein glänzender Firniß über hohlen Stellen, keine Schön=
heit auf Kosten der Wahrheit. Gewiß, ein solcher Mann
und Schriftsteller muß eine pädagogische Wirkung ausüben.
Er wird nie eine Schule im üblichen Sinn des Wortes
machen; er giebt seinen Schülern — und deren sind un=
endlich viel mehr, als gerade körperlich zu seinen Füßen
gesessen sind — kein fertiges Handwerkszeug in die Hand,
das ihnen das Selbstdenken erspart; aber er thut mehr an
ihnen: er lehrt sie den Dingen energisch und doch mit selbst=
loser Liebe nur zur Wahrheit auf den Leib rücken und nicht
ruhen, bis die Dinge von Grund aus erkannt sind und ein
richtiger Ausdruck für ihre Erkenntnis gefunden ist.

Diese Eigenschaften nach ihren Licht= und Schattenseiten
haben bei Vischer ihre tiefere Begründung in seiner gesamten
geistigen Eigentümlichkeit. Vischer gehört nicht zu den ein=

fachen Naturen, er weist nach mehr als einer Seite eine
Zusammensetzung aus verschiebenen, nicht immer nah ver=
wandten, sondern oft im Kampf liegenden Elementen auf.
Der Stoff, aus dem er gemacht ist, ist korinthisches Erz, aber
es ist kein unlauteres Metall barunter; zähflüssige Glocken=
speise, die aber zuletzt in um so eblerem, vollerem Ton er=
klingt. Wie in seinem menschlichen, so ist auch in seinem
wissenschaftlichen und künstlerischen Charakter ein Gegensatz,
aus dessen Einheit die eigentümliche Bedeutung des Mannes
hervorspringt: eine ungemeine Schärfe des Denkens, die
überall den tieferen Sinn, aber auch stets die Antinomien
und Widersprüche der Dinge herausfindet, und zu gleicher
Zeit eine mächtige Intuitionskraft, die mit der Sicherheit
eines Instinktes die Einheit und Wahrheit der Dinge er=
faßt. Ein Denker und ein Künstler sind in ihm vereinigt,
wie nicht leicht in einem andern. Zum bildenden Künstler
freilich, fehlte die technische Ausbildung, zum Musiker die Be=
gabung überhaupt — denn diese eine Kunst hat sich dem
Reichbegabten nie erschlossen. Man kann sagen, das war
ein Glück, und er selbst hat das Richtige getroffen, wenn
er von der in der Jugend gepflegten Absicht, ein Künstler
zu werden, wieder abgelassen hat. Denn die Lust am Denken,
am Grübeln, die dialektische Unruhe war zu groß in ihm,
als daß er so leicht jene Beschränkung gefunden haben würde,
durch welche allein ein wahrhaft großes Werk der bildenden
Kunst entsteht. Für die Ausübung blieb seinem stets leben=
bigen Schaffensbrang nur diejenige Kunst übrig, in welcher
der Gedanke am meisten sein Recht und sein Herrschaftsge=

biet hat, die Poesie. Und diese hat er durch eigentümliche und tiefe Schöpfungen bereichert.

Allein die Lust des Schaffens konnte sich ja an den geliebten Gegenständen und Problemen der Kunst und des Schönen auch noch in anderer Weise bethätigen, und es ist kein Zufall, wenn dieser Denker eben die Wissenschaft des Schönen sich frühzeitig zum eigentlichen Gebiete seiner Thätigkeit gewählt hat. Es war mehr als bloß die von dem feurig begeisterten Hegelianer bald gemachte Bemerkung, daß Hegel für die Aesthetik noch Raum zu voller Ausbildung gelassen hatte, was Vischer zum Studium der Aesthetik ge=trieben hat; es war innerer Beruf, Bethätigung und Be=währung seiner tiefsten Begabung. Die Aesthetik ist ja in der That seine rechte Berufswissenschaft von seinen ersten schriftstellerischen Leistungen an gewesen und er hat sie bis zu seinem Ende gelehrt und praktisch angewendet. Wie viel er für diese Wissenschaft geleistet hat, wer weiß es nicht? Mannigfaltig sind die Gegenstände seiner ästhetischen For=schung; und das große Lehrgebäude wie die kaum minder wertvollen kleineren Schriften lassen nicht zum mindesten die Fähigkeit des Kritikers bewundern, sich in die verschiedenen Auffassungsweisen der Künstler und Dichter einzuleben. Kein Zweifel aber ist, daß seine Forschung, analog seiner eigenen Natur, sich mit Vorliebe denjenigen Kunsterschei=nungen zuwendet, welche die Dialektik eines inneren Gegen=satzes an sich tragen. Jene künstlerische Einheit, die nur aus der engen Beschränkung des Talents und Programms hervorgeht, ist ihm allzuleicht erkauft, größer scheint ihm jene

Harmonie, welche aus dem Kampfe hervorgeht. Wie Hume
einmal mutmaßt, die erhabene Ordnung der Himmelskörper,
die Harmonie der Sphären, wie ein poetisch philosophieren=
des Zeitalter sie genannt hat, möchte nur das Ergebnis
langer furchtbarer Kämpfe sein; wie die mythologischen Vor=
stellungen der Völker den Kosmos der Welt aus dem Chaos
hervorgehen lassen: so liebt es auch Vischer besonders, das
Wirken der Gegensätze in der Kunst und ihre Auflösung in
eine höhere Einheit zu betrachten. Nicht umsonst ist das
Werk, mit dem er seinen Ruf als Aesthetiker begründet hat,
das über das Erhabene und Komische. Aus dem Ringen
der Gegensätze geht entweder tragische Erhabenheit oder be=
freiender Humor hervor, oder beides ineinander. Beidem,
zumal dem Humor, ist Vischers Neigung entschieden zuge=
wandt. Er weiß die Naturen zu lieben und das Große in
ihnen zu finden, welche durchaus im Elemente reiner, unge=
trübter Harmonie leben; sein Aufsatz über Uhland gehört
zu dem Allervorzüglichsten, was er geschrieben hat. Aber
am liebsten macht er sich doch mit den kämpfenden Geistern
zu thun, welche Rätsel aufgeben, Weltprobleme in den Falten
ihres Gewandes tragen. Oft genug hat er auf Jean Paul,
den zu wenig gekannten, hingedeutet; Satire und Humor
in der bildenden Kunst entlockt ihm einen wertvollen Aufsatz,
und in Alfred Rethel, dem Schöpfer der großen historischen
Gemälde wie des von dämonischem Humor schwangeren
Totentanzes, hat er den größten Historienmaler des Jahr=
hunderts mit sicherem Blick herausgefunden. Am meisten
zieht ihn jedoch der Dichter an, dessen Poesie ein wahrer

Mikrokosmus von tiefster Tragik und freiestem Humor ist: Shakespeare stellt er noch über Goethe, „er wurde und blieb mein Liebling" sagt er selbst.

Es ist nicht anders mit Vischers eigener Poesie. Welcher Dichter zwar hätte nicht auch ganz einfache, aus einem be= schränkten Gedanken und Gefühl geflossene Gedichte? und wie könnte es sein, daß solche in Vischers Poesie fehlten? Aber charakteristisch sind sie nicht für ihn. Der Gedanke, der Wille, die Leidenschaft sind viel zu mächtig in ihm, als daß sie nicht auch seinen lyrischen Gedichten ihren Stempel aufdrücken müßten. Ein gewaltiges Kämpfen, ein männ= licher Zorn oder ein bald derb dreinschlagender, bald freund= lich milder Humor kennzeichnen seine Poesie; und wenn das eine und das andere dieser Elemente oft für sich allein auf= tritt, so wirken sie doch am bedeutendsten in ihrer Ver= einigung, wie in den humoristischen und satirischen Werken vom dritten Teil des Faust bis zu „Auch Einer". Hätte aber Jemand zweifeln wollen, ob dieser Dichter auch ein Kunstwerk des höchsten, reinsten Stils, ein Gedicht von klassischer Formgebung und harmonischer Rundung zu schaffen im stande sei: man hätte ihn schon früher auf manche Perle unter den lyrischen Gedichten, nicht zum mindesten unter den in dem Roman verstreuten, hinweisen können, und man konnte ihm zuletzt noch das Uhlandfestspiel zeigen, mit dem Vischer auf die herrlichste Weise von der poetischen Thätigkeit Ab= schied genommen hat.

Die Leser des „Auch Einer" kennen die dort mit Vor= liebe gepflegte mythologische Vorstellung von den zwei Stock=

werfen des menschlichen Daseins, von denen das untere alle
die Plagen und Nadelstiche des gemeinen Lebens enthält,
der Schauplatz für die „Tücke des Objekts", welche durch
Vischer zum geflügelten Wort geworden ist, während im
obern die reinen Ideen des Schönen und Guten ihren Sitz
haben. Dieses Bild ist sehr charakteristisch für seinen Ur=
heber. Niemand war reizbarer gegen Kleinigkeiten als
Vischer. Seine zarte, weiße Haut, die den leichtesten Zug
empfand, war nicht empfindlicher als sein Gefühl für die
geistige und gesellige Atmosphäre der Umgebung. Wer, der
ihn gekannt hat, hat ihn nicht allabendlich aufgebracht ge=
sehen über impertinent lautes Reden oder gar Kartenspie=
len am Nebentisch, über Störungen im Gespräch, auch wenn
sie in harmloser Weise begangen wurden? Und als er die
Unsitte des „Pobodböotismus" eines eigenen polemischen
Artikels würdigte, da ist wohl manchen das Wort vom
Kanonenschießen nach den Spatzen in den Mund gekommen.
Es ist kein Zweifel, da war eine natürliche und durch Ge=
wöhnung gesteigerte Reizbarkeit vorhanden; es ist bezeichnend,
wenn Vischer sich ganz besonders an der Stelle in seinem
Jean Paul erbaut hat, wo Siebenkäs nicht nur durch das
Abwischen seiner Lenette, sondern auch durch die bloße Vor=
stellung dieses Abwischens gestört wird. Aber solche Empfind=
lichkeit hat doch auch einen höheren Ursprung; sie ist, wie Vischer
von seinem A. E. sagt, der Ausfluß einer hochbegeisterten
Empfindung für das Harmonische; wie der Musiker noch
die feinsten Schwingungen wahrzunehmen und zu unter=
scheiden vermag und daher auch von den leisesten Abweich=

ungen vom Richtigen gequält wird, so hatte Vischer ein
solches Vermögen der Empfindung nach den verschiedensten
Seiten hin, und seiner Natur widersprach es, eine Empfin=
dung unausgesprochen zu lassen. Aber noch mehr: es kommt
auch ein sittliches Moment herein. Es giebt für Vischer im
Sittlichen keine Kleinigkeiten und keine sittlich gleichgiltigen
Dinge. Es ist für ihn nicht bloß unschön, die Füße auf
die Bank zu legen oder die Unterhaltung anderer durch Lärm
zu stören: es ist unsittlich, denn es beweist einen Mangel
an Achtung vor dem Rechte anderer, vor den Schranken,
die gerade in unserer demokratischen, individualistischen Zeit
sich Jeder selbst ziehen muß. Er hätte sich freilich in so
nebensächlichen Dingen mit Goethe sagen können: thöricht
auf Beßrung der Thoren zu harren; aber das ließ sein
leidenschaftlicher Wahrheitsdrang nicht zu. Und ist es nicht
dem Aesthetikprofessor europäischen Rufes zum hohen Ruhm
anzurechnen, daß er sich nicht zu gut dünkte, gegen die Miß=
handlung des Tieres immer und immer wieder seine Stimme
zu erheben?

Das Ganze ist bei Vischer immer groß, bedeutend,
edel. Das Moralische versteht sich von selbst, wie sein A. E.
sagt. Er ist stets bereit, über die Lumpereien des Tages
sich in das Reich der reinen Schönheit und Wahrheit empor=
zuheben. Er ist bei aller Wehrlosigkeit gegen die Unbilden
der empirischen Welt ein durch und durch freier Mensch.
Frei von Furcht und ohne einen Laut der Klage ist er, wie
Albert Einhart, dem Tode entgegen gegangen, er, der nicht
minder als sein Held das kleinste Unwohlsein als uner=

träglich empfunden hatte. Frei und keiner Autorität ver=
pflichtet ist er in seinem Denken gewesen; frei von kirchlichem
Autoritätsglauben, dessen Küstern er die grimmigsten Hiebe
versetzt hat, aber ebenso frei von Intoleranz gegen die gut=
mütigen Bekenner der Religion, deren Fanatiker ihm das
Wort von dem akademischen Lehrstuhle verkümmert und ihn
mit niederträchtiger Schmähung beehrt hatten; frei von
politischem Dogmatismus, sowohl dem demokratischen als
dem monarchischen. Frei war auch seine Rede, mit dem des
Freien würdigen Maß in den selbstgezogenen Schranken
edler Ausdrucksweise sich haltend, aber ohne feige Rücksicht
das gerade, derbe Wort aussprechend, wo Schweigen soviel
als Gutheißen des Schlechten geschienen hätte. Denn die
männliche Entschiedenheit hat ihm nie gefehlt. Es gibt
Dinge, wo es für keinen Edlen mehr eine Wahl gibt. Der
grübelnde Philosoph, der so gern das Für und Wider
prüfend hin und her warf, oft lang und schmerzlich kämpfen
mußte, bis er sich entschied, er war in großen Dingen fest
entschlossen und rücksichtslos wahr. Er hat durch ein
Wort, aus freiem Wahrheitssinn geredet, sich den Haß der
Orthodoxen verdient und keinen Schritt gethan, um sich ihnen
in angenehmerem Lichte zu zeigen; er hat sowohl den Erb=
kaiserlichen in der Paulskirche als den Revolutionären im
Stuttgarter Reithaus derb die Meinung gesagt; er hat die
freiwillige Verbannung aus der Heimat auf sich genommen,
mit der keiner inniger verwachsen war als er; er hat unter
schweren Kämpfen, aber mit nicht wankender Sicherheit der
Empfindung, daß das Vaterland das Höchste sei, in den

7*

politischen Wirren der sechziger Jahre seinen Weg gefunden,
um die scheelen Blicke von rechts und links unbekümmert.
In dieser Gestalt, als ein ganzer Mann, frei, wahrhaft und
im Glühen für das Gute nie ermüdend, mild geworden
durch das Alter, aber nicht mürbe geworden, sondern noch
immer jugendlichster Empfindung fähig: so steht er unaus=
löschlich in der Erinnerung der Seinigen. Wir werden ihn
nie vergessen.

Rudolf Kausler.

In den Jahren 1837 und 1838 erschien in Stuttgart eine „Zeitschrift für litterarische Unterhaltung und Kritik" mit dem Titel „Der Spiegel". Sie enthielt in ihrer zwölf=ten Nummer einen kleinen Artikel über Schwäbische Dichter=kreise. Der Verfasser war der nemliche, dem die folgenden Seiten gewidmet sein sollen. Er wies darauf hin, wie häufig gerade in Schwaben während der folgenreichen Jahre des Universitätsstudiums sich Kreise von jungen Männern gebildet haben, die durch die Pflege der Poesie einen mehr oder weniger Zusammenschluß erhielten: um Schiller, um Conz, um Hölderlin gruppierten sich befreundete junge Dichter, und den berühmtesten dieser Kreise, den um Uhland gescharten, pflegt man gar als schwäbische Dichterschule zu bezeichnen, so sehr auch Kerner dagegen protestiert hat. „Die letzte Verbindung, von der schon öffentlich die Rede sein kann, bildeten in den zwanziger Jahren der in Rom verstorbene Dichter Wilhelm Waiblinger, der geniale Eduard Mörike, Ludwig Bauer und andere". Es hätten auch noch die etwas jüngeren Gustav Pfizer, Friedrich Vischer, Friedrich Strauß genannt werden können, welche mit Wilhelm Zimmermann

und Julius Kraiß derselben Tübinger Promotion von 1825
bis 1830 angehörten; in dem „Jahrbuch schwäbischer Dichter
und Novellisten", das es leider nur auf den einen Jahrgang 1836 gebracht hat, hatten Mörike und Zimmermann
ein Organ schwäbischer Poesie schaffen wollen und neben
ihren Zeitgenossen auch schon ein paar jüngere, der Universität kaum entwachsene Talente um sich gesammelt. Im stillen
aber hat der Verfasser jenes Artikels auch noch an einen
ganz neuen schwäbischen Poetenkreis gedacht, zu dem er
selber gehörte, einen Kreis, von dem freilich kaum je „öffentlich die Rede gewesen ist", der es aber sehr wohl verdient,
der Vergessenheit entrissen zu werden.

Es kamen im Anfang der dreißiger Jahre verschiedene
Umstände zusammen, um ein sehr lebhaftes geistiges Leben
an der Universität Tübingen zu erzeugen. Sie hatte sich
eben von den Uebeln erholt, welche durch die strengen Maß-
regeln des außerordentlichen Regierungskommissärs über sie
gekommen waren, und durch die Verordnung vom Jahre
1830 ihre akademische Verfassung in neuer Form wieder
erhalten. Die Studentenschaft war durch die burschenschaft-
liche Bewegung in lebhafte Gährung gekommen; bedeutende
Ideen, hohe Ziele waren ihr vor Augen getreten. Seit
1826 waren Baur und Kern Professoren der Theologie geworden und ein neues Leben in das Studium dieser Wissenschaft gekommen, welche in Tübingen, wo das Stift jähr-
lich eine Anzahl der besten Köpfe aufnimmt und anderen
Berufen entzieht, immer eine besondere Rolle gespielt hat.
Hegels Philosophie bewegte, wie überall, so namentlich auf

dem der Spekulation günstigen Boden seiner alten Heimat,
alle Geister. Strauß und Vischer wurden, jener 1832, dieser
ein Jahr später, Repetenten am Stift und bewegten den
großen und kurzlebigen Gedanken, auf der Grundlage der
Hegelischen Philosophie einen glänzenden Neubau der theo=
logischen Spekulation aufzuführen. Wie aber um das Jahr
1790 die Ideen der französischen Revolution und die Kan=
tische Philosophie mit dem Einflusse von Schillers und Goe=
thes Poesie zusammen wirkten, um die Geister Hölderlins,
Hegels und ihrer Genossen zu erwecken, so trafen jetzt in
Tübingen mit den wissenschaftlichen Bewegungen die poli=
tischen und die litterarischen zusammen. Noch ehe die Exi=
stenz eines „jungen Deutschlands" dem Bunde denunziert
war, giengen im Norden des Vaterlandes die Wogen hoch.
Aus der anfänglichen Opposition gegen Goethe, in der durch
einen Witz des Schicksals die Todfeinde Börne und Menzel
zusammentrafen, rangen sich die jungen Dichter und Denker
zu einer Synthese des Schönheitskults und des Freiheits=
strebens empor, deren Erzeugnisse denn auch bald die poli=
tische und die sittenpolizeiliche Weisheit der Eschenheimer
Gasse zugleich in Aufruhr brachten. Man stand im Süden
diesen Dingen ferner; die ganze jungdeutsche Bewegung ist
immer ein Kind des Nordens geblieben. Aber über die
Kaffeekranz= und Liederkranz=Lyrik, in welche man in Stutt=
gart so gerne die Poesie festgebannt hätte, strebten doch auch
bei uns junge, frische Geister hinaus und etwas Größerem
zu. Das Sätzchen, das den oben angeführten Worten über
Waiblinger, Mörike und Bauer folgt: „Opposition gegen

die deutschtümliche Tendenz, Verehrung Goethe's und der antiken Poesie charakterisieren diesen Kreis", gilt eigentlich stillschweigend für die Nachfolger und jüngeren Freunde jener mit — man müßte nur noch etwa die Verehrung Mörikes hinzufügen.

Hermann Kurz hat in der Skizze „Das Wirtshaus gegenüber", welche 1837 in seinen „Genzianen" erschien, eine glänzende Schilderung einer übermütigen studentischen Tafelrunde gegeben. Er hat hier mit der vollen Freiheit des Dichters geschaltet; aber nicht nur die Art des Verkehrs unter den Stiftlern mit ihrer Neigung zur Dialektik, zum Parodieren, zum Geistreichthun ist mit treuestem Pinsel gemalt, auch einzelne Persönlichkeiten sind deutlich zu erkennen. Aber zur Verherrlichung der dionysischen Trunkenheit weiß Kurz kein besseres Lied anzuführen, als Mörike's „Herbstfeier", welche unter dem Titel „Das Bacchusfest" in dem Jahrbuch auf 1836 erschienen war. Einer der Freunde bringt das Gedicht in das Symposion mit und liest es vor: „Das ist nun einmal wieder die reine Poesie, die gar keine andere Absicht hat, als eben Poesie zu sein; ich empfinde es als ein wahres Glück, dieses köstliche Gedicht kennen gelernt zu haben, und werde in Zukunft nach allem greifen, was mir dieser Dichter bietet, er kann gar nichts schreiben was nicht vortrefflich ist, alles verwandelt sich unter seiner Hand in Gold". Derjenige, dem Kurz diese Worte in den Mund legt, ist kein anderer, als der, von dem das Folgende handeln soll; und wenn Kurz, der die Begeisterung für Mörike nicht müde geworden ist an den Tag zu legen, weſentlich ſeine eigenen Gedanken ausſpricht, ſo iſt kein Zweifel, daß er zugleich die Grundſtimmung ſeiner Tübinger Freunde widergibt. So auch in den nachfolgenden Sätzen: „Als Alexander geſtorben war, rauften ſich ſeine hinterlaſſenen Feldmarſchälle, und wenn er alt geworden wäre, ſo hätten ſie es ohne Zweifel ſchon zu ſeinen Lebzeiten gethan. Wer an dieſen Balgereien keinen Anteil nahm, konnte nicht auf= kommen". Da balgen ſie ſich um die Fetzen aus Goethes Erbſchaft, ſoweit ſie ihm nicht den Rücken kehren, wie der Fuchs, der die Trauben ſauer fand; der Einzige, der in engeren Grenzen, in dieſen aber vollkommen würdig wäre, des Meiſters Nachfolger zu heißen, der Dichter der ſüßeſten Lieder und des ſchickſalſchweren Nolten, verbirgt ſich in dem Winkel eines weltfremden Dorfes; „es werden außer uns nicht viele ſein, die den reichen Lorbeer auf dem Haupte dieſes Dichters ſchauen" — aber die jungen Tübinger Freunde gehören zu dieſen wenigen, ſie dürfen ſich ſelbſt als Auser= wählte vorkommen.

Zu der Erweckung eines poetiſchen Eifers unter den Tübinger Studenten trugen damals noch weitere Umſtände bei. Einmal waren mimiſche Darſtellungen ſchon in etwas früherer Zeit unter den Studenten gepflegt worden und wurden auch damals kultiviert. Moriz Rapp, der ſeit 1832 Privatdozent in Tübingen war, ließ ſeine eigenen und fremde Dramen durch Studenten aufführen. Noch tiefer wirkte Uhlands Anregung. Er war eben damals, von 1830 bis 1833, Profeſſor und hat nicht nur durch ſeine wiſſenſchaft= lichen Vorleſungen ein in Tübingen ungewöhnliches Aufſehen erregt, sondern noch mehr durch das „Stilisticum", das er zwischen Frühjahr 1830 und Herbst 1832 in vier Semestern gehalten hat. Hier sind namentlich poetische Versuche der Studenten vorgetragen und beurteilt worden, und es sind mehrere der gleich zu nennenden Namen unter den Teilnehmern an diesen Uebungen aufgeführt.

Es scheint keine eigentliche Verbindung zu poetischen Zwecken vorhanden gewesen zu sein, wie der Göttinger Hainbund eine solche gewesen war. Nicht nur damals, sondern noch weit später waren auch die fest konstituierten, farbentragenden Verbindungen in Tübingen nicht so streng gegen einander abgeschlossen wie heutzutage. So ist Berthold Auerbach, der von 1832 auf 1833 zuerst Rechtswissenschaft, dann jüdische Theologie in Tübingen studierte, ein Mitglied des weiteren Verbandes der Burschenschaft gewesen, aber mit den andern, namentlich mit Kausler, in dauernder Freundschaft gestanden. Ob die Juristen Reinhold Köstlin, Johann Fallati und Eduard von Seckendorff Beziehungen zu den andern gehabt haben, ist mir nicht bekannt; in Uhlands Stilisticum sind sie thätige Mitglieder gewesen. Unter den Stiftlern, die schon räumlich und durch das gleiche Studium enger auf einander angewiesen waren, war der älteste Ludwig Seeger, der schon 1828 die Hochschule bezogen hatte; gleich alt war Karl Klüpfel, der spätere Historiker. Ein Jahr jünger war Friedrich Richter, der mit Seeger besonders nahe befreundet war und auf dessen poetisches Talent große Hoffnungen gesetzt wurden; er verfaßte als Student eine Tragödie „Nero", die ihn mit der Disziplin des Stifts

in Konflikt und zum Austritt aus demselben brachte; später
hat er nur noch die idyllisch-gemütliche Seite der Poesie
gepflegt, namentlich ist er der Verfasser mehrerer durch
Silchers Kompositionen in aller Mund gekommenen Lieder
in schwäbischer Mundart und hat solcher anspruchslos humoristischen Dialektgedichte noch 1862 eine kleine Sammlung
veranstaltet; er ist als Stadtpfarrer in Bopfingen 1865
gestorben. Demselben Jahrgang wie Richter gehörte neben
Kausler auch noch Hermann Mögling an, ein Mensch vom
feinsten Gefüge des Geistes — Kurz schrieb über ihn:
„man kann mit all den weisen und begriffsproduktiven
Leuten nicht so sprechen wie mit ihm und kriegt nichts
so zurück" —; den Freunden ist er schon 1835 äußerlich
und innerlich ferner gerückt worden, indem er Missionar
wurde, erst in späteren Jahren ist er in die Heimat zurückgekehrt und 1881 als Pfarrer in Gruppenbach gestorben.
Ein weiterer Theologe, Loose mit Namen, erscheint in
Uhlands Stilisticum und in den Jugendbriefen der Freunde
gelegentlich; er ist in Amerika verschollen. Ein Jahr
jünger war Adelbert Keller, der, ehe er sich der strengeren
Wissenschaft in die Arme warf, als Uebersetzer fremder
Poesien vielfach thätig gewesen ist. Im Jahr 1813 geboren waren Hermann Kurz und der schon 1833 aus
dem Stift ausgetretene Friedrich Gottlob Fink, der längere
Zeit eine fruchtbare Uebersetzerthätigkeit ausübte; im „Wirtshaus gegenüber" tritt er unter seinem Cerevisnamen „Ost-
jäck" auf. In weniger engen Beziehungen stand zu dem
poetischen Treiben der andern Eduard Zeller, der bald

seine Richtung auf philosophische und theologische For=
schung genommen hat. Derjenige, der am längsten in Tü=
bingen die Gemeinschaft mit den andern pflegen konnte, war
Kausler, da er kurz nach seiner Studienzeit wieder dorthin
versetzt wurde. Er, bei Kurz „Ruwald" genannt, war unter
allen vielleicht die tiefst und feinst angelegte Natur; und
während die andern, soweit sie sich einen Namen in der
Litteratur gemacht haben, Seeger, Auerbach, Kurz, in ihren
poetischen Produktionen sich charakteristisch von ihrem Aus=
gangspunkt und von einander entfernten, ist Kausler stets
in dem festesten geistigen Zusammenhang mit der Litteratur=
periode geblieben, in der die Wurzeln seiner Jugendbildung
gelegen waren.

Rudolf Kausler ist am 26. August 1811 in Göppingen
geboren worden. Er stammte aus einer Familie, die dem
Lande Württemberg schon mehr als einen tüchtigen Mann
des öffentlichen Lebens gestellt hatte. Sein Vater Christian
Kausler war Oberamtmann in Göppingen, kam 1819 als
Regierungsrat nach Stuttgart, starb aber schon 1822. Ein
Bruder und drei Schwestern waren schon vor Rudolf ge=
boren. Der Bruder Eduard, zehn Jahre älter als er, hat
sich in der gelehrten Welt einen Ehrennamen erworben.
Er wurde Jurist, kam aber schon in frühen Jahren an das
Stuttgarter Archiv und ist lange Jahre dessen Vorstand
gewesen. Er gehörte mit dem etwas jüngeren Stälin zu=

sammen zu den würdigsten Vertretern der württembergischen
Geschichtsforschung. Für die mittelalterliche Geschichte des
Landes hat er den soliden Grund gelegt durch die Heraus=
gabe der drei ersten Bände des Württembergischen Urkun=
denbuchs und auch zur späteren Geschichte Treffliches gegeben.
Er gehörte aber zu den damals häufigen Gelehrten, die
sich nicht engherzig in die Pfähle ihres Berufsstudiums ein=
schlossen. Er war schon ein halber Jüngling, als die Be=
freiungskriege losbrachen; er war von dem Feuer der
litterarischen Begeisterung jener Zeit der späteren Roman=
tiker angeweht, denen Vaterland, Volkspoesie und Erforschung
der heimischen Vorzeit alles waren. Als 1839 der Litterarische
Verein in Stuttgart gegründet wurde, war er unter den
Gründern und ist zeitlebens im Ausschuß des Vereins ge=
wesen. Im nemlichen Jahre gab er den ersten Band der
Assisen des Königreichs Jerusalem heraus, eine französische
Publikation desselben Rechtsbuchs verhinderte den Fortgang
seiner Ausgabe. Gleich darauf hat er die mittelniederlän=
dischen Gedichte der großen Comburger Handschrift heraus.
gegeben und etwas später den Cancioneiro geral, die alt=
portugiesische Liedersammlung des Garcia de Resende. Sein
letztes Werk, mit dem er zur württembergischen Geschichte
zurückkehrte, war die Veröffentlichung des Briefwechsels
zwischen dem Herzog Christoph und Petrus Paulus Verge=
rius, welche erst nach seinem Tode durch Theodor Schott
vollendet worden ist. Eduard Kausler erinnert durch diese
Verbindung von juristisch=historischer Bildung mit ausgedehn=
tem Studium des deutschen und romanischen Mittelalters

gar sehr an seine großen Vorgänger, die Brüder Grimm
und Uhland; er war, wie mit den andern Germanisten seiner
Zeit, so besonders mit ihnen nahe befreundet, ebenso still
anspruchslos nach außen, wie innerlich reich an fruchtbarer
geistiger Arbeit. Eduard hat im Leben seines Bruders
eine große, ja die wichtigste Stelle eingenommen. Wenn
sie in ihrer Jugend zumeist auf brieflichen Austausch an=
gewiesen waren, so haben sie später einige Zeit in Stutt=
gart neben einander gelebt und namentlich in ihren letzten
Jahren sich so oft als nur möglich gesehen. Es war zwischen
ihnen die zärtlichste Liebe bei einer vielfachen Verschieden=
heit der Naturen. Beide waren ernste, tiefgründige Men=
schen, keine saftigen Kraftnaturen; aber der kräftigere war
Eduard, der weichere und auch wohl feinere Rudolf; jener
mit nachhaltiger Energie der Arbeit begabt, mit einem
echten Gelehrteneifer der Forschung, dieser nur dem Höchsten
und Tiefsten in den Dingen zugewandt, eine reine Poeten=
natur. Sie konnten in ihrer Verschiedenheit und in ihrer
engen Zusammengehörigkeit wohl an Jakob und Wilhelm
Grimm erinnern, und ich entsinne mich, daß ich, als ich
kurz nach einem Zusammentreffen mit den beiden das schöne
Bild der Brüder Grimm im Deutschen Wörterbuch zum
ersten Male zu sehen bekam, sofort diesen Vergleich gefun=
den habe und namentlich von der Aehnlichkeit Rudolfs mit
Wilhelm Grimm frappiert war, lang ehe ich wußte, wie
weit beider geistige Verwandtschaft gieng.

Beim Tode des Vaters war Rudolf erst elf Jahre
alt. Die Mutter zog mit den zwei älteren Töchtern nach

Winnenden; von 1834 an teilte auch die dritte Tochter, die an den Heilbronner Professor Caspart verheiratet gewesen war, nach dem Tode ihres Mannes die Wohnung. So ist der werdende Jüngling die meiste Zeit unter vorzugsweise weiblichem Einfluß aufgewachsen; denn Eduard weilte in jenen Jahren meist in der Ferne. Rudolfs gemütliche Weichheit, seine Scheu vor energischem Auftreten in der Oeffentlichkeit mögen dadurch verstärkt worden sein, ähnlich wie bei Hölderlin, mit dem er die zarte geistige Organisation und den unwiderstehlichen Trieb nach innerer Freiheit und Reinheit teilt, während ihm selbst dazu noch die jenem versagte Gabe des Humors verliehen war.

Im Herbst 1825 bezog Kausler, für das theologische Studium bestimmt und gewiß auch geschaffen, das Seminar Blaubeuren; dort hat er, wie er selber und mit mehr Grund als viele andere sagte, die glücklichsten Jahre seines Lebens zugebracht. Seine Promotion war die nächste nach der durch Strauß' Darstellung berühmt gewordenen; die gefeierten Lehrer Baur und Kern hat sie leider nur noch ein Jahr zu genießen gehabt, Kausler hat sich in Briefen an seinen Bruder sehr schmerzlich darüber geäußert. Diese Briefe geben überhaupt ein so schönes und vollständiges Bild eines aufblühenden reichen Jünglingsgemütes, daß man sie in ihrer reizenden Mischung von knabenhafter Unschuld und früher Geistesreife nur gleich ganz hersetzen möchte. Seine Gesundheit war zart und ist es geblieben, er hatte Neigung zu Schwindel, zu Husten und Brustschmerzen. So ist es kein Wunder, wenn er den derberen Kraft-

äußerungen der Kameraden keinen Gefallen abgewinnen
konnte; ein Kopfhänger war er nicht und er trifft den Nagel
auf den Kopf, wenn er einmal von einer der in den nie=
deren Seminarien üblichen Exkursionen schreibt: „es war
aber nicht sonderlich lustig, weil die meisten bei solchen Ver=
anlassungen besoffen sind und in ihrer Fadheit nie recht
toll und lustig werden". Ebenso eifert er gegen das lang=
weilige Gelehrtthun anderer Mitschüler, die sich nicht „in
dem Frühlingsleben der Kunst freuen" können. Ueber seine
offizielle und private Lektüre hat er getreulich an den Bruder
berichtet und man muß staunen, nicht nur wie vielseitig und
zugleich gewählt sie gewesen ist, sondern auch, wie früh der
Halbknabe seinen festen Standort gefunden hat, nicht in
einer verknöcherten, schablonenhaften Schulmeinung, aber
in einem unverrückbaren Grundzug seiner Natur. Griechen
und Römer hat er auch außerhalb der Schule gelesen; aber
weder vollendete Form noch politische Bedeutsamkeit konnten
es ihm anthun; nur die philosophische Tiefe und der Zauber
der Volkssage wirkten nachhaltig auf ihn ein. Er liest Li=
vius, Sallust, Tacitus, Plutarch, Demosthenes, aber neben
Thucydides ist ihm „fast alles dummes Zeug"; beim So=
phokles ist ihm, als ob ein Vorhang davor hinge; an Pla=
tons Phädon findet er etwas, woran er sich halten kann;
am liebsten aber ist ihm Homer und zwar die Odyssee.
Wenn er Herodot liebt, so ist ihm der nicht der Schilderer
des griechischen Freiheitskampfes, sondern der Erzähler wun=
derbarer Dinge aus fernen Zeiten und Völkern: „Die
Sitten und Gebräuche eines Volkes zu hören ist gewiß noch

angenehmer als seine Geschichte"; als Baur fortkam, bedauerte er vor allem die historische Unterweisung in dessen Herodotstunden zu verlieren, die dem Schüler, vielleicht allzufrühe, Perspektiven in uralte Vorzeit und mythische Zusammenhänge eröffnet hatten. Schon mit fünfzehn Jahren äußert er bei der Lektüre von Xenophons Symposion (wie viele Sekundaner wohl heutzutage dieses Buch lesen mögen?), das attische Wesen mit seiner Feinheit sei ihm recht beliebt geworden, "aber immer behauptet das Gefallen an schönen und alten Sagen und Liedern den Vorrang"; und wie er bald darauf sich auch mit den Psalmen und zugleich mit den Nibelungen zu thun machte, da schrieb er ganz nach Herber: "Es gefiel mir, die Stimmen, Freuden und Leiden der Hellenen, Italiker und Morgenländer in ihren schönsten Liedern zu haben." Bald gewinnen die Poesien der modernen Völker den Vorzug. Er liest Goethe und begehrt immer mehr von ihm zu bekommen. Er lernt Englisch bei einem Repetenten und treibt es weiter zusammen mit Mögling, der ihm in der ganzen Promotion am nächsten steht. Er liest Shakespeare und äußert, er möchte nichts anderes als ihn lesen; aber es ist schwerlich die Tragik und Psychologie des Welt- und Menschenkenners, was ihn an ihn fesselt, sondern das Spezifisch-Poetische, Lyrisch-Romantische. Von einzelnen Stücken erwähnt er Romeo und Julie und den Sommernachtstraum; und wenn er schon in früherer Zeit die Frage ängstlich aufgeworfen hat, ob denn eigentlich die Schilderung der gemeinen Natur gestattet sei, wie sie bei Shakespeare und bei Tieck vorkomme, so hat er dazu im Herzen zeitlebens Nein gesagt. Sagen und Märchen ziehen ihn unwiderstehlich an. Er schwärmt für Ossian, er erzählt im Bette seinen Kameraden Märchen und meint einmal, er wäre im Stande, „Legionen von Märchen aus= zusenden"; er bittet seinen Bruder, der eine Reise nach Eng= land macht, ihm „alte Gedichte oder dergleichen" von dort mitzubringen. Neigung zum Mittelalter mit seiner „frischen Lebenslust und Frommheit" verrät sich auch, wenn er die Kreuzzüge und Hohenstaufen zum Gegenstand einer öffent= lichen Rede wählt. Welcher Dichter konnte mehr zu diesem ganz in der romantischen Zauberwelt lebenden Jünglings= herzen reden, als Novalis, der Jüngling unter unsern Dich= tern? Mögling hat ihm zu seinem siebzehnten Geburtstag Novalis' Werke geschenkt: nie hat ihm etwas so gefallen. Um aber den Romantiker und Jünger Hardenbergs zu voll= enden, kommt er auch einmal auf seinen „alten und ältesten Gedanken" zurück, Bergmann wie sein Meister zu werden. Mineralogie war ja ein Lieblingsgegenstand der romanti= schen Natursymbolik, und ich habe bei Kausler noch viele Jahre später prächtige Schliffe von Mineralien gesehen, die er in seiner Jugend gesammelt hatte. Am theologischen Berufe stiegen ihm Zweifel auf: gewiß nicht solche des Un= glaubens, wohl aber solche, wie sie tief angelegten, zur My= stik neigenden Gemütern öfters kommen. Für die Gelehr= samkeit ist er verloren. Er hat sein Leben lang viel und gut gelesen; aber das Wissen um seiner selbst willen hat ihn nie gereizt, es war ihm stets nur um den innern Kern, den tieferen Zusammenhang der Dinge zu thun. „Es ist

etwas Scheidendes zwischen mir und der Wissenschaft" —
wenigstens der zünftig betriebenen; die rationalistische und
supranaturalistische Theologie seiner Jugendzeit, der prote=
stantische Konfessionalismus, in seinem Lande vielleicht stärker
als anderswo, ist ihm fremd geblieben und hat ihn mit=
unter zu scharfer Kritik gereizt: von Herzen fromm und
dabei innerlich frei wie sein Novalis oder Schleiermacher
ist er sein Leben lang geblieben.

Man hat selten Anlaß, sich bei den Jahren vor der
Universitätszeit so lange aufzuhalten. Aber bei diesem Jüng=
linge sind sichtlich die Blaubeurer Jahre für das Leben be=
stimmend gewesen. Solchen Naturen pflegt die Universität
wenig mehr zu bieten. Auch bei Kausler ist es so gewesen.
Er bezog im Oktober 1829 die Universität Tübingen, um
als Stiftler Theologie zu studieren. Ueber sein eigentliches
Fachstudium erfährt man aber wenig. So eine Anstalt
wie das Stift muß für die philosophischen und theologischen
Studien einen fest geordneten Lehrgang haben; der Schlen=
drian dieses herkömmlichen Betriebs behagt seinem Sinne
nicht. Er kann es Niemand Recht machen. „Ich kann mit
aller erdenklichen Mühe mich nicht in die Aufsatz=Manier
hineinarbeiten. Es fällt mir jedesmal die Vorrede des Cer=
vantes zum Don Quixote ein. Das vorige Mal hielten
sie sich darüber auf, daß ich den Aufsatz nach Heglischem
Schema gemacht habe; diesmal wollt' ich ihn nur recht
machen: ich gab, den Gelehrten spielend, einen Haufen
verschiedener Ansichten, und um nicht in die verhaßte Rolle
zu fallen, gab ich kein bestimmtes Resultat, sondern sagte,

8*

es habe jeder auf seine Art Recht. Jetzt muß ich hören, es fehle die systematische Einheit in diesem Aufsatze". (Alte Stiftler mögen sich an dieser Klage mitfühlend ergötzen.) Freude äußert er an Baurs Symbolik und Dogmengeschichte, überhaupt an dem Historischen in der Theologie. Noch mehr zieht ihn die philosophische Spekulation an: noch in seinem vierten und fünften Semester hat er bei Strauß über Hegelische Logik und über Geschichte der Philosophie gehört und hat auch daran gedacht, selbst einmal Vorlesungen zu halten, er sieht die Philosophie eigentlich als seine Lebensaufgabe an. Dieser Gedanke mag ihn auch beim theologischen Studium festgehalten haben; „umsatteln wäre nichts für mich". Er wird erkannt haben, daß seine geringe Neigung und Fähigkeit für das praktische Leben ihm in jedem andern Berufe noch hinderlicher gewesen wäre, und ist wohl, wie Lessing, gegen das Äußerliche der Berufsthätigkeit immer ziemlich gleichgiltig gewesen. Auch philologische Vorlesungen hat Kausler gehört über Euripides, Aristophanes, Thucydides, bei Strauß über Platons Gastmahl; daneben eine über Kunstgeschichte; bei Uhland hat er die Geschichte der deutschen Poesie im Mittelalter gehört und das Stilistikum besucht — daß er sich aktiv daran beteiligt hätte, geht aus Uhlands Aufzeichnungen nicht hervor. Eigene poetische Neigung hat ihn, außer mit Mögling, mit Ludwig Seeger und Richter verbunden; die Freundschaft mit Auerbach ist auch schon in der Studentenzeit geschlossen worden, ebenso mit Hermann Kurz; mit Adelbert Keller verbanden ihn poetische und wissenschaftliche Neigungen. Wenn jedoch Kurz seinen Ruwald zum eigentlichen Anführer des litterarischen Symposion macht und ihm die feurigsten Reden bacchischer Begeisterung und bacchischen Witzes in den Mund legt, so hat er wohl einen ziemlich weit gehenden Gebrauch von der dichterischen Freiheit gemacht. Dem Genuß der Geselligkeit beim kreisenden Becher durchaus nicht asketisch widerstrebend, hat Kausler doch im Ganzen ein sehr stilles und zurückgezogenes Stubentenleben geführt. Es wird ein besonders verdrießlicher Augenblick gewesen sein, in welchem er die Tübinger Jahre seine verdrießlichste Periode nannte; aber es muß manches gegeben haben, was sie ihm verbitterte, und wären es auch nur die körperlichen Uebel, Mattigkeit, Schmerzen, Rheumatismen, Verdauungsnöte, gewesen. Besonders vereinsamt fühlte er sich, als Mögling die Hochschule, ein halbes Jahr vor ihm, verließ, von dem er noch später schrieb: „es wird wohl kaum zwei Menschen geben, die einander so verstehen wie wir".

An Ostern 1834 erstand Kausler die erste theologische Prüfung. Mit der Hoffnung auf eine Hofmeisterei war es nichts. Er gieng im April als Vikar zu seinem Oheim, dem Pfarrer Kausler in Oberroth bei Gaildorf, und blieb dort bis zum Januar 1835, zuerst ungerne, dann mit seinem Beruf ausgesöhnt, der ihm für sein Gedankenleben die nötige Einsamkeit gewährte, nur dann und wann durch Zusammenkünfte mit dem vier Stunden entfernt in Geifertshofen hausenden Seeger unterbrochen. Vom Frühjahr 1835 aber bis Ende 1836 versah er die Stelle des Bibliothekars am Tübinger Stift und kehrte so zu einer Art von halber

Studentenexistenz zurück. Er traf Kurz noch in Tübingen,
der im Herbst 1835 sein Examen machte und den Rest des
Jahres bei seinem Oheim, dem Pfarrer in Ehningen, das
folgende Jahr in Stuttgart verlebte; im Juli 1835 kam
Adelbert Keller von seinem Pariser Studienaufenthalte zurück und ließ sich im Herbst desselben Jahres als Privatdozent in Tübingen nieder. Dazu kam noch der geistreiche,
für litterarische Beschäftigung empfängliche Gottfried Weigle,
der dann später seinem Verwandten Mögling in der Laufbahn als Missionar gefolgt und in ihr auch gestorben ist;
er studierte seit 1834 in Tübingen. Viel machte den Freunden eben der Uebertritt Möglings in seine neue Thätigkeit
zu schaffen; namentlich dem allem Kirchen- und Konventikel-
wesen gründlich abgeneigten Kurz, der ganz außer sich darüber war, daß dieser freie, edle Geist sich nun auch dem
Joche des Baslertums werde beugen müssen. Kausler dachte
freier und sicherer als der sanguinisch aufwallende und dann
wieder verzagende Kurz. Dieser schrieb ihm damals: „Ich
erinnere mich gar wohl noch einer Zeit, wo ich in unruhigen
Suchen die Ruhe überall eher finden konnte als bei mir
selber; da kam ich häufig zu dir und lehnte mich an dein
Fenster, ohne viel zu sagen, aber in der vollen Sicherheit,
mich an eine überwölbende Substanz anlehnen zu können";
und nicht lange nachher schrieb ihm Kausler: „Vielleicht
kommst du ja auch noch zu meinem Glauben herüber, in
dem ich je länger je mehr die alleinige Lösung finden kann
und die einzige Poesie .... Der christliche Glaube allein
kann die Zeit, die ein halber Leichnam ist, zum Leben bringen

— man sollte anfangen zu merken, daß man bisher (was
man Fortschritt, Weiterentwicklung nannte) den kranken Leib
nur wieder auf eine andere Seite gelegt hat, die in Bälde
auch zu schmerzen anfangen wird; mir graut, wenn ich an
den Wahnsinn denke, der die Leute so umnebelt hat, daß
sich das Nächste, Einfachste ihren Blicken entstellt und das
philosophische und poetische Publikum sich wie ein Narren-
Kollegium ausnimmt". Kurz scheint gefürchtet zu haben,
auch Kausler könnte sich an Mögling anschließen, und derartige Worte, vielleicht auch durch die damals von Kausler
öfters geäußerte Unzufriedenheit in seinem Amte mit her-
vorgerufen, mochten ihn in dieser Furcht bestärken; er konnte
aber wissen, daß Kausler theologisch seine eigenen Wege
gieng und seine innere Freiheit weder an ein Konsistorium
noch an einen Konventikel verkaufte.

Kausler hat das bibliothekarische Amt zu fleißiger Lektüre und zu eigener Arbeit ausgenutzt. Er gab sich mit
Mythologie ab, lobt Otfrid Müllers Arbeiten und tadelt
an Jakob Grimms eben erschienener Mythologie, daß kein
leitender Gedanke darin hervortrete. Von eigenen Arbeiten
ist aber damals nichts erschienen. Er sollte sich an theologischen und philosophischen Unternehmungen beteiligen, wollte
mit Keller zusammen Petrarcas lateinische Gedichte herausgeben und redete davon, bis zum Herbst 1836 mit zwei
kleinen Schriften zu erscheinen. Es ist aber dazumal noch
nichts daraus geworden. Kausler scheint es auch gewesen
zu sein, der den poetisch begabten Landmann Baur in Hail-
fingen bei Rottenburg 1836 entdeckte und an Kurz empfahl.

Dieser hat ihn mit Schwab bekannt gemacht und es ist von ihm eine kleine Sammlung lyrischer Gedichte erschienen.

An Weihnachten 1836 verließ Kausler seine Tübinger Stelle und ging als Vikar nach Buoch zu seinem mütterlichen Oheim, dem Pfarrer Reinfelder, der alt und einer Beihilfe bedürftig war. Er ist dort bis zum Herbst 1838 geblieben. Hermann Kurz war vom Juni 1837 bis zum Januar 1838 und wiederum vom August 1838 an ebenfalls in Buoch, mit der Absicht, in der ländlichen Muße seinen Heinrich Roller auszuarbeiten. Die Freunde hatten auch Verkehr mit dem zwanzig Jahre älteren Pfarrer Glück in Schornbach, einem etwas unstäten Gesellen, dem Rivalen Silchers in der Komposition volkstümlicher Lieder, der nicht lange nachher, 1840, gestorben ist. Nur eine gute Stunde Weges war Winnenden entfernt, wo die Mutter mit den Schwestern lebte. Aber sie war schon sehr leidend und ist nach längerem Schweben zwischen Besserung und Verschlimmerung am 27. September 1837 gestorben. Ihr Hingang hat dem zärtlich liebenden Sohn einige Gedichte eingegeben, in denen eine starke und nachhaltige Empfindung sich Luft macht; er kann es nicht begreifen, daß sein thöricht blindes Herz oft hat verzagen wollen, da er doch noch eine Mutter hatte, er glaubt nicht genug Liebe an ihr geübt zu haben, der unheimliche Kirchhof ist ihm zu einem lieben Aufenthalte geworden, wo man der Zwiesprache mit Geschiedenen als wie mit Gegenwärtigen pflegt und ohne Schauer sich selbst seine Ruhe bereitet sehen könnte.

Ein Jahr später hat Kausler Buoch verlassen. Ein

neues Ereignis, das ihm hart ans Herz griff, muß ihn fortgetrieben haben. Er hoffte Befreiung von den Eindrücken der großen Welt. Die Frage, ob er nach Bern zu Seeger gehen sollte, der seit zwei Jahren dort wirkte, oder zu Auerbach nach Frankfurt am Main, entschied sich für das zweite. Im zweiten Drittel des September 1838 kam Kausler in Frankfurt an. Er genoß den anregenden Umgang Auerbachs, machte die Bekanntschaft Löwenthals, Heinrich Königs und anderer Schriftsteller und Künstler. Man suchte ihn durch das Anerbieten der Mitarbeiterschaft für eine Frankfurter Zeitschrift zu fesseln, das schlug er aber aus. Immerhin gedachte er den Winter in Frankfurt, Hanau, Bonn und Düsseldorf zuzubringen. Aber schon im November erschien er unerwartet wieder bei den Schwestern in Winnenden. Warum er seinen Plan so rasch aufgegeben hat, weiß ich nicht; die ersten Eindrücke von dem bewegten Leben Frankfurts waren die besten gewesen, aber lange fühlte sich Kausler schwerlich in der großen Welt zu Hause; er war stets ein Mann der Einsamkeit und der Geselligkeit im kleinsten Kreise.

Außer dem rein gemütlichen Motiv hatte die Frankfurter Reise wohl auch den Zweck gehabt, mit dem litterarischen Wesen in eine direktere Verbindung zu kommen; denn Frankfurt war damals in der schönen Litteratur nicht ohne Bedeutung. Kausler stand um jene Zeit in seiner lebhaftesten litterarischen Thätigkeit und wollte offenbar den Versuch machen, seine Existenz auf solche zu gründen — er soll später gesagt haben, es wäre ihm das auf die Länge ganz unerträglich gewesen. Die gewöhnliche Beobachtung, daß die Jugend der Poesie, das höhere Alter der Wissenschaft gewidmet sei, trifft bei ihm wie bei gar manchem andern nicht zu. Seine ersten Arbeiten sind durchaus kritischer und historischer Natur. Schon seit dem Jahre 1836 beschäftigte ihn ein Aufsatz über Tieck, in dem er sich über seine eigene Stellung zur Romantik zur Klarheit bringen wollte. Der langsam und zaghaft Arbeitende hat die Arbeit, die er schon im Sommer 1836 zur Beurteilung an Kurz geschickt hatte, immer wieder vorgenommen und umgestaltet. Sie in Buchform herauszugeben gelang nicht; dann sollte sie in Lewalds Europa erscheinen. Endlich erschien sie 1839 unter dem Titel „Ludwig Tieck und die deutsche Romantik" in dem von Theodor Mundt herausgegebenen „Freihafen"; fast ein Jahr zu spät, nachdem 1838 Karl Rosenkranz in den Haller Jahrbüchern das Thema ausführlicher und mehr im Einzelnen behandelt hatte. Durch Hayms Meisterwerk sind ja heutiges Tages alle älteren Arbeiten über die Romantik ins Dunkel gerückt. Kauslers Aufsatz verlohnt es sich aber immer noch zu lesen, wenn auch Ausgangs- und Gesichtspunkt nicht die der modernen Forschung sind. Er geht von dem Gegensatz zwischen natürlicher und sittlicher Poesie aus und findet die Romantiker, deren Hauptrepräsentant ihm durchaus Tieck ist, ganz auf der Seite der ersteren. Es zeigt sich hier die mehr zusammenfassende, darstellende als historisch entwickelnde Art älterer Litteraturbetrachtung. Die ästhetische Theorie der Romantiker, die eben von dem Schillerischen Gegensatze der naiven und sentimentalen Poesie

ausgieng und ohne die die romantische Praxis nicht verstanden
werden kann, kommt dabei zu kurz; warum die Romantik
so völlig morallos, so reine Darstellung des subjektiven
Beliebens des genialen Individuums ist, das versteht man
nur dann vollkommen, wenn man weiß, daß sie eben eine
Frucht theoretischer Erwägungen ihrer ersten Vorkämpfer
ist, zu denen sich die romantische Produktion ebenso verhält
wie der moderne Uebermenschen-Unfug in der Poesie zu der
Spekulation Nietzsches. Fassen wir aber Kauslers Darstellung der romantischen Poesie in sich und verglichen mit
früheren Stadien der deutschen Dichtung ins Auge, so enthält sie eine Anzahl der feinsten Bemerkungen und zwar in
einer schönen, oft glänzenden Darstellung; die von einem
viel Späteren gemachte Bemerkung, daß es einem Werke
über Poetik am wenigsten anstehe, im Kollektaneen- und
Grundrißstile abgefaßt zu sein, hat Kausler mit seiner feinen
Empfindung sich selbst von Anfang an gemacht. Besonders
zu rühmen ist die Freiheit, mit der er dem Gegenstande
und gewiß auch seiner eigenen Empfindung gegenüber steht.
Daß er zu Tiecks Bewunderern gehörte, braucht man nicht
anderswoher zu wissen, jede Seite des Aufsatzes zeigt es.
Aber das hindert ihn nicht, die Einseitigkeit und die Gefahren
dieser Richtung zu erkennen. Eine so rein individualistische,
von der Phantasie allein diktierte Poesie kann zu der Wirklichkeit des Lebens kein Verhältnis haben; „mit dem Zeit-
punkt, wo die Litteratur ihren einsamen Standpunkt verließ
und in die Reihe der Kämpfer für Lebensinteresse trat,
hörte Tieck auf Repräsentant seiner Zeit zu sein". So

gewinnt Kausler auch den Standort der objektiven Betrach=
tung gegenüber den Strebungen des jungen Deutschlands:
„Die Lethargie der Restaurationszeit ist verschwunden, man
fühlt wieder Kraft auf dem Eroberungszug fortzuschreiten
und Tieck hat sich abermals in der deutschen Litteratur über=
lebt. Seinen Verdiensten aber wird durch eine neue Rich=
tung der Gegenwart nichts entzogen, Tieck ist unter den
jetzt lebenden Poeten der bedeutendste .... aber die Art,
wie Tieck das Absolute gefunden hat, kann uns jetzt nimmer
genügen und darum interessieren wir uns mehr für die
Kämpfer der Gegenwart als für den Sieger der Vergangen=
heit, wenn auch unser ästhetisches Gewissen diesem den Preis
zuerkennen muß“. Später, als Kausler das kritische Hand=
werk aufgegeben hatte und zur eigenen poetischen Schöpfung
übergegangen war, finden sich etwa noch in seinen Briefen
kritische Bemerkungen über alle möglichen Gegenstände seiner
ausgedehnten Lektüre, die von der Schärfe seines Urteils
und von seinem weiten Gesichtskreis Zeugnis geben; in
seiner Dichtung ist er um so reiner zum romantischen Ideal
und zum Tieckischen Vorbilde zurückgekehrt.

Zur selben Zeit wie von dem Tieck=Aufsatz ist in Kauslers
Briefen auch von einem Leben Lessings die Rede; auch zu
diesem ganz embryonisch gebliebenen Plane hatte wohl ein
Werk der Romantik den Anstoß gegeben, Friedrich Schlegels
Lessing, dessen vielfach falsche Anschauungen doch den größten
Fortschritt zu einem tieferen Verständnis Lessings bezeichnen.
Ein anderer zu wenig und falsch gewerteter Dichter, in dessen
Schätzung Romantiker und Jungdeutsche übereinstimmen

konnten, war Heinse; Kausler hat seine große Bedeutung
früh erkannt und, als 1838 Laubes Ausgabe von Heinses
Werken erschien, bedauert, daß diese einem Lieblingsgedanken
von ihm selbst zuvorgekommen sei. Fleißig war er in jenen
Jahren als Kritiker für mehrere Zeitschriften, die alle in
der aufstrebenden litterarischen, philosophischen, auch politischen
Bewegung der Zeit eine Rolle gespielt haben. Am ephe=
mersten und im ganzen auch von keiner großen Bedeutung
war der im Eingang erwähnte „Spiegel“, der im Jahr
1837 von H. Erhard, 1838 von Friedrich Giehne redigiert
wurde. Trotz seines Nebentitels war das Blatt fast aus=
schließlich der Kritik gewidmet, und diese wurde mitunter
recht in dem frischen, scharfen Tone jener Kampfzeit geübt.
Kausler, Keller und Kurz gehörten zu den fleißigsten Mit=
arbeitern; namentlich der erste muß eine große Anzahl von
Recensionen geliefert haben. Es ist leider nicht möglich,
die Verfasser aller Artikel zu erraten; denn sie sind nur
mit Zahlen signiert und zwar haben einige Verfasser sich
mehrerer Zahlen bedient. Von Kausler sind nachweislich
die mit 15 und die mit 21 unterzeichneten, vielleicht aber
auch noch andere. Es sind zum Teil rein referierende Ar=
tikel über litterarische Neuigkeiten, mitunter aber auch ziemlich
boshafte Bemerkungen, einerseits gegen Mundts „Kunst der
Prosa“, andererseits aber auch gegen die spiritistische Phi=
losophie Baaders und gegen Kerners Mystagogie. Diese
Art von Romantik behagte Kausler ganz und gar nicht,
ebenso wenig als die platte Manier mancher Wald= und
Wiesen=Poeten; es heißt, die Herren, Schwab voran, seien

über sein Auftreten verschnupft gewesen — es war auch nicht sehr angenehm, sich sagen lassen zu müssen: „Der Humor der Romantiker wird zusehends mürrischer und grämlicher; ihrer Jronie fehlt die Ruhe des guten Gewissens. Es ist freilich sehr verzeihlich, wenn sie sich noch nicht in die Rolle alter Herren zu finden wissen, denn sie haben kaum erst aufgehört, die Opposition der Jugend gegen die alte aufgeklärte Prosa der Kantischen Zeit zu bilden, von der jetzt noch bedeutende Eisschollen in Deutschland umherliegen. Die Romantiker giengen von der Jugend fast unmittelbar ins Alter über; sie kannten nur einen Moment das behagliche Gefühl anerkannter Herrschaft. Sie sind übrigens zu sein, als daß sie nicht bald den Tanzplatz verlassen sollten, um von der Estrade ehrenvoll ausgedienter Klassiker herab wohlmeinende Zuschauer abzugeben, vor denen die Jugend ehrfurchtsvoll den Hut zieht".

Weit bedeutender waren die Haller Jahrbücher, für welche Ruge Kausler zu mehreren Artikeln zu gewinnen suchte. Kausler war bereit, über Görres und Börne zu schreiben; ich habe aber keinen solchen Artikel finden können. Dagegen hat er für zwei gleichzeitige, einander nah verwandte Zeitschriften, die „Zeitung für die elegante Welt" und die „Europa", in den Jahren 1839 bis 1841 Verschiedenes geschrieben; leider habe ich von mehreren Bibliotheken nur einzelne Bände dieser ganz selten gewordenen Zeitschriften erhalten können, kenne also von Kauslers Artikeln nur ein paar. In der Zeitung für die elegante Welt stand 1839 sein Aufsatz „Geschichte der Liebe"; es sind geistvolle, schön geschriebene, eigentlich mehr poetisch anmutende Skizzen, deren Grundthema das Verhältnis der Beziehungen zwischen den beiden Geschlechtern zum sonstigen Thun und Treiben des Menschen ist. Im Jahrgang 1840 der Europa hat Kausler den litterarischen Teil des Feuilletons durch eine Anzahl von Recensionen und andere kleine Aufsätze zur deutschen Litteraturgeschichte bereichert. Aus dem Jahrgang 1841 kenne ich nur den Aufsatz über Immermanns Memorabilien, der sich als erste der „Besprechungen von Rudolf Kausler" einführt. Kausler war, wie sein Freund Kurz, ein großer, aber keineswegs blinder Verehrer Immermanns und hat die Größe dieses Dichters früher und klarer als manche andere erkannt. Der Aufsatz will nachweisen, daß Immermann nach nicht ganz glücklichen früheren Versuchen in Shakespearisierender und Goethisierender Manier schließlich seinen richtigen Beruf, den eines deutschen Walter Scott gefunden und im Oberhof ein wirkliches Meisterwerk geschaffen habe. Es ist das schwerlich ganz gerecht gegen die älteren Werke Immermanns, namentlich die Epigonen; aber es ist symptomatisch interessant, weil es die Tendenz der Zeit zur Volks= und Familiengeschichte zeigt. Gerade in Kauslers Kreise war diese Tendenz in jenen Zeiten stark: Kurz hatte schon seit 1836 mit Liebe und Glück die Familiengeschichte mit stark lokaler Färbung gepflegt und war eben damals im Begriffe, seinen Heinrich Roller in die Welt gehen zu lassen, in dem die Familiengeschichte in den größeren Rahmen einer Schilderung aus der Geschichte des Heimatlandes gestellt war. Auerbach ließ auf seinen Spinoza und Ephraim Kuh seine Dorfgeschichten folgen. Leider sind mir Kausler's spätere Artikel in der Europa nicht bekannt; sicher ist mir nur, daß er einen über dramatische Dichter verfaßt hat.

In denselben Jahren hat sich Kausler auch mit geschicht= lichen Stoffen beschäftigt. Sein Bruder hatte, wie schon berichtet ist, 1839 den ersten und einzigen Band der Assisen von Jerusalem veröffentlicht. An diese Arbeit schloß sich eine nah verwandte an, die von beiden Brüdern gemeinsam ausgeführt wurde. Sie übersetzten zusammen die Geschichte der Kreuzzüge und des Königreichs Jerusalem von dem Erzbischof Wilhelm von Tyrus, die zu den bedeutensten mittelalterlichen Geschichtswerken zählt; der stattliche Band erschien 1840 bei Krabbe in Stuttgart. Rudolf ist es vor= nehmlich, dem diese Uebersetzung zu danken ist; sie hält sich so treu als möglich an das Original und hat den Ton einer mittelalterlichen Geschichtserzählung mit der wunder= lichen Mischung antik=römischer Rhetorik und annalistischer Naivetät recht gut getroffen. Kausler ist zum Zweck des Zusammenarbeitens mit seinem Bruder im August 1839 nach Stuttgart gezogen und hat längere Zeit dort gewohnt, still und zurückgezogen; Kurz, der damals in Stuttgart mit seiner Ariost=Uebersetzung beschäftigt war, meldet im März 1840 an Keller: „Wir sehen uns selten, treffen hie und da im König von England zusammen, und gehen dann, Schicksal und Gemüt besprechend, wie nächtliche Dämonen bis ein Uhr am Schloß auf und ab". Mit dem Gegen= stande, welchen das Werk Wilhelms behandelt, und den

von da ausgehenden Anregungen hängt indirekt nicht nur
der später zu besprechende Stoff eines Tragödien-Entwurfes
zusammen, sondern wohl auch die Idee, die jüdische Geschichte
des Josephus zu bearbeiten, welche Kausler 1843 gefaßt,
aber alsbald wieder verworfen hat.

Die litterarische Thätigkeit, welche er um das Jahr
1840 entwickelt hat, hatte wohl auch den Zweck, die Sub-
sistenzmittel für einen Lebensplan zu gewinnen, den er damals ernstlich betrieben hat. Eine durchaus innerliche,
spekulative Natur, hatte er von jeher die Philosophie in den
Mittelpunkt seines geistigen Interesses gestellt. Er hatte,
wie wir sahen, schon in Blaubeuren sich durch Baur's
Herodotstunden angeregt mit den Anfängen der Menschheit
befaßt und gelesen, was von Schellingianern darüber geschrieben worden war; dann hatte er im Stift sich mit
Hegel beschäftigt, aber sich von ihm befreit. Als Stifts-
bibliothekar war er, wenn auch vergeblich, aufgefordert worden,
sich an der von dem jüngeren Fichte damals gegründeten
Zeitschrift für Philosophie zu beteiligen; mit Giordano
Bruno, mit Abälard hat er sich noch später beschäftigt.
Den Gedanken, Vorlesungen über Philosophie zu halten,
hatte er mehrmals gehegt und immer wieder fallen gelassen.
Im Sommer 1840 gedachte er ihn in Tübingen zu verwirklichen. Er reichte den Aufsatz über Tieck ein und sech-
zehn handschriftliche Thesen in lateinischer Sprache, welche
in einer sehr an Schelling erinnernden Art den Unterschied
von Natur- und Geistesphilosophie behandeln. Das genügte
zu einer Habilitation freilich nicht. Im nächsten April er-

neuerte Kausler in Tübingen seine Bewerbung um die
Doktorwürde durch eine gedruckte Schrift, wieder aus sech=
zehn Thesen bestehend, aber von größerem Umfang und in
deutscher Sprache: „Der Begriff der Wissenschaft". Er hat
sich mit dieser Schrift am 21. Mai 1841 den Doktorgrad
an der heimischen Hochschule erworben. Die Schrift zeigt
ihren Ursprung aus der Dialektik Hegels und seiner Zeit
ganz deutlich. Formell ist sie ganz in der Art Hegels ge=
halten; inhaltlich aber soll eben die absolute Philosophie
überwunden werden zu Gunsten einer Spekulation, die mit
Schellings Identitätsphilosophie nah verwandt ist und jeden=
falls in dem Kernsatze, daß wir das Unendliche sind, wenn
wir uns als solches bethätigen, ganz aus der romantischen
Philosophie hervorgegangen ist. Sehr charakteristisch ist für
den Verfasser jene Mischung von Kritik und Mysticismus,
die die Romantik aus Plato geschöpft und selber — man
darf an Novalis erinnern — gerne gepflegt hat. Kausler
hat aber mit dieser Schrift die Habilitation nicht in Tü=
bingen nachgesucht. Besser schienen ihm die Aussichten in
Freiburg i. B. zu sein; ein Artikel über diese Universität,
der 1839 in den Haller Jahrbüchern stand, hatte darauf hin=
gewiesen, daß dort im Fache der Philosophie eine Lücke
auszufüllen wäre. Sie auszufüllen konnte Kausler hoffen,
dessen ganze Art zu denken und zu empfinden von dem
spezifisch Protestantischen entfernt lag und dessen philosophische
Richtung der Schellings und der großen Mystiker des späteren
Mittelalters nahe verwandt war. Er scheint aber, als er
im Vorsommer 1841 selbst nach Freiburg reiste, um den

Boben zu unterfuchen, doch auf weit mehr fpezififchen Ka=
tholicismus geftoßen fein, als er erwartet hatte, und kehrte
wieder um, ohne einen weiteren Schritt zu feiner Feftfeßung
gethan zu haben. Die „philofophifche Fata Morgana"
fchwand rafch dahin und kehrte nicht wieder. Es wird kein
Unglück für Kausler gewefen fein. Sich in der Oeffentlich=
keit geltend zu machen, war ganz und gar nicht feine Sache;
und für den lehrhaften Vortrag wäre feine ganze Art zu
wenig dogmatifch angelegt gewefen.

Kausler kehrte von diefem Ausfluge wieder zu feinen
Schweftern nach Winnenden zurück, wo er feit der Vollen=
dung des Wilhelm von Tyrus wieder gelebt hatte. Er war
entfchloffen, wieder Geiftlicher zu werden, hat fich in der
Stille auf die zweite Dienftprüfung vorbereitet und fie an
Oftern 1842 gemacht.

Er war nun als Amtsverwefer an verfchiedenen Orten
des württembergifchen Unterlandes verwendet: vom Septem=
ber 1842 bis Januar 1843 in Knittlingen, bis zum Mai
in Benningen bei Marbach, bis Januar 1844 in Großfachfen=
heim, dann in Hochdorf bei Marbach; vom 1. Juni an
endlich in dem Waldenferdorfe Perouse, wo ihm die Pfarrei
im November 1844 dauernd übertragen wurde. Dort hat
er feine verwitwete Schwefter mit ihrer einzigen Tochter
zu fich genommen; fie haben drei Jahrzehnte feinen Haus=
halt geteilt, während die andern Schweftern mit dem Bruder
Eduard in Stuttgart zufammen wohnten. Es war eine
kleine und arme Gemeinde, die erft wenige Jahre felbftändig
beftand und noch dazu vom Jahre 1846 an unter großer

9*

Teurung schwer zu leiden hatte; fern vom Verkehr gelegen
in den Wäldern, die sich längs der Straße von Leonberg
nach Pforzheim ausdehnen. Für die Seelsorge hat es hier
an Gelegenheit nicht gefehlt, und auch nicht an Einsamkeit
für nachhaltige Arbeit. Kausler fand bald, daß er weit
mehr Freude am geistlichen Beruf habe, als er geglaubt
hatte. Wissenschaftliche Pläne hat er noch eine Zeit lang
gehegt. Im Jahr 1844 wollte er eine philosophische Arbeit
herausgeben und glaubte keine Stimmung für etwas anderes
zu bekommen, ehe er sie sich vom Herzen geschrieben habe.
Im nämlichen Jahre brachte Eduard Kausler ein weitaus=
sehendes gelehrtes Unternehmen auf die Bahn, eine allge=
meine Zeitschrift für Litteraturgeschichte, deren Plan von
Rudolf auf das Mittelalter, wenn auch in sehr weitem Um=
fang, eingeschränkt wurde; es war dabei vor allem an süd=
deutsche Mitarbeiter gedacht und darin hatte der Gedanke
mit der Pfeifferischen Germania Aehnlichkeit, die ein Dutzend
Jahre später ins Leben getreten ist. Der Plan war aber
viel zu umfassend und ein Verleger hat sich, sehr begreiflicher
Weise, nicht finden lassen.

Mehr Früchte hat die poetische Thätigkeit getragen,
die sich an die Stelle der wissenschaftlichen gedrängt hat.
Eine seltene Feinfühligkeit für das Poetische war schon aus
Kauslers kritischen Arbeiten zu erkennen, und die sprach=
liche Darstellung ist durchaus mit künstlerischem Sinne ge=
tränkt. Allein von eigener Dichtung ist bis in die vierziger
Jahre nichts zu finden. Nur eine Anzahl von lyrischen
Gedichten habe ich vor mir gehabt, deren keines den Weg

in die Oeffentlichkeit gefunden hat. Sie sind etwas farblos
und meistens in der Weise der jüngeren Romantiker ge=
halten; der Einfluß Uhlands und der englischen Balladen ist
unverkennbar. Schon im Jahr 1841 aber muß Kausler sich
der erzählenden Poesie zugewandt haben und ihr ist er auch
am treusten geblieben. Ein paar andere Plane flogen ihm
durch den Kopf: 1843 redet er von einem schwäbischen Volks=
stück in der Form des Singspiels, worin die Zusammen=
kunft Prinz Eugens und Marlboroughs im Lamm in Groß=
Heppach mit verschiedenen Lokaltypen komisch dargestellt
werden sollte; der Plan ist an Hermann Kurz abgetreten
und von ihm liegen gelassen worden. Ebenso flüchtig taucht
ein Jahr später der Gedanke auf, die Metamorphosen des
Apulejus als Kinderlektüre zu behandeln. Aus den Er=
zählungen aber ist etwas geworden. Um das Jahr 1850
hatte Kausler ihrer so viele beisammen, daß ein bescheidener
Band damit gefüllt werden konnte. Er wählte den einfachen
Titel „Erzählungen"; ob er seinen Namen nennen sollte,
darüber schwankte er, dann wollte er den Namen „Ludwig
Rudolf" wählen; es war das ja eine deutliche Huldigung
für Tieck, der wie geistig so auch durch diese Benennung
Pate stehen sollte; aber konnte das nicht auch als eitle An=
maßung mißdeutet werden? so wurde schließlich der Titel
„Erzählungen von K. Rudolf" gewählt. Unter ihm erschien
die Sammlung 1851 bei Krabbe in Stuttgart als ein dünnes
Bändchen. Es sind neun Novellen, von denen zwei in
Versen sind, die andern in Prosa, aber zum Teil mit ein=
gestreuten Gedichten geschmückt, die bald in der schlichten

Art Uhlandiſcher Lyrik und Balladenpoeſie gehalten ſind,
bald reichere, kantatenartige Formen zeigen; ich möchte ver=
muten, daß auch ein Muſiker ein paar davon brauchen könnte,
ſie ſind ganz muſikaliſch gedacht und ſcheinen zur Kompo=
ſition einzuladen. Die Gegenſtände der Erzählungen ſind
mannigfaltig genug; frei erfunden iſt höchſtens die moderne
Geſchichte „Die freundlichen Brüder", eine Schilderung aus
der gebildeten Geſellſchaft, in edlem, weltmänniſchem Tone;
das Motiv entſagender Neigung möchte aber doch wohl den
eigenen Herzenserlebniſſen des Dichters entſprungen ſein.
Noch zweimal kehrt dieſes Motiv wieder, in der erſten No=
velle „Das Feſtgedicht", in das Gewand der italieniſchen
Renaiſſance gekleidet, und in der Erzählung „Maanis Leichen=
feier", welche ebenfalls in Italien ſpielt, zugleich aber mit
dem fremdartigen Reize orientaliſcher Romantik zu wirken
ſucht. Bei der letztgenannten Erzählung mag Kausler auch
an ſeinen Mögling gedacht haben, denn ſie handelt von einem
Boten des Evangeliums im Orient, der dort ſeine Frau ge=
wonnen und verloren hat. Mittelalterliche Romantik be=
herrſcht die Erzählungen „Zwei Geſichte", einer deutſchen
Rittergeſchichte von der Untreue und Bekehrung eines vor=
nehmen Mannes nacherzählt, und „Die Bettlerstochter",
worin die Geſchichte von der Verbannung und Rückkehr
des Königs David Bruce erzählt wird. Dieſe Rittterge=
ſchichten haben ihre Zeit gehabt und werden wohl nicht ſo
bald wieder in Aufnahme kommen; mit mehr poetiſcher
Schönheit als in dieſer ſchottiſchen Geſchichte können ſie
nicht wohl vorgetragen werden. Die in reimloſe Jamben

gefaßte Skizze „Schloß Felseck" hat nach einer brieflichen
Angabe Kauslers ihr Lokal im württembergischen Enzthal,
ein paar Stunden von Perouse entfernt; es sind roman=
tische Ideen, wie sie in dem Besucher einer Schloßruine
aufsteigen und sich zu einer kurzen Familiengeschichte ver=
dichten, in der — für Kausler ganz bezeichnend — der
durch die Glaubenstrennung entstandene Familienzwist die
Hauptrolle spielt. Ein niedliches, schillerndes Ding ist „Die
Ringeltaube", in mittelalterlichen Reimpaaren: eine zier=
liche, halb märchenhafte Tiergeschichte; man möchte denken,
es sei eine Art von Selbstbekenntnis des Dichters: der
Einsiedler, der sich müde aus der Welt zurückziehen will,
sieht, wie auch in der Natur der Kampf feindlicher Gewalten
tobt und die Hilfe guter Freunde sich geltend machen kann,
und wird so getrieben, in die Welt zurückzukehren. Für
die zwei bedeutendsten, zugleich auch die modernsten, unter
den Erzählungen halte ich „Massingers Begräbnis" und
„Das schwarze Schloß". Man kann, wenn man will, beide
als eine Art von Konfession ansehen. Die erste Novelle
erzählt, wie nach Philipp Massingers Tode Chapman, sein
Arzt und Freund, die Lebenserinnerungen des Toten liest
und hier eine Tragik findet, die er nicht erwartet hatte:
die Tragödie eines Mannes, der ohne tiefgewurzeltes Genie
Verse machen und Empfindungen darin heucheln muß, damit
Weib und Kinder leben können; als Satyrspiel kommt hinzu,
wie ein vornehmer Herr, der dem Leichenzug des armen
Poeten begegnet, in der Gönnerlaune die würdigsten Exe=
quien auf den folgenden Tag bestellt, um alsdann — nicht

zu erscheinen, so daß die Reste des Armen fast heimlich
eingescharrt werden müssen. Ich wüßte nicht, wo das Elend
des Poetentums ergreifender und doch mit einem so ver=
söhnlichen, wehmütig lächelnden Zuge gezeichnet wäre wie
hier. Die Lokalfarbe ist aufs schönste getroffen; vielleicht
aber erhält die ganze Erzählung doch noch einen andern
Hintergrund, wenn man sich erinnert, daß ihr Verfasser,
begabt mit der feinsten Empfindung, aber nicht mit der
Fertigkeit, nach der Elle zu arbeiten und sich durch Reklame
zur Geltung zu bringen, selber eine Zeit lang gedacht hatte,
von dem Ertrag seiner Feder zu leben, und nun mit einem
Seufzer der Erleichterung darauf zurückblicken mochte. Das
„Schwarze Schloß“ ist die längste, die in sich reichste und
für die Person des Verfassers interessanteste der neun No=
vellen. Der äußere Umriß der Erzählung und manches
Einzelne ist dem Leben des Okkultisten Cornelius Agrippa
von Nettesheim entnommen, insbesondere dem zehnten Briefe
seines ersten Briefbuchs. Agrippa, der von sich selbst er=
zählend eingeführt ist, berichtet wie er um das Jahr 1507
in Montpellier die Magie studiert, dort in die Gesellschaft
eines königlichen Gouverneurs kommt, dessen Schloß gegen
aufständische Bauern verteidigt und endlich, durch das Treiben
anderer Adepten an der magischen Kunst irre gemacht, sich
rasch nach Hause wendet, um die Stelle eines Kölner Stadt=
arztes als Nachfolger seines eben verstorbenen Vaters an=
zutreten. Manche der prächtigen konkreten Züge der Er=
zählung stammen aus dem Original, ebenso viele andere
von Kausler selbst. Was aber die Erzählung besonders

wertvoll macht, ist, daß sie voll von persönlichen Bekennt=
nissen ist. Es sind verschiedene Persönlichkeiten geschildert,
die jedenfalls nur dem Namen nach — und das auch nur
teilweise — aus Agrippas Briefen entnommen sind, in
Wirklichkeit aber Mitglieder des studentischen Kreises dar=
stellen, der sich in Tübingen um Kausler gebildet hatte.
Hermann Kurz hat das ganz ausdrücklich bezeugt, wenn er
auch sich selbst und seinem „Wirtshaus gegenüber" großes
Unrecht anthat, indem er 1857 in der an Kausler gerich=
teten Widmung des ersten Bandes seiner Erzählungen schrieb:
Kausler habe in dieser Novelle gezeigt, „daß man den Stu=
denten des neunzehnten Jahrhunderts nur dann erträglich
schildern kann, wenn man ihn geradezu um dreihundert
Jahre älter macht". Aber es ist Kauslern zweifellos nicht
eingefallen, in dieser Travestierung studentischer Erinnerungen
den Schwerpunkt des Ganzen zu finden. Die Erzählung
hat eine viel tiefere persönliche Bedeutung. Wer ist dieser
Zögling der Magie anders als der Verfasser selbst, der es
auch mit dem akademischen Betrieb der höchsten und ge=
heimsten Wissenschaft hat versuchen wollen und nun, nach
dem Auf= und Abwogen zwischen der Begeisterung des
Schülers und den Zweifeln des ehrlichen Menschen, eines
Morgens dem Mystagogentum den Rücken wendet und, mit
einem tiefen Atemzug sich die Stirne wischend, klaren Auges
in die von dem ehrlichen Tagesgestirn beleuchtete Landschaft,
in das schlichte Leben des praktischen Berufes hineinmarschiert?
Es ist das Zeichen des wahren Poeten, daß uns diese per=
sönliche Beziehung nirgends aufbringlich entgegentritt, son=

bern daß die Erzählung gelesen und genossen werden kann
auch von dem, der von diesen persönlichen Zusammenhängen
keine Ahnung hat; von sich selbst hat der keusch sich ver-
hüllende Dichter nur so viel gegeben, als erforderlich war,
der Erzählung die innere, pulsierende Wärme der subjektiven
Wahrheit zu geben.

Die Stärke dieser Novellen insgesamt ist nicht die Erfindung, des rohen stofflichen Reizes entbehren sie ganz.
Man muß sich schon entschließen, Novellen als künstlerische
Erzeugnisse und als Manifestationen des Seelenlebens eines
Dichters, nicht als Unterhaltungslektüre aufzufassen, wenn
man diesen näher kommen will. Dann wird man aber belohnt werden. Dann offenbart sich nicht nur ein sinniges,
zart und doch stark empfindendes Dichtergemüt, sondern
auch eine Fülle von Schönem in der Darstellung. Die
Sprache fließt in reinem Ebenmaß dahin und ist von einer
milden, gleichmäßigen Wärme beseelt. Es ist wohl selbstverständlich, daß derartige Erzählungen nicht für den großen
Markt sein können. Aber es kommt weiter hinzu, daß sie
in ihrer ganzen Art durchaus der romantischen Gattung an-
gehören, mit keinem andern Dichter mehr Verwandtschaft
zeigen, als mit Tieck. Es zeigt sich da ein eigentümlicher
Widerstreit zwischen dem kritischen Verstand und dem Dichter-
herzen, wie er bei solchen allzufein organisierten Naturen
oft vorkommt und ihren Erfolg in der Oeffentlichkeit be-
einträchtigt. Der Kritiker Kausler hatte schon ein Dutzend
Jahre früher gesehen, daß die Zeit der Romantik um war,
daß die Welt denjenigen gehörte, die ihre Dichtung in den

Dienst der Zeit stellten, und er hatte es an Immermann gerühmt, daß er zur Darstellung des Volkslebens übergegangen war. Der Dichter Kausler war ganz im alten romantischen Lande geblieben; wenn er im „Schwarzen Schloß" sagt: „Auch jetzt schwankte ich, wie in frühester Jugend, zwischen dem Verlangen nach der weitesten Ferne, um alle Wunder der Natur zu schauen, und zwischen dem Vorsatz, mich einsiedlerisch in ein enges Gebirgsthal abzuschließen, denn es war mir oft, die Natur könne auch hier dem andächtigen Forscher ihre ganze Herrlichkeit offenbaren, ja, die Ruhe der Betrachtung sei nur in einem solchen Leben zu finden", so ist das gut romantisch, auch Jean-Paulisch, vor allem aber gut schwäbisch. Daß bei solchem Schwanken der endliche Entschluß nur auf die zweite Seite fallen kann, sich in das Gebirgsthal einzuschließen, versteht sich von selbst. Es ist schon diesem und jenem unserer schwäbischen Landsleute in seiner Weltfremdheit widerfahren, mit den edelsten Erzeugnissen seines Geistes zu spät ans Tageslicht zu treten; welches Aufsehen würden die gelehrten Arbeiten Uhlands gemacht haben, wenn sie nicht, mit Ausnahmen, erst nach seinem Tode der Welt bekannt geworden wären! Die Zeit, welche Tiecks, Armins, Brentanos Erzählungen genoß und liebte, würde auch für K. Rudolf ein Plätzchen gehabt haben, ein bescheidenes, aber kein unrühmliches. Denn an Weite und Feinheit der Bildung steht er jenen Geistesverwandten mindestens gleich. Eine spätere Zeit, die vom Dichter verlangte, daß er ins moderne Menschenleben greifen, das Volk bei der Arbeit zeigen solle, fand den Weg in das stille Ge-

birgsthal nicht mehr. Einige der Besten nahmen wahr, daß
hier ein dem Meister Ludwig nicht unebenbürtiger Erzähler
aufgetreten war; aber es waren wenige. Als Heyse und
Kurz zwanzig Jahre später ihren deutschen Novellenschatz
herausgaben, wollten sie das Schwarze Schloß darin auf=
nehmen; eine Umarbeitung des Schlusses wurde gewünscht;
Kausler, schon leidend geworden, kam nicht mehr dazu, hat
sich wohl auch gescheut, den intim persönlichen und nur so
verständlichen Inhalt des Schlusses preiszugeben. So blieb
die Novelle und mit ihr die ganze Sammlung in ihrer Ver=
gessenheit.

In der Einsamkeit des armen Waldenserdorfes hat
Kausler zehn Jahre gewirkt, er hat dort das Volk kennen
und lieben gelernt. Auf die Länge konnte ihm die ärm=
liche Stellung nicht genügen. Aber in eine große Wirk=
samkeit, in einen der Orte an der großen Heerstraße und
nahe der Residenz wollte er nicht: „man ist in diesen größeren
Orten des Unterlandes genötigt, mit allen neu vorgeschlagenen
geistlichen Komödien eine Probe zu machen". Es gelang
ihm, im Herbst 1854 eine neue, seinen Wünschen durchaus
entsprechende Pfarrstelle in Stötten bei Geislingen zu be=
kommen. Das Dorf liegt hoch oben auf der Alb, in frischer
Luft, wie sie für Kauslers Konstitution paßte, vom Verkehr
entfernt; die Gemeinde war ruhig und geordnet; der Dekan
in Geislingen ein früherer Lehrer Kauslers, ein Mann der
aristokratischen Bildung und Sitte, ein liebenswürdiger,
humaner Vorgesetzter seiner Pfarrherren. Kausler war in
Stötten wieder beinahe zehn Jahre. Sein Amt war an=

genehm und ließ ihm zu freier geistiger Beschäftigung Zeit.
Den engsten Kreis der Thätigkeit, Haus und Dorf, hat
er nicht oft verlassen. Seiner zarten Konstitution war größere
körperliche Anstrengung weder ein Bedürfnis noch eine Wohl=
that, im Gegensatze zu seinem wohl kaum viel robusteren
Bruder, den fast jeder Sommer irgendwo im Hochgebirge
umherklettern gesehen hat. Aber einsam war er nicht.
Die Schwester und die Nichte, oft auch die Neffen, teilten
sein Haus nicht nur, sondern auch seine geistigen Interessen.
An Besuch von Freunden fehlte es nicht, von alten wie
Kurz oder Seeger und von neu erworbenen. Wie wohl
es einem unter seinem gastlichen Dache werden konnte, habe
in etwas späteren Zeiten ich selbst als angehender Jüng=
ling erfahren dürfen. Manches anspruchsvollere und ge=
räuschvollere Haus hat weniger Geist beherbergt, als das
Pfarrhaus in Stötten. Vor allem war Auerbach, wie schon
in Perouse (oder Waldhausen, wie er es nennt), ein fleißiger
Gast; er ist in seinen Briefen an Jakob Auerbach nicht
müde geworden, das Lob Kauslers zu verkündigen: „Mir
thut sein Wesen wahrhaft wohl, wie die frische Albluft hier,
und wir liegen mit einander im Walde oder schauen von
Höhen in das Berggewimmel. Das Haus ist eine wahre
Friedensinsel, und schon das Dasein eines solchen Friedens=
hauses in einem Dorfe ist die beste Kirche und Heilslehre".
Auch für seine eigenen Werke hat Auerbach, wie er selber
angibt, manches aus dem Umgang mit Kausler geschöpft.
Man weiß ja, wie begierig er überall herum hörte, inte=
ressante Angaben, geistreiche Ausdrücke auffing und seiner

Brieftasche einverleibte. Auch mit mancher aus dem Leben
geschöpften Beobachtung konnte Kausler seinem Freunde die=
nen. Die von ihm gegebene Idee eines Bauern-Lear hat
Auerbach nicht ausgeführt, aber dieses und jenes andere.
Das rührende Motiv im „Barfüßele", daß die Kinder am
Hause der toten Eltern anklopfen, stammt aus einer wirk=
lichen Begebenheit in Perouse, welche Kauslers Schwester
erzählt hatte; ja ich erfahre, daß das Barfüßele selbst ein=
mal bei ihm Pfarrmagd gewesen sei. Am meisten Bezie=
hungen hat Kausler zu „Joseph im Schnee" gehabt. Die
ganze Geschichte von dem im Schnee verirrten Kinde stammt
aus Perouse, wo ein Kind im Wald verirrt und erfroren
war; die schönen Verse, die Kausler als Inschrift auf das
Grab dieses Kindes gedichtet hatte, hat Auerbach seiner Er=
zählung vorangestellt; noch mehr: der Pfarrer, der in der
Geschichte eine Hauptrolle spielt, der einzige protestantische
Geistliche, den Auerbach, in katholischer Umgebung aufge=
wachsen, in seinen Dorfgeschichten geschildert hat, ist das
treue Abbild Kauslers — nur daß dieser nicht Weib noch
Kinder hatte. Er lebte in Stille und Treue seinem Beruf;
zum gewaltigen Donnerer, zum auserlesenen Kirchenmann
war er nicht geboren — er dachte wohl an die Bibelstelle
vom Sturmwind, vom Erdbeben, vom Feuer und von dem
sanften Säuseln, in dem der Herr war. Seinem echten
Christentum hätte Niemand am Zeug flicken können; aber
von Dogmatismus, von Bekenntnischristentum, von Metho=
dismus war gar nichts in ihm. Wenn er in seinen Briefen
dem Unwillen über das laute und vorlaute Christentum und

Kirchentum Ausdruck gibt, auf das noch immer Lessings
Wort paßt, daß man am meisten von dem redet, was man
am wenigsten hat; so geschieht es nicht viel anders, als
Auerbach seinen Pfarrer sprechen läßt: man hat ihm die
erste offene Stelle versprochen — „Es wäre mir erwünscht,
den Eltern nahe zu sein, und ich habe auch oft einen wahren
Durst nach guter Musik; aber ich tauge nicht in die neue
Orthodoxie und in das Aufpassen, ob man auch streng kirch=
lich predige. Und da ist unter meinen Amtsbrüdern ein
ewiges Gesorge für das Seelenheil der Pfarrkinder, ein
gegenseitiges Rezepte=geben, das viel von Prahlerei hat.
Es ist damit, wie mit der Erziehung; je weniger von Er=
ziehung Eltern anwenden, um so mehr wissen sie sehr ge=
scheid davon zu sprechen. Seid brav, und ihr erzieht ohne
viel Kunst und ohne beständige Angst und Fürsorge eure
eigenen Kinder und eure Pfarrkinder. Ich weiß, ich stehe
auf dem Boden der reinen Lehre, soweit meine Kraft reicht.“
Wenn man die Bezeichnung eines „Stillen im Lande“ ihres
pietistischen Beigeschmacks entkleidet — denn alles Pietistische,
Sektiererische, Konventikelmäßige war ihm als banausisch,
als unbescheidene Ueberhebung zuwider —, so paßt sie auf
Kausler vortrefflich, der in aller Stille und Treue seines
Amtes waltete und es nicht liebte, mit täppischer Hand in
das innere Leben anderer hinein zu greifen.

Er selbst wäre am liebsten in dem kleinen, geordneten
Albdorfe geblieben. Die Geschwister in Stuttgart wünschten
aber, daß er in größere Nähe zu ihnen zöge; denn Stötten
war nur in einer Tagreise zu erreichen. So übernahm

Kausler im September 1863 die Pfarrei in Klein=Eislingen
bei Göppingen, in dem anmutigen Filsthale, im Angesicht
des Rechbergs, der zu den Fenstern herein grüßte; ein
freundlicher, wohlgepflegter Garten umgab das Pfarrhaus.
Aber die Gemeinde war sechsmal so groß als Stötten; es
fehlte nicht an Fabrikbevölkerung, nicht an einer großen
Menge von Kindern, die dem zarten, alternden Mann viel
Mühe verursachten. Seine Kräfte sind wohl dadurch noch
rascher verbraucht worden. Es fiel in die Eislinger Jahre
viel Aufregendes im öffentlichen Leben; namentlich die Um=
wälzungen und Kriege, die im Laufe von acht Jahren schließ=
lich zur Gründung des neuen deutschen Reiches geführt
haben. Kausler war ein Mann des Beharrens und des
friedlichen Ausreifens, nicht des Handelns. Er gehörte zu
den unpolitischen oder antipolitischen Naturen, welche in ihrer
menschlichen, moralisch=ästhetischen Betrachtung der Dinge
durch lebhafte Bewegungen und Aenderungen der Weltlage
gestört und gereizt werden; ein Idealist im Reiche des Geistes,
trug er, wie Lessing, diesen Idealismus nicht etwa auf die
Dinge des politischen Lebens über, sondern war schon früh
geneigt, sich diesem als etwas Uneblem, Unreinem gegenüber
zu stellen, als einer wüsten Bewegung der niederen Elemente,
vor der man froh sein muß sich zu Calderons und Lopes
Poesie flüchten zu können. Solche Geister — und es sind
in der Regel die feinsten — werden stets in der Opposition
sein, wenn auch in keiner lauten und thätigen, so doch in
einer um so verstimmteren latenten. Es kam hinzu, daß
Kausler nach seiner ganzen Art zu empfinden mehr Sym=

pathie für Oesterreich als für Preußen empfinden mußte.
So trieben die Ereignisse der sechziger Jahre ihn nur immer
mehr in sich selbst zurück. Auch an der Entwicklung der
kirchlichen Dinge hatte er keine Freude; mit all den Neu=
organisationen zur Stärkung des kirchlichen Lebens werde
doch die Kraft nicht gewonnen, welche der katholischen Kirche
in ihrer festen, alten Gliederung innewohne; die Persönlich=
keit und Innerlichkeit des religiösen Lebens aber, in deren
Hochhaltung er der allerentschiedenste Protestant war, leide
unter solcher Veräußerlichung und es werde einem vielge=
schäftigen Banausen= und Strebertum die Bahn bereitet,
das „Göttliches wie ein Gewerbe treibt", um mit Hölderlin
zu reden. Für das Verhältnis der Konfessionen kannte er
keine andere Richtschnur als die Lessingische: „Es eifre jeder
seiner unbestochnen, von Vorurteilen freien Liebe nach".
Er hat es erlebt, daß infolge der Gründung des deutschen
Reiches der Gegensatz der Konfessionen sich verschärfte; die
schlimmsten Auswüchse des Konfessionalismus zu schauen ist
ihm erspart geblieben.

In die ersten Jahre von Stötten fällt ein Versuch
Kauslers auf dem dramatischen Gebiete. Er äußerte selbst,
er sei einmal in die dramatische Form verliebt und lese
alles, was an neuen Dramen erscheine; freilich sei schon
lange nichts halbwegs Erträgliches erschienen. Als die Er=
zählungen bald fertig gedruckt waren — es muß im Winter
von 1850 auf 1851 gewesen sein —, schrieb er an seinen
Bruder: „Ich möchte gerne den Winter noch etwas Größeres,
von meinen dramatischen Entwürfen einen anfangen, wahr=

scheinlich den Prinzen von Trapezunt, von dem ich dir ja schon gesagt habe". Im Jahre 1857 erfährt man mehr davon. Kaußler hatte das Manuskript des Dramas ins Reine gebracht und es auf Auerbachs Drängen an ihn nach Dresden geschickt. Auerbach bot es einem Verleger an, der aber erklärte, er könne aufgeführte Stücke nicht nehmen, weil sie nicht bekannt genug würden; ebenso lehnte Krabbe den Verlag ab. Schade: es hätte sich gelohnt, die Freunde edler Poesie damit bekannt zu machen. Ich habe das Manuskript vor mir gehabt. Der Titel heißt: „Ein Kaiserhaus, Drama in fünf Aufzügen von K. Rudolf". Der Stoff ist der Geschichte des mittelalterlichen Kaisertums Trapezunt entnommen, und Kaußler dürfte durch seine mit dem Wilhelm von Tyrus zusammenhängenden Studien darauf verfallen sein; ich habe aber seine Quelle nicht ausfindig machen können. Der Inhalt ist dieser. Malchus, der Kanzler des Kaisers Alexius von Trapezunt, hat dessen Sohn Demetrius beseitigt, um seinem eigenen Sohn Lucian auf den Thron zu helfen. Lucian soll zum Thronfolger ernannt werden, und um das zu beschleunigen, hat Malchus einen falschen scythischen Kriegslärm erregt. Demetrius, gerettet, kehrt heim. Er wird vom Vater erkannt, aber beide sind tief enttäuscht: der Vater macht sich Vorwürfe, den Sohn, ehe sein Tod bewiesen war, vergessen zu haben, der Sohn ist niedergedrückt von der Empfindung, daß ein Mensch so ganz vergessen und ausgewischt sein könne. Dem Vater redet sein Beichtvater, dem Sohn die Schwester Irene zu; beide wollen sich einander nähern, der Sohn, erschüttert, läuft davon, der

Vater stirbt. Demetrius verfällt völliger Schwermut und
verschwindet von der Bühne. Malchus will seinen Sohn
überreden, diese gute Gelegenheit zur Erringung des Thrones
auszunutzen. Lucians gerader Sinn verschmäht das. Die
Intrigue des Kanzlers wird durch einen zufälligen Zeugen
der Unterredung ruchbar. Das Volk ist wegen der Feindes=
gefahr in Angst. Malchus zieht sich in ein Kloster zurück,
der Meinung, das Volk werde ihn als Erretter daraus holen.
Das Volk schart sich aber um Lucian und bringt vor den
Palast, um Demetrius als König herauszuholen. Demetrius
erwacht aus seinem Seelenschlummer und wird freudig be=
grüßt. Den scythischen Gesandten stellt er die Wahl zwischen
Vernichtungskrieg und ehrlichem Bündnis gegen den Islam;
sie wählen das Letztere. Malchus kommt reuig. Lucian
und Irene werden einander anverlobt. — Die Verkettung
ist nicht ganz fest und sicher. Man weiß bei Malchus nicht
recht, wo der Schurke anfängt. Die psychologischen Situa=
tionen zwischen dem Kaiser und seinem Sohne sind sehr
wahr; aber das nachherige Erwachen kommt etwas als
deus ex machina. Die Charakterzeichnung ist nicht sehr
dramatisch, das Ganze mehr lyrisch=beschaulich; auch eigent=
lich lyrische Partien von wirklicher Schönheit finden sich.
Die Sprache ist edel, ohne Phrase, aber auch ohne hin=
reißende Kraft; dem Erzähler und Lyriker gehorchte sie mehr
als dem Dramatiker. In den populären Scenen herrscht
Prosa, in den meisten der Jambus — aber nicht fünf=,
sondern vierfüßig. Das ist ein echt romantischer Tick und
wohl auch etwas Opposition gegen Schiller, den Kanzler

nicht liebte; dieses Versmaß ist für die Entwicklung eines
tragischen Pathos zu kurz — und ohne das echte Pathos
an der rechten Stelle keine tragische Wirkung! Dagegen
ist manche schöne Situations-, Natur- und Seelenmalerei
gelungen. Der hochgebildete Mann ist nicht zu verkennen,
der überall her schöpft: aus der Bibel, aus der Antike, aus
Shakespeare, aus Goethe, aus der Romantik, alles ohne
schülerhafte Nachahmung, aber auch ohne durchschlagende
Wirkung. So ist es denn auch nicht eben zu verwundern,
daß die Versuche, das Stück auf einer Bühne anzubringen,
welche Auerbach in Stettin, Eduard Kausler in Stuttgart machte, gescheitert sind; seine Vorzüge sind am aller-
wenigsten theatralischer Art, und es würde ihm bei einer
etwaigen Aufführung schwerlich anders ergangen sein, als
dem in geistiger Hoheit mit Kausler verwandten Notter mit
seinen Johannitern, die die Bühnenprobe kein zweites Mal
gemacht haben.

Es sind mir noch zwei andere dramatische Pläne Kauslers bekannt, die beide unausgeführt geblieben sind. In
seinem Nachlaß befindet sich ein kleines Konvolut von Entwürfen zu einem fünfaktigen Lustspiel „Zufall und Gemüt",
das in der modernen Aristokratie an einem Badeorte spielen
sollte. Man kann an das in der Nähe von Stötten ge-
legene Bad Eybach denken, das den Grafen von Degenfeld
gehörte und wo Kausler aus- und einging. Die erhaltenen
Notizen sind aber zu unvollständig, um einen Schluß auf
den gesammten Plan zuzulassen. Zu Anfang des Jahres
1870 spricht ein Brief an Eduard von einer ganz anderen

Idee, einer „anti-antiken" Behandlung des Märchens von
Psyche und Cupido. „Gott Eros erfleht für sie Unsterblichkeit.
Der Vater der Götter will diesen Wunsch gewähren, wenn
sie selbst darnach verlangt; geschieht dies aber, so ist ihr
Glück verschwunden, sie muß im Elend umher irren, bis
sie die ihr auferlegte Prüfung bestanden hat. Diese besteht
darin, daß ihr, während sie in der tiefsten Verzweiflung ist,
ein Mittel angeboten wird, wodurch sie ihr höheres Leben
vergißt und wieder ins bescheidene Menschenleben zurücktritt.
Als sie dieses verschmäht und lieber elend sein, als ihres
einstigen Glückes vergessen will, wird sie der Aufnahme in
den Himmel für würdig erklärt. Ich habe mir daraus den
Plan zu einem kleinen dreiaktigen Drama entnommen, das
in einigen Stunden verläuft und nur drei Personen hat,
Psyche und ihre zwei Schwestern, von denen die eine
Priesterin der Abrastea, die jüngere dieser für einige Jahre
für den Dienst der Göttin beigegeben ist. Am Schlusse
dann die Göttin selbst und im Hintergrunde in priesterlicher
Kleidung die andern Götter. Das Stück würde am Vorabend des Festes der Abrastea spielen. Die ältere Schwester
wäre die herbe, um schmerzlicher Erfahrungen willen resig-
nierte Priesterin, die jüngere ein liebevolles Weltkind. Der
Hauptinhalt der Gespräche würde der Streit Psyches mit
der Priesterin sein, welche ihre Schwester, wie Hiobs Freunde
diesen, für eine Sünderin erklärt und sie sich demütigen
heißt, während Psyche auf ihrer Unschuld besteht und die
Götter der Ungerechtigkeit anklagt." Wem fallen dabei nicht
Herders Paramythien und, was den Grundgedanken, die

innere Dialektik der Idee betrifft, Goethes Faust ein?

Diese Umwandlung einer antiken Erzählung erinnert an eine andere, die schon älteren Datums ist. Es war oben von Kauslers Beziehungen zu Auerbach die Rede. Wie Auerbach durch Erlebnisse und Eindrücke in Kauslers Hause mehrfach beeinflußt war, so hat umgekehrt er den Freund gelegentlich vermocht, aus seinem Stillschweigen hervorzutreten und ihm kleine Arbeiten für Zeitschriften, mit denen er in Verbindung stand, zu schicken. So schreibt Auerbach am 11. November 1857 an Kausler, er habe den „Liebes= apfel" in das „Frankfurter Museum" gegeben. In dieser Zeitschrift ist aber kein derartiger Beitrag zu finden. Dem Titel nach kann wohl nichts andres gemeint sein, als das Gedicht, das 1863, ohne Kauslers Wissen und Wollen, unter der Ueberschrift „Der Apfel" in Ludwig Seegers Deutschem Dichterbuch abgedruckt worden ist. Es ist eine freie Bearbeitung zweier Heroiden des Ovid, welche die Geschichte des Acontius und der Cydippe erzählen, in reim= losen spanischen Trochäen. Der Brief des Acontius ist be= deutend gekürzt, die Antwort der Cydippe, von der bei Ovid nur zwölf Verse überliefert sind, weiter ausgesponnen zu der rührenden Herzensgeschichte eines Mädchens, das der Gewalt seiner Neigung nicht länger zu widerstehen vermag. Später noch hat Kausler ein paar Beiträge zu Auerbachs eigenen Veröffentlichungen gestiftet. In Auerbachs Volks= kalender auf das Jahr 1863 steht eine kurze, rührende Ge= schichte von einem armen Juden, im kleinen eine wirkungs= volle Toleranzpredigt: „Lederherz (aus den Erinnerungen

des Pfarrers vom Berge)". Sie ist bestimmt von Kausler,
während man von den zwölf kleinen Skizzen aus dem
Volksleben, welche schon in dem Jahrgang 1858 als „Aus
dem Gedenkbuche des Pfarrers vom Berge" standen, wohl
eher annehmen darf, daß sie ihrem Inhalt nach von Kausler
stammen, die äußere Form aber von Auerbach dazu gegeben
ist. In den „Deutschen Blättern", die Auerbach als Bei=
lage zur Gartenlaube herausgab, steht 1863 aus Kauslers
Feder der Aufsatz: „Ludwig Uhland als Lehrer. Eine
Mitteilung aus Schwaben". Es war die erste Mitteilung,
durch welche die Welt etwas Genaueres über Uhlands kurze,
glänzende Lehrthätigkeit erfuhr. Ich will einen Satz aus=
heben, nicht weil er für den Schreiber besonders bezeichnend,
sondern weil sein Inhalt nicht ohne Interesse ist: „Uhlands
Dichterruhm hatte in langsamem, aber unaufhaltsamem
Wachstum draußen im Reich eben seine volle Höhe erreicht
und drang nun von außen in seine schwäbische Heimat ein.
Dort waren bis gegen Ende der zwanziger Jahre Uhlands
Gedichte in wenigen Häusern zu finden. Aber jetzt brachten
die Studierenden, die nach dem deutschen Norden gepilgert
waren, um Savigny oder Schleiermacher und Hegel zu hören,
die Kunde mit, daß Uhland der trefflichsten Dichter einer
sei". Ob Kausler noch andere Arbeiten durch Auerbach
in die Oeffentlichkeit gebracht hat, weiß ich nicht, es kann
bezweifelt werden.

Dagegen ist es höchst wahrscheinlich, daß ein „Märchen"
Kauslers, das im Jahre 1865 brieflich erwähnt ist und
dessen Veröffentlichung er nicht wünschte, weil er aus aller

Verbindung mit der Oeffentlichkeit sich zurückgezogen habe, dasselbe ist mit demjenigen, das er für Auerbachs Sohn Rudolf verfaßt haben soll, und mit demjenigen, das sich vollständig im Nachlasse vorfindet. Es führt den Titel „Zauber um Zauber" und behandelt, in demselben Vers= maß wie der „Liebesapfel", eine Episode aus der Geschichte des Zauberers Merlin, von seiner Liebe zu der schelmischen Ninyane. Ich kann nicht umhin — abgesehen von dem nicht recht befriedigenden, etwas allzu geistreichen Schlusse — es mit Hermann Kurz, der es zu lesen bekommen hatte, ganz reizend zu finden: „es spielt so einfach anmutig und geistreich, daß ich lange nichts so Heiteres gelesen habe". Die hypochondrischen Bedenken des Dichters können für uns nicht mehr maßgebend sein. Ich bringe das Märchen unten zum Abdruck und hoffe, den Freunden romantischer Poesie damit Freude zu machen.

Die letzten Jahre von Kauslers Leben waren durch schwere Verluste der nächsten Angehörigen getrübt. Im Mai 1870 starb die eine der Stuttgarter Schwestern nach qualvollem Krankenlager. Die Erregung der Kriegszeit und ihre Er= folge konnten ihn aus seiner Zurückgezogenheit wenig mehr aufstören. Er selbst begann zu kränkeln; er hatte ja, ohne ernstlich krank gewesen zu sein, oft schon diese und jene Uebel zu beklagen gehabt. Nachdem er bereits im Sommer 1871 wegen neuralgischer Beschwerden einen Urlaub genommen hatte, brach im Oktober 1872 eine lange vorbereitete, aber zuvor nie erkannte Krankheit der Nieren plötzlich bei ihm aus. Während er auf dem Kirchhof einem Kinde die Leichen=

rede hielt, versagte ihm auf einmal die Sprache. Er brach ab und ging heim. Das Bewußtsein hat er nie verloren, der Geist blieb völlig klar, aber im Gebrauch der Sprache blieben schwere Störungen, die den Verkehr mit andern sehr erschwerten und sich nur langsam besserten. Er mußte sich eines Vikars bedienen und hatte das Glück, nach einander zwei Männer von künstlerischem Sinne zu Gehilfen zu bekommen, die es sich nicht verdrießen ließen, die Schwierigkeiten des Verkehrs zu überwinden, um durch reiche Anregung und Förderung ihres inneren Lebens belohnt zu werden. Noch immer muß der Mann, den ich nur in gesunden Tagen gekannt habe, einen mächtigen Zauber ausgeübt haben, wie ihn nur derjenige ausüben kann, der mit großer Geistesbildung die unverwüstliche Schönheit der Seele verbindet. Ich will nur die Worte hersetzen, die mir einer seiner Gehilfen geschrieben hat. Kausler hatte es gerne, wenn man bis Mitternacht bei ihm saß, weil er, schon in früheren Zeiten ein später Zubettgeher, nicht eher einschlafen konnte; „es sind mir die Abende wieder lebendig geworden, wo ich bei seinem guten neuen Fellbacher bei dem in seinem einfachen Rohrsessel gebeugt dasitzenden Mann mit dem feinen Profil, der hohen, edlen Stirn, dem geistvoll aufblitzenden Auge saß, dessen lebhaftes und zartes Empfinden eine oft hastige, stürzende Art zu sprechen und ein häufiges Erröten bis unter die Haarwurzeln verriet: ein Goethe-Prophet mit einem Schillerkopf". Die Aehnlichkeit mit Schiller war schon vor langer Zeit Tieck aufgefallen, der einmal in Baden-Baden mit Kausler zusammentraf.

Eine dauernde Herstellung der Gesundheit ist nicht eingetreten. Am 27. August 1873 starb der Bruder Eduard
nach längerer Leidenszeit; die eine der beiden Schwestern,
die bei ihm gewohnt hatten, war allein. Im Dezember des
nämlichen Jahres starb auch die Schwester Caspart. Nun
entschloß sich Kausler im Jahre 1874, seine Entlassung aus
dem Amte zu nehmen. Er erhielt sie und siedelte zu seiner
Schwester nach Stuttgart über, in das Haus, das die Geschwister drei Jahrzehnte lang bewohnt hatten. Aber er
sollte nur ganz kurz dort wohnen. Schon nach drei Wochen
hat ihn ein erneuter Anfall seines Leidens am 27. November 1874 dahingerafft.

Kein Nekrolog hat das Gedächtnis des liebenswürdigen
Mannes, des reichen Geistes und warmen Gemütes der
Welt bewahrt. Auerbach hat davon geredet, sein Leben
zu beschreiben, ist aber nicht dazu gelangt; nur ein paar
Stellen seiner Briefe an Jakob Auerbach haben den Freunden
das Bild Kauslers neu belebt. Er wäre der Aufgabe besser
gewachsen gewesen als ich, der vierzig Jahre jüngere, den
die dankbare Erinnerung an schöne Tage in der Nähe des
Trefflichen nicht hat ruhen lassen.

Es kann an schwäbischen Landsleuten, vorzüglich an
alten Stiftlern, oft beobachtet und bedauert werden, daß
sie nicht dazu gelangen, den Reichtum ihres inneren Lebens
der Welt mitzuteilen. Das trifft auf Kausler ganz besonders
zu: „er ist nie zu einer vollen äußern Darstellung seines
feinen und hohen Wesens gekommen", schreibt Auerbach von
ihm. Auch das, was Kausler wirklich zu Tage gefördert

hat: es geht äußerlich nahe zusammen; und das Einzige, was ihn der Welt hätte bekannt machen können, seine Erzählungen, hat nicht zu den Vielen, sondern, was freilich mehr ist, zu den Wenigen gesprochen. Er selbst und seine Freunde konnten sich des Schillerischen Wortes getrösten: gemeine Naturen zahlen mit dem, was sie thun, edle mit dem, was sie sind. Wenn es genug ist, den Besten etwas gewesen zu sein, in ihrem Gedächtnis als eine schöne Seele fortzuleben, so wird ihm sein ehrenvolles Plätzchen in der Geschichte unserer schwäbischen Litteratur und Geistesgeschichte gesichert sein; ihm, von dem Auerbach geschrieben hat: „Wenn man von Kausler spricht, wird man immer gut und froh".

Die folgenden Seiten geben das Märchen, wie es sich im Nachlaß Kauslers vorgefunden hat. Die äußeren Elemente für die Erzählung lagen in dem mittelalterlichen Roman Roberts von Borron vor. Aus ihm oder auch nur aus San-Marte's Buch über die Sagen von Merlin wird Kausler geschöpft haben. Er hat aber die Erzählung gleichzeitig verfeinert und psychologisch vertieft.

Zauber um Zauber.

Ein Märchen.

— ---

Endlich nun gelang's dem Dunkel,
Auszulöschen all den Lichtglanz,
Der sich weithin in die Runde
Aus Kardeuil ergoß, dem stolzen
Königsschlosse. Schwarz und ernst
Herrscht die Nacht jetzt. Eine einz'ge
Leuchte, von den tausend Lichtern
Noch ein überwachter Rest,
Wirft dort von des Schlosses Rampe
Nach des Parkes Gitterthore
Ihren matten Schein.

     Geendet
In der Nacht des sechsten Tages
Ist das Fest der Sonnenwende,
Das der König von Britannien,
Uter Pendragon, des edlen
Jüngst geschied'nen Uters Sohn,
Auf Kardeuil mit seinem Hofe
Froh begangen. Viel der Lust
War den Gästen da bereitet.
Bei der Ritterspiele Pracht,
Bei der Jagd Belustigungen,
Bei dem Reigen, bei dem Mahle
Waren schöner Frau'n so viele
Zu erblicken, daß der Ritter
Manchem schwer es dünkte, rasch
Zu entscheiden sich, wohin

Er um Gunſt ſich wenden ſollte.
Doch von Tinteyol die ſtolze
Herzogin Yguerne war's,
Die der edle König ſelber
Als den Stern der Sterne pries.
Stets mit ihr führt' er den Reigen,
Ihr zur Seite ritt zur Jagd er,
Neben ihr ſaß er beim Mahle.
Durft' er nennen ſie ſein eigen,
Seine Königskrone dünkt' ihm
Ein geringer Preis.
       Verrauſcht
Iſt das Feſt jetzt. Tiefes Schweigen
Waltet über Schloß und Garten.
Nur der Springquell in des Hofes
Mitte plaudert fort und fort.
Doch hält in dem Garten wo
Noch ein Späher ſich verborgen,
So mag wohl bewähren ſich
Ihm ſein Argwohn, daß die Liebe
Auch im tiefſten Dunkel wacht;
Und der Sommernachtluft Schwingen
Mögen aus mancher Laube wohl
Heitrer Liebe frohes Necken,
Sichrer Treue traulich Koſen,
Leiſes Flüſtern zarter Glut
Seinem Ohr entgegenwehen.
Drinnen auch im weiten Schloſſe
Hört man durch die nächt'ge Stille
Wunderbare, leiſe Töne.
Wie mit Geiſterſchritten huſcht es
Durch die Corridore. Hier jetzt,
Dort jetzt läßt geheimnisvolles
Rauſchen, läßt ein heimlich Kniſtern
Einem Ohre ſich vernehmen,
Das noch wach erhält des Zweifels
Scharfe Pein. Es iſt Merlin,
Der mit angehaltnem Athem
An der Thüre ſeiner Kammer

Den verstohlnen Tönen lauscht.
Er, der zauberkund'ge Meister,
Alt an Weisheit, jung an Jahren,
Der die Einsamkeit der Wildniß,
Seinem Könige zu dienen,
Mit des Hofes üppigem Prunke,
Der der Liebe süße Knechtschaft
Um die Freiheit hat vertauscht.
Ja den Zauberer, den Weisen,
Hält ein Kind, das dem April gleich
Launenhaft in Einer Stunde
Droht und schmeichelt, lacht und grollt,
Hält die schlanke, goldgelockte,
Kindisch=schelmische Ninyane
Nun in Zauberbanden fest.
Bangen Herzens horcht er jetzo.
Klopft sie, eh' der Morgen graut,
Neckend noch an seine Thüre,
Um dann kichernd zu entfliehn?
Wird sie — stärker schlägt das Herz ihm,
Wie er's denkt — sich reuevoll
Unter Küssen, unter Thränen
An die Brust ihm werfen, ihm,
Was sie heut' an ihm gesündigt,
Abzubitten? Hat wie heute
Doch sie niemals ihn gekränkt.
Ihrer goldnen Locken jede
Machte sie zum Zauberfädchen,
Dran ein Herz gefesselt hing.
Schmeichelwort und huldvoll Lächeln
Hat an jeden sie verschwendet,
Aber ihm, dem treuen Freunde,
Galt der Grüße, galt der Winke
Auch nicht einer. Uebermüth'ger
Trieb sie nur das lose Spiel,
Wenn sein finstrer Blick an ihre
Pflicht sie mahnte. Wird sie jetzt
Kommen noch und ihn versöhnen?
„Ja sie kommt, sie ist's, es ist ihr

Leiser, leichter Tritt" so spricht er
Neu belebt, um neu getäuscht
Sich zu sehn, so oft es draußen
Auf dem Korridore rauscht.
Doch sobald des Morgens erstes
Licht in seine Kammer dringet,
Macht in Thränen, Zornesthränen
Dem gepreßten Herzen Luft er,
Und in Worten bittrer Reue
Schwört er ab der Liebe Dienst.
An dem offnen Fenster steht er,
Läßt sich von dem Hauch der Frühe
Die erhitzten Schläfe kühlen;
Aus den duft'gen Rosenkelchen,
Die den Sims umranken, schüttelt
Er den wunderthät'gen Thau,
Seine rotgeweinten Augen
Zu erquicken. Munter rauschend
Grüßt der Strom ihn aus der Tiefe,
Grüßend winken ihm des Parkes
Hohe Wipfel, und aus der Ferne
Winken duftumhüllt die Berge,
Die er seine Heimat nennt.

O du Thor, du Thor, beginnt er
Sich zu schelten, ward dir darum
Kunst und Weisheit, wie sie keinem
In Britannien je verliehn war,
Daß ein sprödes Frauenherz du
Deinem Könige bezwingest,
Zu erhöhn ihm Eines flücht'gen
Sommers eitle Lust? Zur Strafe
Für den Mißbrauch deiner Kräfte
Wardst du selber nun bezwungen
Von dem launenreichsten aller
Weiberherzen. O der Schmach,
Du, Merlin, der du des Feindes
Stärkste Burgen oft mit Einem
Wunderthätgen Worte brachst,

Haſt mit tauſenden von Bitten
Stets umſonſt um ſtäte Treue
Eines Weibes Herz beſchworen.
Du, der in des Meeres tiefſte
Tiefen ſchaueſt, kannſt den Sinn
Einer Thörin nicht ergründen.
All die Kräfte, die du dein nennſt,
Weiß ein ſchlankes, wetterwend'ſches
Kind mit Einem Blick zu bannen.
Auf! bevor des Zaubers Kraft,
Die dir täglich mehr entſchwindet,
Dir verſiegt, wirf ab die bunte
Tracht des Hofes, ab die Thorheit.
Gibt es Feinde zu bekämpfen,
Drachen zu vertilgen, dann
Höre deines Königs Ruf.
Doch Genoſſe ſeiner Freuden
Kannſt ihm du, der Sohn der Wildnis,
Nimmer ſein. So ſpricht Merlin
Und verläßt, dieweil der Hof
Freudenſatt im Morgenſchlafe
Noch ſich wieget, Schloß Kardeuil.

Raſch durcheilt er Hof und Garten,
Schaut zurück nicht nach des Schloſſes
Zinnen, die mit goldnen Bildern,
Werken ſeiner Zauberkünſte,
In dem Morgenlichte glänzen; —
Würdigt keines Blicks die Roſen,
Die, Yguernen zu erfreuen,
Er in Einer Nacht das weite
Schloß umranken ließ. Hinab
Stürmt die Stufen er, die marmorn
Von des Hügels ſchroffer Höhe
Von Terraſſe zu Terraſſe
Niederführen in das Thal.
Stürmt dahin — nicht Trank noch Speiſe
Labt ihn —, bis er ſpät am Abend
Des Gebirges Kamm erklommen,

Wo sich um den klaren Bergsee
Zwanzig Meilen weit der wilde
Wald von Braceliande dehnt.
Drei der Tage, drei der Nächte
Schläft er nun ununterbrochen
In des Waldes stillem Schatten.
Seinen Schlaf stört keines Vogels
Stimme, keines Wildes Schrei.
Lautlos harren sie, sie wissen,
Daß der Herr des Waldes schläft.
Als am vierten Morgen endlich
Er erwacht, wie freudig grüßt er
Himmel und Sonne, Wald und See!
Was am Hofe Pendragons
Er erlebt, ihm ists zum nächt'gen
Traume worden, der im goldnen
Licht der Frühe nun zerrinnt.
Frei von Hoffnung, frei von Furcht,
Selten nur der Welt gedenkend,
Nur um seiner Einsamkeit,
Seiner neu errung'nen Freiheit
Stilles Glück stets neu zu preisen,
Lebt er nun der Friedenstage
Viele. Wo unnahbar fast
In des steilsten Berghangs Mitte
Ueber der quellburchrauschten Schlucht
Sich von Tannen überschattet
Eine Höhle wölbet, dort
Hat er sich aus weichem Moose
Eine Lagerstatt bereitet
Für die Nacht. Denn wenn die Dämmrung
Grauet, steigt er auf die Höhe,
Um des Sonnenaufgangs Feier
Zu begehen. Dann durchstreift er,
Von den munteren Geschöpfen
Seines Waldes froh begrüßt,
Höhn und Schluchten und erforschet
Die Geheimnisse der Schöpfung.
Was er sinnend, was er lauschend

Dann erkundet hat, das schreibt er
Nieder in ein großes Buch.
Oft geschieht es, wenn er also
Von der Eiche dunkeln Zweigen
Ueberwölbet sinnt und schreibt,
Daß sich rings um ihn die Tiere
Lagern und in stummem Staunen
Ihn betrachten. Nur die kleinen
Vögelchen, die er vor allen
Zärtlich liebt, sitzt allzu lange
In Betrachtung er versunken,
Wagen sie's und fliegen neckend
Auf das Buch ihm. Wenn die Sonne
Dann zur Rast geht, sinds die Sterne,
Deren Pracht sein Auge wach hält.
Spät erst kehrt in seine Höhle
Er zurück, in leichtem Schlafe
Neue Kraft zu neuen Freuden,
Die der Morgen bringt, zu finden.

Doch als mählich nun der Wald
Sich mit buntem Laube schmücket,
Und am Morgen träumerische
Nebelstreifen seines Berges
Fuß umschleichen, welch ein seltsam
Neues Leben will des Meisters
Sich bemeistern? Welche Macht
Hat umwoben ihm die klaren,
Frischen Augen, die so rasch sonst
Jedes Wesens Signatur
Scharf erkannten? Seiner Bergwelt
Traute, heimische Gestalten,
Sie verwandeln sich in immer
Neuer, wechselnder Vermummung.
Ist ein Fels, ist eine Burg es,
Ist's ein Riesenweib, das hier
Ob der wilden Schlucht so drohend
Sich erhebt? Was dort auf schroffen,
Dunkeln Klippen sich gen Himmel

Schwinget, ist es ein Gedicht
Bunter Abendwolken, ist es
Ein Palast nicht, der mit goldnen
Zinnen pranget? Wie so sanft
Sich das Meer in rosiger Glut
Um die schwarzen Felsen schmieget!
Mächtig zieht es ihn dahin,
Und er eilet schon im Fluge
Seiner Sehnsucht sel'ges Ziel
Zu gewinnen, da zerrinnet
Das Gebilde und beschämt
Wird er seiner Täuschung inne.
Selbst wenn er am hohen Tage
Durch die Wälder streifet, kreuzen
Dämmrig schwankende Gestalten
Geisterhaft vorüberhuschend
Seine Pfade. In der Nacht dann,
Hat den Schlaf, der sonst so willig
Sich genaht, er spät und schwer
Nun gefunden, so umfängt ihn
Eine wunderbare Traumwelt,
Deren klare Bilder langsam,
Wenn des Morgens er erwacht,
An den Wänden seiner Höhle
Sich in leichtem Dunst verziehn.
Ja, als einst er in der Frühe
Wieder aufblickt, will das Traumbild
Nicht mehr weichen. Die Krystalle,
Deren Wunderpracht im Traume
Ihn entzückt, sie zieren ringsum
Seine Wand. Da fällt's wie Schuppen
Von den Augen ihm: zu lange
Ließ er rasten seine Kraft.
Seines Winkes sonst gewärtig,
Ist des Zaubers Ueberfülle
Ihm jetzt meisterlos entströmt.

Da beschließt er durch die Kraft
Der geheimen Kunst ein Schloß sich

11*

Zu erbauen. Zu dem See,
Der auf des Gebirges Höhe
In des Waldes Mitte ruht,
Lenkt er seine Schritte. Dort
An dem moos'gen Ufer läßt er
Sich auf einer Felsbank nieder,
Um „Schloß Einsamkeit" im Geiste
Aufzurichten, denn wenn reichlich
Ihn die Zauberkraft erfüllt,
Steht jedwedes Werk, sobald er's
Nur im Geiste hat vollendet,
Sichtbar und lebendig da.

Wie er sinnend nun, die Augen
Von der Rechten überdeckt,
An dem Ufer sitzt, so sieht er
Mit des Geistes Augen plötzlich
Einen Sockel von Granit
Feingeschliffen aus des Sees
Mitte tauchen. Drauf erhebt sich
Ein krystallnes Rundgebäude,
Ueberwölbt mit einer Kuppel
Von Topas. Und um die Runde
Windet rings sich her mit goldner
Balustrade ein Altan.
Vom Altane leiten weiße
Marmortreppen, deren Stufen
Breit und sanft sich heben, vier
Nach den Richtungen des Himmels,
Zu den Brücken, fest und zierlich
Aus metallnem Guß gebildet.

Also schaut er es im Innern,
Und, wie er's gesehn im Geiste,
Steht es wirklich, als die Augen
Er nun öffnet, vor ihm da.
Doch nur einen flücht'gen Blick
Kann er seinem Werke gönnen,
Mächtig drängt der innre Reichtum,

Das Begonnene zu fördern;
Denn den bergkrystallnen Wänden
Fehlet noch der Schmuck der bunten
Blumen, Laub- und Fruchtgewinde,
Keine Erzgebilde zieren
Noch Balkon und Treppen, leer
Stehn noch die Gemächer, öde,
Unfruchtbarer Moorgrund breitet
Sich das Ufer um den See.
Und so schafft er unermüdet
Weiter, bis auch das Geringste
Sich des Großen würdig zeiget,
Bis sich alles wohl vereint hat,
Abzubilden sein Gemüt.

Als er nach der Tage dreien
Nun das ganze Werk vollendet,
Als nun auch, was von des Waldes
Tieren sein und frommer Art ist,
In des blumenreichen Gartens
Neuer Heimat fliegt und flattert,
Kriecht und hüpft, von neuem jetzt
Kann er wieder sich der Stille,
Sich der Einsamkeit erfreuen.
Scharf und helle wie zuvor
Ist sein Auge, klar und helle
Wie der Bergsee sein Gemüt.
Froh durchwandelt er der hellen
Tage manchen nun, sobald der
Höhern Sonne Glanz und Hauch
Düstrer Morgennebel Grauen
Sanft bezwingt, daß sie als weicher,
Lichter Duft die fernen Höhen
Leis umhüllen, froh durchstreift er
Seine Schöpfung, bis der blasse
Glanz des Abends freudenmüde
In das Blau der Nacht verglimmt.

Herbstlich klarer Tage viele

Schwanden so dahin, da steht er
Eines Morgens — um die neunte
Stunde war es — auf des Schlosses
Weit umschauendem Balkone
Und betrachtet, wie die Runde
Die sein Blick beherrschet, jetzt
Sich entschleiert, jetzt aufs neue
Sich verhüllet. Schwerer ringen
Heute Sonnenlicht und Dunst.
Als ein Meer umwogt der Nebel
Des Gebirges Fuß. Wie wechselnd
Er sich hebt und senkt und rastlos
Sich aus Höhn und Tiefen neue
Dämmerbilder schafft, so dränget
Auch im Inneren Merlins
In chaotischem Gewirre
Bild an Bild sich. Ist es Ahnung
Neuen Lebens, ists Erinn'rung
Einst genossnen Glückes? Leise
Wehmut überschleicht sein Herz,
Wie die dämmernden Gestalten
Halbverhüllten Angesichts
Schüchtern grüßend und vertraut doch
Rasch an ihm vorüberfliehn.
Wirds sie festzuhalten nimmer
Ihm gelingen? In sein Sinnen
Tief versunken, mit der Rechten
Seine Augen deckend, steht er
An die goldne Balustrade
Angelehnet. Mehr und mehr
Lichtet sich das innre Bild und
Mehr und mehr entwölkt die sinnend
Ernste Stirne sich. Was mag er
Wohl im Geiste schau'n? Ein sel'ges
Lächeln spielt um seine Lippen.
Da mit einmal schreckt er auf.
Eines Hüfthorn's heller Klang
Hat ihm seinen Traum verscheucht.
Aber nein — erblickt er nicht

Mit den offnen, wachen Augen,
Was er mit geschloſſnen ſah?
Blitzt nicht Berg und Thal im hellen
Sonnenſcheine? Was ſein offnes
Auge durch des Waldes Lichtung
In der Ferne dort erblickt,
Iſt's nicht Pendragon der König,
Iſt's von Tintehol die ſtolze
Herzogin Yguerne nicht?
Und die zierliche Geſtalt,
Die den weißen Zelter jetzo
Den Geleitern weit voranſprengt,
Iſt ſie fremd denn dem Geſichte,
Das noch eben ihn entzückte?
Kennt er denn die weichen, goldnen
Locken nicht mehr, die ſo fröhlich
In dem Morgenwinde flattern?
Kennt ſie ihn doch! Grüßend ſchwenkt ſie
Schon den Jägerhut.

       Wie iſt ihm
Doch geſchehen? hat bewußtlos
Er die Zauberkunſt geübt?
Ja ſo iſt es, länger nicht
Kann er zweifeln, länger nicht
Läßt das trunkne Herz ihn ſäumen.
Seine Arme weit geöffnet
Eilt er nieder. Ein Moment noch,
Und ſie hängt an ſeinem Halſe,
Unter Thränen, unter Küſſen
Abzubitten, was im Leichtſinn
Sie geſündigt, und geläutert
Durch der Reue Pein gelobt ſie
Neue, wandelloſe Treue.

O wie gerne lauſcht Merlin den
Süßen Worten, wie ſo gerne
Läßt er ihre ſanfte Hand ihn
Zu dem Könige geleiten,

Der Yguernen an der Seite
Nun des Waldes Saum erreicht hat.
Und welch freudiges Erstaunen,
Als der König den so sehnlich,
Den so lange schon Gesuchten
An der Freundin Hand erblickt!
Eilend schwingt das hohe Paar
Sich zur Erde; stürmisch schließt der
König ihn in seine Arme,
Und Yguerne reicht, die stolze,
Ihm zum Kuß die Wange dar.

Langsam, denn der Fragen viele
Lasten auf des Königs Herzen,
Schreiten sie, dieweil die Diener
An des Waldes Eingang harren,
Nun dem Schlosse zu, das gastlich
In der herbstlich bunten Blumen
Reicher Zier entgegen winkt;
Allzu langsam für die Neugier
Ninyanens, die den andern
Stets voraneilt und bei jedem
Neuen Anblick kindlich jubelnd
In die kleinen Hände schlägt.
Das was hemmt mit einmal ihre
Leichten Schritte? Wie gefesselt
Steht sie fest, dann ringt sie schmerzvoll
Ihre Hände und ein dreifach
Wehe tönt von ihren Lippen.
Auch den König, auch Yguernen
Faßt ein schmerzliches Erstaunen,
Als erschreckt von Ninyanens
Rufe sie den Blick erheben,
Denn der wundervolle Bau
Des Krystallpalastes zittert,
Wogt und schwankt gleich dem Metalle,
Das in Feuersglut zerfließt.
Immer dichter wird der rötlich
Graue Dunst, in den es mählich

Sich zu lösen scheint: in immer
Weitern Kreisen dehnt er sich,
Bis zuletzt nur eine Wolke
Düster ob dem Wasser schwebt,
Die ein frischer Hauch des Windes
Bald zerstreuet.

          Weinend stürzt sich
Ninyane an die Brust
Ihres Freundes, doch Merlin
Spricht mit Lächeln: Was so schmerzlich
Du beweinst, mein Kind, du selber
Hast es ahnungslos vollführt.
Fern dem Zauber deiner Reize
Hab' ich dieses Werk erschaffen,
Hab' ich dieses Werk erhalten,
Und dich selbst mit meines Geistes
Kraft in diesen Kreis gebannt.
Nun du ihn betreten, weicht sie,
Ueberwunden von dem Zauber,
Der, Geliebte, dich umströmt.
Denn der mächtigste der Zauber,
Dem sich jeder Bann besiegt gibt,
Ist die Schönheit. Wohl mir, der ich
Sieger erst, nun ein Besiegter
Wurde, denn bezaubert sein,
Seel'ger ist es als bezaubern,
Wenn die Schönheit in die Kette,
Die mit sanftem Zauberbanne
Uns umschlingt, der treuen Liebe
Täglich neue Rosen flicht.

Ludwig Seeger.

Größere Gegensätze sind nicht wohl denkbar als zwischen Kausler und seinem treuen Freunde Seeger. Dort die aristokratische Feinheit, hier die volkstümliche Kraft; dort scheue Zurückgezogenheit, hier kühnes Hineingreifen ins praktische Leben. In ihrer poetischen Thätigkeit nicht anders: dort eine vom Markte sich fern haltende, zeitlose romantische Dichtung, hier eine kecke Erfassung der Zeitfragen und der Bedürfnisse des Volkes. Auch die äußere Erscheinung war so verschieden, als zarte Biegsamkeit und markige Kraft nur sein können. Eines haben beide gemein gehabt: es war ihnen mit ihrer Poesie Ernst, für müßige Stunden haben sie nicht geschrieben; und noch eines, das hart daneben liegt: sie sind beide früh vergessen worden, der eine, nachdem er nur wenigen bekannt geworden, der andere, nachdem sein Name in vieler Mund gewesen war; der eine, weil er nicht für die Zeit und Welt geschrieben hatte, der andere, weil rasche und glänzende Entwicklung der Dinge auch das Gefeiertste dem Schatten übergeben hat.

Ludwig Friedrich Wilhelm Seeger war ein Sohn des Schwarzwalds, energisch, straff und derb wie seine Lands-

leute. Wenn Kauslers Vorfahren seit längerer Zeit dem
Land als Beamte zum Teil in höheren Stellen gedient
hatten, so war Seegers Vater zuerst aus der ländlichen Um=
gebung herausgetreten, als der Sohn eines Wirtes in dem
Dorfe Schwann bei Neuenbürg. Im Jahre 1776 geboren,
hatte er studiert und war Präzeptor und Reallehrer im
Wildbad geworden, als was er 1843 auch gestorben ist;
er hat von der litterarischen Thätigkeit des Sohnes noch
einen nicht unbedeutenden Teil mit erlebt. Von seiner Frau,
der Tochter des Wildbader Diakonus Zeller, hatte er sieben
Kinder, worunter vier Söhne. Den ältesten Sohn, der ihm
am 30. Oktober 1810 geboren wurde, hat er nach sich selbst
Ludwig genannt; körperlich und geistig erinnerte dieser an
den Vater, das poetische Talent aber soll mütterliches Erb=
teil gewesen sein. Von den drei jüngern Söhnen, unter
denen der jüngste schon als Student gestorben ist, war der
mittlere Adolf, fünf Jahre jünger als Ludwig, ihm geistig
besonders verwandt; er hat die Rechte studiert und ist schon
in jungen Jahren einer der gefeiertsten Juristen und der
einflußreichsten Parlamentarier in Stuttgart geworden; nach
einer mehr als fünfzehnjährigen gemeinsamen politischen
Thätigkeit ist er, von Krankheit und rastloser Arbeit ver=
zehrt, dem älteren Bruder im Tode bald nachgefolgt. Für
Ludwig hatte die Mutter das theologische Studium gewählt.
Der Vater selbst und der Diakonus Seybold erteilten dem
Knaben den ersten Unterricht; im zwölften Jahre kam dieser
in die Lateinschule Calw zu dem Präzeptor Schwarz und
1824 in das Seminar Schönthal. Dort fiel er bereits durch

feine Vorliebe für das Griechifche auf. Im Tübinger Stift,
das er 1828 bezog, feßte er die philologifchen Studien fort;
er hörte neben den vorgefchriebenen theologifchen Vorlefungen
folche über Encyklopädie der römifchen und der griechifchen
Klaffifer bei Tafel, über des Euripides Phöniffen und die
Vögel des Ariftophanes bei dem Repetenten Ludwig; er
hat daneben franzöfifchen Unterricht genommen und fich im
Sommer 1832 in Uhlands Stiliftifum mit einem lyrifchen
Gedicht vernehmen laffen, das der Meifter ihm gelobt hat:
„es gibt uns den wahren und frifchen Eindruck einer Schwarz-
waldgegend mit ihrem heimlichen Innern und ihren weiten
Ausblicken“. Von den früher genannten Freunden war
ihm Richter damals perfönlich und dichterifch am engften
verbunden, kaum weniger Kaußler, der ihn noch fpäter
feinen beften Freund genannt hat; in Seegers leßtem Studien-
jahre kam Hermann Kurz dazu. Seegers gerade, über-
fprudelnde Natur kam mit der damals noch fehr engen
Zucht des Stifts mannigfach in Konflikt. Laffen wir ihn felbft
reden. „Vertieft in philofophifche Studien, denen feine da-
malige Entwicklungsftufe noch nicht gewachfen war, ein irrender Ritter im Garten der Romantik, vermochte er oft
beim beften Willen Uebertretungen der Disziplinargefeße
nicht auszuweichen. Das Gefühl, fich häufig geftraft und
fcharf getadelt zu fehen, ohne fich doch einer moralifchen
Schuld bewußt zu fein, legte in ihm den Grund zur Abneigung gegen eine Anftalt, auf die er jeßt in mancher Beziehung dankbar zurückblickt“. Ein reges geiftiges Intereffe
und fleißige Arbeit haben ihm auch feine Vorgefeßten nach-

gesagt, wie er denn schon im Sommer 1829 eine akademische
Preisaufgabe über das Leben Samuels gemacht hat, die
leider zu spät fertig wurde. Im Sommer 1830 entzog sich
Seeger weiteren Maßregelungen durch freiwilligen Austritt
aus dem Stift; „ich glaubte, alle Exzesse würden ein Ende
haben, meine frühere Freudigkeit zum Studieren, die mir
immer einen der ersten Plätze in meiner Promotion sicherte,
werde wiederkehren, wenn ich nur vom äußerlichen Polizei-
reglement befreit mich meiner lebendigen Natur gemäß be-
wegen könnte". Freilich nötigte ihn nun seine finanzielle
Lage, die erste theologische Prüfung so rasch als möglich,
ein Jahr vor seinen Altersgenossen zu machen. Er bestand
sie im Sommer 1832.

Bis zum Frühjahr des nächsten Jahres war Seeger
Vikar in dem Schwarzwaldstädtchen Wildberg, nahm aber, als
er die dortige Amtsverweserei nicht erhielt, da er noch nicht
ein Jahr im Dienste gewesen war, einen Auftrag an, der
ihn schon jetzt in die später mit großem Glück von ihm ver-
folgte Laufbahn des Lehrers hinein brachte. Der Pfarrer
Cellarius in Geifertshofen bei Gaildorf gewann ihn als
Hauslehrer für seinen achtjährigen Sohn. In dieser Stellung, zugleich in der Pastoration des Ortes mit aushelfend,
verbrachte er, in der Waldeinsamkeit eines abgelegenen
Dorfes, drei Jahre bis zum Mai 1836; drei Vierteljahre
lang, von 1834 auf 1835, hatte er seinen Freund Kausler
in einiger Nähe und konnte gelegentlich auf rüstiger Fußwanderung mit ihm ein paar Stunden zusammen sein. Eine
launige Epistel in Versen, die er an ihn gerichtet hat, gibt

Zeugnis von diesem Verkehr. Er ist im Regen nach Gail=
dorf gewatet und hat Kausler nicht getroffen; ohne den
hat ihm nichts recht geschmeckt und es wäre zu wünschen,
daß sie sich bald bestimmt treffen würden. Einstweilen teilt
er ihm mit, daß er die Doktorwürde zu erwerben wünsche.
Außerdem hat er an Uebersetzungen des Platon und des
Sophokles gearbeitet. Er war für die Hallbergerische Ver=
lagshandlung thätig und hat in mehreren Nummern des
Cottaischen Morgenblatts 1835 seine ersten Gedichte, nach=
dem sie Kauslers Censur bestanden, veröffentlicht; in den
folgenden Jahren sind ihnen in derselben Zeitschrift noch
manche andere nachgefolgt. Das waren aber Freistunden=
arbeiten. Sein wohl nicht immer ganz leichtes Doppelamt
hat er mit Fleiß, Pünktlichkeit und zufriedenem Sinne ge=
führt, wie ihm sein Brotherr nachrühmte.

Im Mai 1836 siedelte Seeger nach Stuttgart über
und brachte dort den Sommer zu in Gesellschaft von Her=
mann Kurz, der seit Anfang des Jahres bei Hallberger als
Uebersetzer beschäftigt war. Er gab in Stuttgart Privat=
unterricht, den ihm Gustav Schwab verschafft hatte, und
nahm solchen im Englischen. Das gute Zeugnis, das ihm
sein Pfarrer ausgestellt hatte, und gewiß auch Schwabs
mächtige Empfehlung verschaffte ihm glänzende Anträge
von Hofmeisterstellen. Einen davon hat er im nämlichen
Jahre angenommen und damit wenigstens indirekt seine
Zukunft für mehr als ein Jahrzehnt bestimmt. Er trat im
November 1836 bei einem Herrn Fischer = Graffenried in
Wabern bei Bern als Hauslehrer ein. Die Familie

Fischer war eine der angesehensten von Bern; er hätte, so sagte man ihm in der Stadt, nicht leicht in eine angenehmere Stellung kommen können; einen Knaben hatte er zu unterrichten und daneben Zeit für eigene Arbeit. Wie überall in der Welt, so kamen auch in Bern die Schwaben wöchentlich einmal zusammen; Seeger rühmte namentlich Rudolf Lohbauer, der im selben Jahr als Flüchtling nach Bern gekommen war und längere Zeit als Professor der Militärwissenschaften dort lehrte.

Ich habe nicht erfahren können, wie lange Seeger in seiner Hauslehrerstelle geblieben ist. Es scheint, daß er von Anfang an daran dachte, als öffentlicher Lehrer in Bern eine Stellung zu finden. Wie in der übrigen Schweiz, so haben damals in Bern verschiedene Schwaben mit Auszeichnung gewirkt, namentlich als Lehrer. Seit Ostern 1838 war Seeger von der Stadt Bern angestellt als Lehrer der lateinischen und griechischen Sprache an der obern Abteilung der Realschule, welche als Vorbereitungsanstalt für das höhere Staatsgymnasium diente; später ist ihm auch ein Teil des deutschen Unterrichts übertragen worden. Das war ein für ihn wie für wenig andere geeigneter Platz; denn er hatte nicht nur die gründliche Vorbildung und die philologische Begabung für den Unterricht in den alten Sprachen, sondern auch den guten Willen, seine Kraft ganz in den Dienst der Bildung des Volkes zu stellen; noch an seinem Grabe ist ihm nachgerufen worden: „Auch er war ein Professor, aber er wollte das Leben nicht mit Schulweisheit meistern. Er verachtete das Wissen, das dem Leben nicht dient, und haßte, was dem Volk nicht frommt. Er war ein sprechender Beleg dafür, daß Geist und hohe Bildung dem Volk nicht zu entfremden brauchen, daß sie in ihrem Kerne nicht vornehm sind". Das Zeugnis, das ihm seine Schuldirektion wenige Jahre nach dem Antritte des Amtes ausgestellt hat, ist das beste und wird bestätigt von dem einzigen Kollegen, der noch am Leben ist; schöne Kenntnisse, gute Lehrmethode werden an ihm gerühmt und die Hoffnung ausgesprochen, daß die Schule seinen Unterricht noch lange zu genießen haben möge. Seine Ferien aber hat Seeger gerne in der alten Heimat zugebracht und sich dort auch seine Frau geholt. Im Frühjahr 1842 verheiratete er sich mit Pauline, der Tochter des Medizinalassessors, späteren Medizinalrats Zeller in Stuttgart. Das Glück seiner Ehe hat er in einigen Liedern von männlich starker Empfindung besungen.

Der unermüdlich fleißige Mann, dessen Fleiß durch eine eiserne Gesundheit unterstützt wurde, fand neben der Schularbeit auch Zeit zu ausgedehnter und bedeutender litterarischer Thätigkeit. Es war ihm von der Natur ein hervorragendes Talent der Form und des treffenden Ausdrucks gegeben, und dieses wies ihn zusamt seiner starken philologischen Begabung und Neigung, die aus der nämlichen Wurzel stammte, vor allem auf die Uebersetzerarbeit hin. Es kam aber zu diesen persönlichen Vorbedingungen auch noch ein starker Anreiz aus den Eindrücken der Zeit und der Heimat. Es ist ja in Deutschland immer viel und häufig gut übersetzt worden. Aber wie andere Teile der schönen Litteratur, so hat auch dieser zeitliche Perioden und räumliche Mittelpunkte seiner besonderen Blüte gehabt. Es waren immer solche Zeiten, welche durch starke Formtendenz und lyrische Haltung ausgezeichnet waren. So hat mit dem Kreise der Göttinger Dichter, vor allen mit Voß, eine bedeutende Uebersetzerthätigkeit begonnen; eine zweite große Welle fällt in den Anfang unseres Jahrhunderts, als die Romantiker den Blick auf die Litteraturen aller Völker gelenkt, das Ohr für den Klang südlicher Formen geschärft hatten, als Tieck und August Wilhelm Schlegel als Virtuosen glänzten; eine dritte in die dreißiger Jahre und nach Stuttgart, welches damals ein litterarischer Mittelpunkt war wie nie zuvor und nie später. Dort hatte Gustav Schwab schon 1827 die bis jetzt noch verbreitetste Sammlung von Uebersetzungen griechischer und römischer Schriftsteller begonnen, und einzelne Uebertragungen wie ganze Bibliotheken von solchen aus neueren Sprachen schossen wie Pilze aus dem Boden hervor. Neben Aelteren, wie Notter, Mörike, Pfizer, sind auch mehrere aus Seegers akademischem Freundeskreis, Fink, Keller, Kurz, mit Uebersetzungen beschäftigt gewesen. Das erste, was Seeger als Uebersetzer veröffentlicht hat, waren Berangers Lieder, „in den Versmaßen des Originals verdeutscht durch L. S. Nubens", welche bei Chr. Fischer in Bern von 1839 bis 1841 in drei Bänden erschienen und zwanzig Jahre später mit dem rechten Namen des Uebersetzers neu aufgelegt worden sind. Seeger war nicht der erste deutsche Uebersetzer des französischen Liederdichters, der auf den Plan trat. Eine Auswahl seiner Ge-

dichte hatten 1838 Chamisso und Gaudy übersetzt, und im
Jahr 1839 selbst sind hundertunddrei Lieder Berangers in
der Uebersetzung von Philipp Engelhard Nathusius erschienen. Allein Seegers Uebersetzung war vor allem einmal
die vollständigste, sie enthielt über doppelt so viele Lieder
als die zuletzt genannte. Nur ganz wenige der damals schon
bekannten Gedichte Berangers hat Seeger weggelassen. Er
sagt: „In der Auswahl aus diesen Liedern, die man so
vollständig als möglich geben wollte, wären vielleicht andere
noch strenger gewesen. Wir auch, wenn wir nicht besorgt
hätten, durch allzuvieles Bürsten und Reiben mit Flecken-
seife dem Volkspoeten seinen alten, ehrlichen Rock zu Schau-
den zu richten"; und unter den weggelassenen Gedichten
sind gerade solche, wo Beranger eben nicht Volksdichter ist,
wo die Sinnlichkeit nicht in der erlaubten Gestalt der Natürlichkeit auftritt, wo sie, um jenen treffenden französischen
Ausdruck zu gebrauchen, nicht nackt, sondern ausgekleidet ist.
Da und dort ist auch in den übersetzten Gedichten ein Ausdruck der Decenz zu Liebe gemildert — gewiß nicht gerne,
denn die gesunde Natur Seegers liebte es, das Natürliche
gerade auszusprechen. Außerdem ist die Uebersetzung in
strengem Anschluß an die Versmaße des Originals gemacht;
nur ganz selten in besonders schwierigen Formen, die der
französischen Sprache mit ihrer Leichtigkeit des Reimens
und ihrer bloßen Zählung der Silben leichter als der
deutschen fallen, hat Seeger sich unbedeutende Abände-
rungen gestattet. Es ist für den einfachen, liedmäßigen
Charakter der deutschen Lyrik seit Bürger und Goethe, für

ihre Abwendung vom Odenmäßigen und Rhetorischen ganz
bezeichnend, daß Beranger fast der einzige französische Lyriker war, der bei uns wirklich Eingang gefunden hat; selbst
Hermann Kurz, der als Uebersetzer sich mit Erzeugnissen
höchster Stilformen besonders viel beschäftigt hat, meinte
einmal, das sei doch eigentlich die einzige Natur unter den
französischen Poeten. Seegern selbst hat jedenfalls die volkstümliche Frische an ihm besonders angezogen. Er meint,
gewiß im Hinblick auf die damals so eifrig gezüchtete Musen-
almanachspoesie, die er schon fünf Jahre vorher „miserabel
und lausig" gefunden hatte: „Die deutsche Lyrik ist nach-
gerade etwas duselig geworden. Werfen wir wieder etwas
guten, derben Pfeffer in die breite, fade Sauce, womit sich
die Deutschen seit Jahren den Magen verschlammt haben".
Nun ist aber der populäre französische Liederstil wesent-
lich verschiedener Art von dem deutschen: nicht senti-
mental, sondern frisch und lustig, der Umkreis seiner Vorstellungen und Bilder ist ein anderer, die Form, bei Beranger großenteils vorhandenen Volksmelodien angepaßt,
eine mannigfaltigere, bewegtere. Es ist deshalb zweifellos
nichts weniger als leicht, Beranger in unsere Sprache zu übersetzen, und zu den Schwierigkeiten des Inhalts und der metrischen Form kommt noch die einer Sprache von ganz abweichen-
dem grammatischem Bau. Wenn es also auch in Seegers
Uebersetzung Stellen gibt, die fremd berühren können, so ist das
selten, weit seltener als zu erwarten gewesen wäre; man hat
meist nur zu staunen, welche Leichtigkeit und Natürlichkeit
der Ausdruck auch in der Uebersetzung noch bewahrt hat.

12*

Seeger sagt: „Wenn auch dieser reiche Herbst von süßen und herben, feinen und groben, frischen und mürben Früch= ten, wenn Beranger's Lieder in einer des Dichters nicht ganz unwürdigen Form in die deutsche Litteratur eingeführt kein neues, belebendes Ferment darin werden sollten, immer= hin ist es der Mühe wert, die Volubilität, den Formen= reichtum und Wohlklang der deutschen Sprache an diesen bisher im Ganzen fast für unübersetzbar gehaltenen Liedern zu erproben". Das ist ihm gelungen, soweit es nur ge= lingen konnte. Auch später hat sich Seeger noch mit Be= ranger beschäftigt. Er hat im Morgenblatt 1857 eine biographische Schilderung des Dichters, im folgenden Jahr eine Uebersetzung seiner Prosaerzählung von der Mutter Jarry, 1859 von den „Liedern des Alters" gegeben.

Weit leichter, wohl auch dankbarer mußte die Ueber= setzung eines andern fremden Lyrikers sein, welche Seeger um dieselbe Zeit oder gleich hernach unternommen hat. Ich habe ein ganzes Heft Uebersetzungen von Liedern Tho= mas Moore's vor mir gehabt aus den Abteilungen „Ju= gendgedichte", „Gedichte in Beziehung auf Amerika" und „Oden an Nea", welche außerordentlich gelungen sind und bei genauem Anschluß an die Originalien sich doch ganz deutsch lesen. Das Heft ist nicht datiert; ich weiß aber, daß Hermann Kurz 1841 diese Uebersetzung bei Cotta an= zubringen versucht hat: vergeblich, nur in zwei Nummern des Morgenblatts wurden ein paar Proben aufgenommen. Es glückte auch weiterhin nicht, einen Verleger zu finden. Kurz erwähnt aber zugleich noch einen andern Plan Seegers.

Er selbst hatte damals den Ariost übertragen und schrieb: „Leid ist mirs, daß Seeger einen Gesang des Ariost über= setzt hatte, als der meinige erschien. Er hätte besser dazu getaugt".

Nach diesen Versuchen an fremder Poesie war es an der Zeit, daß Seeger mit seinem eigenen Gute hervortrat, von dem ja manches schon in der Vereinzelung bekannt ge= worden war und Beifall gefunden hatte. Er veröffentlichte 1843 im Verlag des Litterarischen Comptoirs in Winterthur die lyrische Sammlung „Der Sohn der Zeit. Freie Dichtung", diesesmal, wie in Zukunft immer, mit seinem eigenen Namen. Eine Titelauflage erschien vier Jahre später in Leipzig. Die Sammlung zerfällt in drei Abteilungen: „Lieder der Däm= merung", „Lieder des Morgens", „Lieder des Tages"; die zwei ersten enthalten Natur= und Liebeslyrik, die dritte po= litische Gedichte. In der letzten Zeit seines Lebens hat Seeger aus den etwa anderthalbhundert Gedichten dieser Sammlung und doppelt so viel neuen zwei besondere Sammlungen ge= bildet, welche in zierlichen Oktavbänden bei Emil Ebner in Stuttgart erschienen sind. Die eine, „Lieberbuch", entspricht den zwei ersten Abteilungen der alten Sammlung und hat die Jahreszahl 1863; die andere, die zwar die Zahl 1864 hat, aber auch schon 1863 erschienen ist, führt den kaum veränderten alten Titel „Ein Sohn der Zeit" und entspricht der dritten Abteilung der früheren Sammlung, welche hier ganz besonders stark vermehrt erscheint. Wie schon die äußere Zahl, so ist auch der innere Wert dieser lyrischen Gedichte, unter denen nur ganz wenige erzählende sind, nicht unbe=

beutenb. Als Seeger seinen Beranger herausgab, schrieb er: „Käm' er je einmal dazu, seine eigenen Lieder zu sammeln, man würde bald sehen, daß sie den Beranger'schen weder im guten noch im schlimmen Sinne verwandt sind". Im schlimmen schon gar nicht; im guten — ja oder nein, wie man's nimmt. Mit der gewöhnlichen Salonlyrik, die überall ihren Obolus entrichtet und einzieht, haben sie gar nichts zu thun. Ihre Form ist klar, lebendig, aber ganz einfach, sie ist nie auf magische Wirkung und Betäubung der Sinne berechnet. Ausbruck und Gedanke sind eigentümlich, manchmal neu, auch wohl schwierig und fremdartig, weder kecke Neubildungen noch einfache, ungewählte Bezeichnungen sind vermieden; so stößt man alle Augenblicke auf Stellen, wie sie in den sich immer im Kreis herumdrehenden Kaleidoskopen der gewöhnlichen Lyriker nicht vorkommen, die durch geschickte Gruppierung uns ein paar bunte Glasstückchen zu einem großen Kunstwerk vorzulügen wissen. Ich möchte sagen, das Charakteristikum von Seeger's Poesie sei gesunde, männliche Kraft, bald maßvoll zurückgehalten, bald mit Donnern oder Jubeln hervorbrechend. In der einfachsten Form und im kürzesten Ausmaß eines Gedichtes fehlt nie ein energischer Gedanke. Ueberall regiert eine starke Seele, ein reicher Geist mit solider Ausrüstung, tiefgründiger Empfindung und kräftigen, aber in gesundem Ebenmaß gehaltenen Trieben. Selten sind die trüben Stimmungen des Verzagens, der Resignation, häufiger die des verbissenen Grolls oder feurigen Zorns, am häufigsten die des lachenden Humors oder der hellen, jubelnden Freude.

Dieser Grundzug und die volkstümliche Gesinnung des Dich=
ters kann ja recht wohl an Beranger erinnern; um so deut=
licher unterscheidet sich Seeger von jenem durch den gei=
stigen Gehalt, ich möchte sagen die Bildung, und durch die
stets edle Form und Sprache. Er war ein großer Ver=
ehrer Goethes, man kann sagen ein thätiger; denn er ist
nicht müde geworden, Stellen aus Goethes Gedichten und
andern Werken als Leitsprüche einzelnen seiner Gedichte
und ganzen Abteilungen voranzustellen. Aber in seinem
Eigenen erinnert er an Goethe nicht mehr als jeder deutsche
Lyriker unseres Jahrhunderts, am meisten an das Volks=
tümliche, rein Liedmäßige im jungen Goethe und an die
humoristische, weise Beschaulichkeit des alten Herrn. Mit
Uhland, in dessen Spuren er in seinen politischen Gedichten
etwa einmal wandelt, hat er gar keine Verwandtschaft; von
Uhlands künstlerischer, epischer Ruhe entfernt sich seine durch
und durch lyrische Lebendigkeit und Subjektivität meilenweit.
An Rückert, den unendlich mannigfaltigen, kann man wohl
auch einmal gemahnt werden; häufiger an Heine, aber nicht
an den Weltschmerzdichter, den Weichlichen, Zerrissenen, Ko=
ketten, wohl aber an den witzigen Spötter, dessen Hiebe
wie Nesseln brennen, und an den Sänger nieblicher kleiner
Lieder, die einen ansehen wie Vöglein, die das Köpfchen
aus dem Neste strecken. Am meisten Verwandtschaft glaube
ich mit zwei gleichzeitigen Lyrikern zu finden, mit deren
erstem Seeger in seinen späteren Jahren eng verbunden
war. Mit meinem Vater berührt er sich in dem ganz spe=
zifisch lyrischen, das heißt innerlich erregten, leidenschaftlich

pulsierenden Ton seiner Gedichte, in der innigen Verbindung von Naturgefühl und persönlicher Lebensäußerung;
aber er hat nichts oder wenig von dem Getragenen, Halb-
mystischen an sich — feierlich ist er ganz und gar nicht.
An Gottfried Keller, dessen lyrische Gedichte ja nur drei
Jahre nach den seinigen erschienen sind, gemahnt nicht nur
das Lokal vieler Gedichte, sondern auch die Vorliebe für
landschaftliche Situationsbilder, die Keckheit in der Wahl
des Ausdrucks, die Bildlichkeit, Plastizität der Darstellung;
und in diesen Punkten mag der sonst wenig verwandte Vischer
auch herangezogen werden. Daß so wenig, ja nichts mehr
von Seegers Gedichten bekannt ist, möchte zum Teil daran
liegen, daß manche von ihnen, in der zweiten Ausgabe die
volle Hälfte, politischen Inhalt oder doch eine politische Spitze
haben. Es ist ja unter ganz veränderten politischen Verhältnissen nur schwer möglich, die ganze Stimmung in sich
neu zu erwecken, die aus älteren politischen und polemischen
Gedichten spricht. Seeger ist ein guter Demokrat und ein
ebenso guter deutscher Patriot; aber von der Salbung und
dem Glockengetöne späterer Vaterlandsdichter oder gar von
dem schnarrenden und trompetenden Tone noch späterer hat
er nichts an sich. Am besten ist er im Zorn und im Witz
da fliegen die Funken nur so davon. Der getragenere Ton
Uhlands, der rhetorisch-funkelnde Herweghs und Freiligraths
ist nicht seine Sache. Am besten werden wohl noch immer
diejenigen Gedichte wirken können, in denen nach der Art
schweizerischer Poeten Landschaft und Vaterland, Naturgefühl und Freiheitsgefühl verbunden sind. Der ganze, volle

Dichter steckt, wie bei allen andern Lyrikern, in den unpo=
litischen Liedern, und von ihnen würden es nicht ganz wenige
verdienen, von der Nachwelt gekannt zu sein. Es geht durch
unsere lyrischen Chrestomathien so unendlich viel Schund,
den einer der bequemen Kompilatoren dem andern entlehnt:
so ein Dutzend oder auch ein paar Dutzend von Seegers
Liedern würden in die „Duseligkeit“ einen frischen Geruch
nach dem besonnten grünenden Felde hineinbringen, das
weder nach „welken Rosen und Camilleblümelein“, noch nach
japanisch=indisch=norwegischem Patschuli duftet.

Wenn in Seeger eine starke patriotische Empfindung war,
so hat sie sich stets nur ganz natürlich und ungezwungen als
ein selbstverständlicher Trieb der Natur gegeben, ohne jede
Verhimmelung des deutschen Wesens, dessen Fehler in den
Gedichten manchmal ganz gehörig mitgenommen sind, und
ohne Herabsetzung fremder Art und Weise. Gerade so, wie
es sich von selbst versteht, daß ein braver Mann seine Frau
und seine Kinder lieb hat. Deutsch sein heißt bei ihm:
einfach, gerade, natürlich sein. Und diese Art von Deutsch=
heit — nicht mehr die einzige bei den Leuten von heutzu=
tage — verträgt sich so vollkommen mit der Hochschätzung
alles Schönen, was draußen in der Welt gewachsen ist und
was vor tausenden von Jahren gewachsen ist, daß Niemand
so sehr wie eben Seeger beflissen war, die schönsten Güter
fremder Völker dem seinen zuzuführen. Es hat dabei seine
Arbeit an einer Schule mitgewirkt, welche eben dieses Ab=
sehen hatte. So hat er in Bern den alten Plan der Ueber=
setzungen aus dem Griechischen wieder aufgenommen und

wenigstens teilweise verwirklicht. Er giebt im Jahr 1843
an, daß er seit zwölf Jahren an einer metrischen Uebersetzung der griechischen Lyriker, des Sophokles und des Aristophanes arbeite. Daß davon zunächst einzelne Proben in die
Oeffentlichkeit kamen, dazu verhalf ihm ein befreundeter Kol-
lege. Karl Vorberg, Professor der Geschichte und der lateinischen Sprache an der Berner Realschule, gab unter dem
Titel „Hellas und Rom“ eine „Vorhalle des klassischen
Altertums in einer organischen Auswahl aus den Meister-
werken seiner Dichter, Geschichtschreiber und Philosophen“
heraus, die 1842 bis 1847 in acht Bänden bei Karl Göpel
in Stuttgart erschienen ist. Zu einer Darstellung der
Geschichte der einzelnen Litteraturgattungen wurden hier
zugleich größere Proben derselben in deutschen Uebersetzungen
gegeben. In die zwei ersten Bände, welche die griechischen
Dichter enthalten, ist einiges von Seeger aufgenommen
worden. Von lyrischen Gedichten hat er zwölf Anakreonteen,
die erste olympische und die siebte pythische Ode Pindars
beigesteuert, in Formen, die sich frei an die Originalmetra
anschließen; Vorberg hat sich den Spaß gemacht, die siebte
pythische Ode auch in Thiersch Uebertragung abzudrucken,
die sich in ihrer sklavischen Wörtlichkeit ungefähr wie eines
der halb tiefsinnigen halb sinnlosen Gedichte des kranken
Hölderlin ausnimmt. Außerdem hat Vorberg die ganze
Elektra des Sophokles in Seegers Uebersetzung gegeben und
beigefügt, es sei eine vollständige Uebersetzung des Sophokles
durch Seeger zu erwarten. Diese ist aber niemals erschienen; es haben sich in Seegers Nachlaß nicht unbedeutende

Teile davon gefunden, die aber vielleicht doch nicht vollständig genug waren, um die Vollendung durch einen andern zu lohnen. Ueber seine Prinzipien bei der Uebersetzung
gleich nachher; sie sind dieselben in seiner Uebersetzung des
Aristophanes.

Diesen Dichter hatte Vorberg teils nach Voß teils nach
Droysen mitgeteilt, aber hinzugefügt: „daß indes auch noch
auf andere Weise, als diese Männer es gethan haben, Aristophanes auf deutschen Boden verpflanzt, und zwar so verpflanzt werden könne, daß er festere Wurzeln auf demselben
schlagen dürfte, als es bis jetzt geschehen, beweist mir die
noch ungedruckte Uebersetzung der Frösche von Seeger, welche
ich in Händen habe". Nicht lange nachher war Seegers
vollständige Uebersetzung des Aristophanes vollendet und erschien 1845 bis 1848 in drei Bänden bei Rütten in Frankfurt. Es steckt in diesen drei Bänden eine sehr große Arbeit. Außer der Uebersetzung selbst enthalten sie ausführ-
liche Einleitungen und zahlreiche, eingehende Anmerkungen
zu den einzelnen Stücken. Ueber die Absichten des Uebersetzers unterrichtet seine „Epistel an einen Freund als Vorwort". Der Anfang dieses Vorworts mutet fast wehmütig
an, wenn man ihn heutzutage liest. Der Volksmann Seeger
ist ein großer Bewunderer des Griechentums; sein Zweck
ist kein anderer, als dem eigenen Volke durch die Aneignung
des Besten aus dem Fremden zu dienen, nicht eine „durch
Länder und Meere, durch alle Gebiete der Kunst und Wissenschaft schweifende ästhetisch-romantische Genußsucht" zu befriedigen, sondern die geistige und politische Bildung seines

Volkes zu fördern. „Moderne, dabei umfassende, nationale
Bildung und Erziehung zu einem menschenwürdigen Dasein
ist für uns das letzte Ziel. Der Bildungsstoff, den die neue
und neueste Zeit gebracht hat und täglich bringt, könnte
hiezu hinreichend scheinen, er ist es in der That nicht. Zu
einer umfassenden Bildung gehört nicht nur Philosophie und
Poesie der Neuzeit; was wir wissen und haben, ist kein aus
den Wolken gefallenes Geschenk des modernen Genius, unsere
Bildung ist das Produkt aller Jahrhunderte, aller geschichtlichen Völker. — — Alle Werke des Menschengeistes sind
das Erbe der Nationen, vor allem der deutschen. Denn
keine hat es sich so sauer werden lassen, wie diese, sich zu
einer Freiheit zu erziehen, für die man sie doch immer noch
nicht für reif halten will“. Das Hauptelement aber auch
der modernen Bildung bleibt das klassische, das griechische.
„„Wann wird, rufst du aus, wann wird einmal die Zeit
kommen, wo wir die Krücken von uns werfen und auf eigenen Füßen stehen?““ „Der Himmel verhüte es, daß diese
Zeit je kommt! Der Tag, an dem wir diese treuen Führer
und Begleiter auf unserm Bildungswege in undankbarem
Eigendünkel von uns stießen, wäre der Vorabend einbre-
chender Verwilderung und Barbarei. Ja, auf eignen Füßen
sollen und können wir stehen, Krücken brauchen wir gottlob
nicht, aber auf eigenen Füßen stehen ist nicht isoliert, auf
einer Säule stehen, egoistisch borniert sich abschließen“.
Das wird nun weder der demokratischen Banausie noch dem
nationalistischen Dünkel unserer Tage gefallen. Die beiden
haben keine Ahnung, wie viel echte Freiheitsliebe und wie

viel echter Patriotismus aus der Lektüre der Alten in unsere
Jugend, in unser Volk übergegangen ist, wie an der als
Utopie oder Vaterlandslosigkeit gebrandmarkten Hellenen-
begeisterung unsere Jugend sich mit dem Vaterlandssinne
vollgetrunken hat, der sie auf die Schlachtfelder von 1813,
1815 und 1870 begleitet hat. Es hängt mit dieser päda-
gogischen Absicht und mit dem ganzen Natürlichkeitsgefühl
Seegers zusammen, wenn er nun für die Ausführung einer
solchen Uebersetzung vor allem fordert, daß sie auch wirklich
deutsch sei. Nichts von dem „Uebersetzerrotwelsch“, das
schon A. W. Schlegel an den Vossischen Uebertragungen
gegeißelt hat! Deutsch und poetisch — das ist für einen,
der in deutscher Sprache Verse macht, ein und dasselbe;
freilich nicht für die, welche Vossische Wortungetüme bewundern. „Streng müssen wir sein wie Voß, aber nicht pe-
dantisch, frei wie Wieland, aber nicht willkürlich“. Aus
diesem Grundsatz ist vor allem die Wahl der Versmaße hervorgegangen. Die lyrischen Maße sind wiedergegeben, soweit die Forderung eines verständlichen Ausdrucks und einer
übersichtlichen rhythmischen Form es zuließ; wo das nicht
möglich schien, mußte der Grundsatz gelten: „Poesie geht
über Prosodie“. Jeder, der sich etwa mit Donners Sophokles abgeplagt hat — sei es als Komponist wie Men-
delssohn, der schließlich aus den griechischen Metren doch
nur einen weder griechischen noch modernen Tragelaphen
machen konnte, sei es als bloßer Leser oder auch als Lehrer,
der seinen Schülern den Faden durch dieses Labyrinth geben
soll — wird mit Seeger fühlen können, wenn er auf einen

ganz sklavischen Anschluß an das Original verzichtet hat.
Im Dialog ist der Trimeter durch den fünffüßigen Jambus
ersetzt. Die Gründe zwar, welche Seeger gegen den Trimeter anführt, werden nicht durchaus einleuchten; wenn
Vorberg gegenüber der metrischen Behandlung der Elektra
einwandte, es „möchte dasselbe bei weiteren Fortschritten
der Uebersetzerkunst und des Uebersetzers auch zu erreichen
sein, ohne gerade so viel von der Form zu opfern", so
hätte er sich auch auf die deutschen Trimeter in Goethes
Helena-Scenen, in Schillers Jungfrau und Braut berufen
können, um zu beweisen, daß der deutsche Trimeter sehr
wohl mit ausgezeichneter Wirkung möglich war. Aber doch
nur, konnte Seeger darauf erwidern, in Momenten oder
ganzen Gedichten von besonderer Feierlichkeit. Er hat darauf hingewiesen, daß wir nun einmal im Drama weniger
feierlich, sentenziös, statuarisch sind als die Griechen und
die Franzosen. Derjenige Vers, der in unserem Drama die
Rolle des Trimeters spielt, ist eben nicht dieser, sondern
der Vers Shakespeares; Zarncke, der feinfühlige, hat auch
darauf hingewiesen, daß der Trimeter in den Fällen, wo
Goethe und Schiller ihn dramatisch versucht haben, dieselbe
Rolle eines gehobeneren Maßes spielt, die im griechischen
Drama dem trochaischen Tetrameter zukommt. Seeger ist
in der Wahl seines Metrums denselben Weg gegangen, wie
Wilamowitz, und wäre wohl auch mit der Aeußerung dieses
berufenen Wortführers des heutigen Hellenismus einverstanden gewesen, daß man den Euripides im Blankvers, den
Aeschylus im Trimeter übersetzen müsse; denn er trifft mit

ihm in der treffenden Aeußerung zusammen, der Uebersetzer
müsse suchen, „den gleichen oder doch einen ähnlichen Ein=
druck hervorzubringen, den der Rhythmus des Originals
auf das Ohr des Griechen hervorbrachte". Zu diesen me=
trischen Schwierigkeiten kamen aber auch noch zahllose und
wohl ungleich größere sprachliche. Aristophanes operiert mit
nichts so häufig als mit Anspielungen, Wortwitzen u. dgl.
und das in einer Sprache von ganz außergewöhnlicher Be=
weglichkeit. Wenn nun auch die deutsche Sprache eher als
andere im Stand ist das nachzubilden, so geht es doch ohne
große Schwierigkeit nicht ab und Einzelnes bleibt unüber=
setzbar. Hier war eine Sprachgewandtheit und ein Sprach=
sinn von ungewöhnlicher Sicherheit nötig, um hinter dem
Original nicht gar zu weit zurück zu bleiben, und ohne große
Freiheiten gegenüber dem Original, ohne Vertauschung grie=
chischer Witze durch ganz andere deutsche konnte es nicht
abgehen, wenn die Uebersetzung nicht ungenießbar werden
sollte. Aristophanes ist neben Pindar und Aeschylus der
schwerste, vielleicht überhaupt der schwerste der griechischen
Poeten. Gelingt es, ihn deutsch so wiederzugeben, daß er
nicht in allem Einzelnen — denn auf den ersten Sitz werden
auch seine Athener nicht alle die göttlichen Kalauer verstanden
haben — aber im ganzen fließend und natürlich wirkt, so
wird der Uebersetzer sich darauf recht viel zu gute thun
dürfen. Seeger ist in diesem Falle; ein Vergleich mit der
verbreitetsten Uebersetzung von Droysen, die selbst schon der
Vossischen gegenüber sich Freiheiten mit dem Original ge=
stattet hat, zeigt, daß der alte Komiker in Seegers Ueber=

ſetzung doch weit natürlicher und damit überzeugender wirkt.
Es zeigt ſich das auch in einem untergeordneten Punkte.
Ariſtophanes läßt fremde Perſonen die Mundarten ihrer
Gegenden ſprechen. Droyſen hatte dafür ein ganz ſeltſames
Mittelding zwiſchen älteren ſchriftdeutſchen und mundartlich
alemanniſchen Wortformen gewählt, das ſo, wie es daſteht,
nie und nirgends zu Haus geweſen iſt. Seeger dagegen
hat wirkliche moderne Dialekte, für den Megarer die Mund=
art des ſchwäbiſchen Unterlandes, für den Böotier die des
Oberlandes, für die Spartaner das Berner Deutſch, ge=
wählt und damit den Sinn des Attikers getroffen, der dieſe
fremden Idiome nicht nur als fremde, ſondern zugleich als
rohe Bauernſprachen gegenüber der Sprache ſeines Cen=
trums der feinſten Bildung in Wirkung geſetzt hat.

Seegers Ariſtophanes iſt die letzte und reifſte Frucht
ſeiner Beſchäftigung mit dem Altertum. Es iſt für ihn ganz
charakteriſtiſch, daß er als Ueberſetzer ſich nur mit Griechen
und (wenn wir von den Anakreonteen abſehen, die dafür un=
weſentlich ſind) nur mit ſolchen aus der Zeit der griechiſchen
Selbſtändigkeit beſchäftigt hat; Helleniſten und Römer läßt
er liegen. Es iſt charakteriſtiſch für den Künſtler, der nur aus
der alten, autochthonen, mit dem Leben verwachſenen Poeſie,
nicht aus der weltfremd gewordenen Dichtung der ſpäteren
Zeiten ſchöpfen will; noch mehr aber für den Menſchen und
Politiker, zu dem die großartige, zielbewußte Staatsklugheit
des weltbeherrſchenden Volkes nicht redet, ſondern nur das
naturwüchſige, ſtolze Freiheits= und Vaterlandsgefühl der
griechiſchen Kleinſtaaten. Nur der ganze Menſch, in dem

Denken, Fühlen, Wollen eins ist, gefällt ihm und lockt ihn zur
Darstellung. In Bern ist Seeger zum Politiker geworden.
Wenn die Geschichte Griechenlands ewig das Muster patriotischer
Erhebung und volkstümlicher Freiheit bleiben wird, so konnte er
in seiner nächsten Nähe die Umwälzungen moderner Republiken
studieren. In kleinen Staatswesen von republikanischer Ver=
fassung fallen die Mißstände, die jedes Regiment, von der
autokratischen Monarchie bis zur Demokratie nach der Art der
Urkantone, mit sich führt, so lange Menschen Menschen sind,
jedem Einzelnen deutlicher ins Auge, die Möglichkeit, selbst
Hand anzulegen, ist größer, die Gefahren, die aus einer
Umwälzung für die äußere Sicherheit des Staats erwachsen
können, sind geringer als in größeren Ländern. So hat
man ja gerade in der Schweiz ein beständiges, für das Ge=
samtwesen im Ganzen doch nicht gefährliches, öfters förder=
liches Oscillieren zwischen altliberalem und demokratischem
Regiment zu beobachten. Seeger war als sechsundzwanzig=
jähriger Mann nach Bern gekommen; er war Genosse eines
reichen, patricischen Hauswesens geworden, stand aber auch
mit andern Männern in Beziehung, unter denen Angehörige
der Linken vielfach tonangebend waren. In seinem gleich
nach der Ankunft an den Bruder Adolf geschriebenen Brief
äußert er sich von den Eindrücken der republikanischen Frei=
heit keineswegs sehr entzückt und meint, beide Parteien
haben ihre Fehler gemacht, er möchte lieber von einem
Bureaukraten seiner Heimat als von so einem republikanischen
Gnadenausteiler abhangen. Er ist aber dann doch recht
fest angewachsen und durch seine Anstellung auch mitten in

die Gesellschaft und Bewegung der Zeit hinein gekommen.
Er verkehrte viel im Vogtischen Hause, das ein Sammel=
punkt hervorragender Männer war. Wie gerne er an freien
Tagen das Land durchwandert und mit welchem Heimats=
gefühl er seine Zauber gekostet hat, sagen zahlreiche unter
seinen Gedichten. Unter anderem beteiligte er sich auch als
Laie an den vielgenannten Messungen des Aargletschers
durch Agassiz und andere und nahm mit seiner Frau für
einige Zeit Aufenthalt auf der Grimsel, wo die Gelehrten
ihr Hauptquartier aufgeschlagen hatten. Als Frucht dieser
Wanderungen ist ein eigenes Buch entstanden, das mit dem
Titel „Die Schweiz“ 1844 bei P. Balz in Stuttgart er=
schien, als dritter Teil des Sammelwerkes „Die Wanderer
um die Welt. Länder= und Völkerkunde in Reisebeschrei=
bungen“. Seegers Name ist nirgends genannt; daß aber
der Band von ihm ist, wird nicht nur durch das Zeugnis
eines Verwandten bewiesen, sondern auch durch das Buch
selbst, vor allem durch mehrere Gedichte, die von Seeger
sind, und durch die verhältnismäßig ausführlichen Angaben
über Agassiz und die Seinigen. Das Werk ist ein Parer=
gon, das mit den anderen Erzeugnissen seines Verfassers
nicht in einer Linie steht, aber ihm auch ganz und gar keine
Unehre macht. Die Sammlung, für die es geschrieben wurde,
gibt sich als bestimmt „für die Jugend und ihre Freunde“.
Seegers Arbeit ist keine eigentliche Jugendschrift: aber sie
ist durchaus in dem Tone freundlicher, unterhaltender Be=
lehrung geschrieben und mit Geschick ist das dadurch erzielt,
daß der Verfasser sich selbst als Lernenden darstellt, als

einen, der den Boden der Schweiz zum ersten Male betritt.
Es ist eine Reihe von Briefen, die vom Bodensee durch das
Appenzeller Land nach Zürich, Schaffhausen, Baden im Aar=
gau, nach Bern und ins Berner Oberland, nach Freiburg
und Solothurn, auf den Weißenstein, durchs Entlibuch an
den Vierwaldstätter See und über Einsiedeln bis zur Uf=
nau führen: nur ein Teil der Schweiz, aber einer, den
Seeger selbst, zum Teil mehrmals, bereist hatte — die
Autopsie ist nirgends zu verkennen. Neben der Schilderung
des Landes ist des Volkes und seiner Geschichte nie ver=
gessen, und man bekommt so ein sattes, mit frischer Lust
und öfters mit Humor gezeichnetes zuständliches Bild. Das
Urteil über die Schweizer, das einer gemütlichen Wärme
nicht entbehrt, ist gerecht und wohl abgewogen; wie häufig
die Deutschen selbst schuldig sind, wenn sie sich dort nicht
heimisch fühlen, ist keineswegs verschwiegen; aber wenn es
heißt: „Deutsche, die z. B. in Bern jahrelang leben, haben
mich versichert, daß sie sich fast so fremd hier fühlen, als
bei ihrem Eintritt in die Schweiz", so ist leicht zu sehen,
woher diese Angabe rührt.

Es ist aber kein Zweifel, daß Seeger, wenn auch nicht
in der vordersten Reihe, sich an den politischen Bewegungen
beteiligt hat, welche kurz nach dem Erscheinen seiner Reise=
bilder einen akuteren Charakter annahmen; und zwar stand
er auf der Seite der demokratischen Partei, deren Häupter
in Bern, wie an andern Schweizer Orten, großenteils Deutsche
waren, vornehmlich unter der Führung des Universitäts=
professors Wilhelm Snell. Gerade in den vierziger Jahren

haben ja die wichtigsten Veränderungen in den Verhältnissen
der Schweiz stattgefunden, die seit der Zeit der Helvetik
zu verzeichnen sind. Der Sonderbundskrieg bereitete sich
um die Mitte des Jahrzehnts vor, und der Kanton Bern
wurde in diese Wirren hineingezogen. Hermann Kurz gibt
in einem Briefe vom 13. Juli 1845 das Gerücht wieder,
Seeger habe seine Frau nach Stuttgart geflüchtet. Das mag
übertrieben gewesen sein. Aber da das alte liberale Regiment
in Bern noch am Ruder war, so konnte immerhin Gefahr
für Angehörige der Demokratie befürchtet werden, wenn auch
von einer bewaffneten Erhebung keine Rede war. Nicht
lange nachher errang die Demokratie in Bern ihren Sieg.
Am 31. Juli 1846 wurde die neue Verfassung des Kantons
proklamiert. Kurz darauf, unterm 11. September, bewilligte
der Erziehungsrat Seegers Gesuch, sich an der Universität
als Privatdozent für alte und neue Litteratur, namentlich
aber für deutsche Sprache und Litteratur habilitieren zu
dürfen, welche Befugnis am 17. Februar 1847 auch noch auf den
Vortrag der Aesthetik ausgedehnt worden ist. Die Ver=
kettung der Umstände läßt annehmen, daß damit nicht bloß
der bewährte Lehrer, sondern auch der verdiente Mann der
Demokratie geehrt werden sollte.

Seeger hat an der Universität Bern vom Herbst 1846
bis zum Frühjahr 1848 Vorlesungen über alte und neue
Litteratur gehalten: über Sophokles, Aristophanes, Demo=
sthenes; über deutsche Litteratur= und Kulturgeschichte, Aesthe=
tik, Goethes Faust und das Nibelungenlied. Auch für den
Sommer 1848 hatte er noch solche angekündigt. Er muß

aber schon im Frühjahr 1848 von Bern fortgegangen sein.
Die näheren Umstände kennt niemand mehr. Schwierig=
keiten und Mißhelligkeiten können sich aus seinem doppelten
Amt, das er bis zuletzt beibehielt, ergeben haben, um so
leichter als er seine Dozententhätigkeit sehr weit ausgedehnt
und zwischen sechs und elf Stunden im Semester gelesen
hat. Auch politische Reibungen kann es gegeben haben.
Außerdem wird die Anstellung an der Realschule doch wohl,
wie in der Schweiz üblich, nicht lebenslänglich gewesen sein.
Trotzdem wäre er, da er auch anderswo keine besseren Aus=
sichten gehabt hätte, wohl geblieben, wenn nicht die Revo=
lution in Deutschland dazwischen gekommen wäre. Er selbst
sagt in dem Gedicht „Rückkehr aus der Schweiz": „Der
Freiheit Hauch hat mich entführt und folgen mußt' ich ihrem
Stern". Er hätte das aber schwerlich gethan, wenn er
nicht gehofft hätte, in der neuen Zeit auch in seiner Heimat
wieder eine feste Stellung zu finden. Daß er daran denke,
wieder nach Württemberg zu gehen und der Schule seines
Geburtslandes seine Dienste zu widmen, hat er von Bern
aus schon früher mehrmals ausgesprochen. Gustav Schwab,
der ihm, wie wir sahen, wohl wollte, war seit 1845
Mitglied des Studienrats. Nachdem im März 1848 ein
liberales Ministerium eingesetzt worden war, schien für Seeger
Aussicht vorhanden zu sein. Durch die Vermittlung Adolf
Seegers, der inzwischen Stadtdirektor von Stuttgart ge=
worden war, machte Schwab ihm einige Hoffnung auf ein
württembergisches Lehramt. Rasch entschlossen ging Seeger
von Bern fort und erschien zum Schrecken seines Bruders

und seines Gönners mit Familie in Stuttgart. Aber das Lehramt — wer weiß auch, ob gerade eins zur Verfügung stand — ließ auf sich warten und wollte sich auch nach ein paar Monaten noch nicht zeigen.

So nahm denn Seeger den Antrag des Ulmer Verlegers Nübling an, die Redaktion der „Ulmer Schnellpost" zu führen, und siedelte nach Ulm über. In der Nummer vom 5. Dezember 1848 ist er zum ersten Male als verantwortlicher Redakteur genannt. Zwei Jahre lang hat er die vielgelesene Zeitung in der zweiten Stadt des Landes redigiert, im Sinne der Demokratie; er hat auch die üblichen Folgen einer solchen Thätigkeit zu tragen gehabt, indem er wegen Aufnahme eines fremden Artikels der Majestätsbeleidigung schuldig erklärt wurde und sechs Wochen auf dem den Oppositionspolitikern wohlbekannten, damals allerdings unter einer recht gemütlichen Aufsicht stehenden Asberg zubringen mußte. Diese Erfahrung und die weitere Thatsache, daß Seeger vom 15. März bis 3. Juli 1850 der „verfassungberatenden Versammlung des Königreichs Württemberg" (kürzer „Landesversammlung" genannt) als Abgeordneter für Ulm angehörte, also vom Orte der Redaktion längere Zeit abwesend sein mußte, scheint den ängstlichen Zeitungseigentümer stutzig gemacht zu haben; er kündigte Seegers Stellung auf. Am 29. Dezember 1850 verließ Seeger Ulm. Er verabschiedete sich von den Lesern seines Blattes mit den Worten: „Ich that, so hoffe ich, meine Schuldigkeit auf meinem Posten als Redakteur eines Volksblattes, wie in der öffentlichen Versammlung, vor dem Volks-

gericht wie auf der Tribüne als Volksvertreter". Das ist
ihm bezeugt worden in der stark besuchten Abschiedsfeier,
die ihm am 27. Dezember gegeben worden ist und bei der
unter andern auch ein konservativ gesinnter Schuhmacher=
meister das Wort zu seinem Preis ergriffen hat.

Seeger ging wieder nach Stuttgart. Er ist bis zu
seinem Ende ohne amtliche Stellung geblieben; in der Reak=
tionszeit war für den bewährten Lehrer der Jugend in der
eigenen Heimat kein Platz, und er selbst wäre gewiß zu stolz
gewesen, einen zu verlangen. Er hat sich in der freien,
aber kärglichen Stellung als Schriftsteller sein Brot ver=
dient. Gewiß nicht ohne Sorgen; denn es waren ihm in
Bern zwei Söhne geboren worden, für deren Zukunft zu
sorgen war. Er schrieb Korrespondenzen für deutsche und
amerikanische Zeitungen; von seiner eigentlichen litterarischen
Arbeit soll später die Rede sein. Ein industrielles Unter=
nehmen, in das er sich einließ, mißglückte durch die Schuld
seines Genossen und hat ihm viel Unlust, seiner Frau jahre=
lange Arbeit und Mühsal verursacht. Aber er war nicht
der Mann, sich beugen zu lassen; er hat, als eine Natur,
der der Kampf eine Freude war, sich durchgerungen und
sich und den Seinigen in aller Einfachheit und Schlichtheit
einen geachteten Platz in der Welt erobert.

Wenn ihn etwas noch besonders aufrecht halten und
seine Energie stählen konnte, so waren es die politischen
Kämpfe seiner Stuttgarter Zeit, in die er mit voller Kraft
eingetreten ist. Von seiner Wahl für die zweite Landes=
versammlung ist schon die Rede gewesen. Der kurzwäh=

renden dritten im Oktober und November 1850 hat er nicht
angehört. Dagegen wurde er vom Oberamtsbezirk Waldsee
in den ersten Landtag unter der erneuerten Verfassung gewählt, der vom 6. Mai 1851 bis zum August 1855 gewährt
hat. Die Wogen der Polemik gingen in diesem Landtag
hoch; die Reaktion hatte das Spiel gewonnen, aber die demokratische Partei war zahlreich vertreten und blickte „tief
gekränkt, doch mutig und stolz auf das gewahrte Recht".
Unter den ausgezeichneten Parlamentariern dieser Richtung,
welche Württemberg damals hatte, war Seegers Bruder
Adolf einer der hervorragendsten durch Begabung und Auf-
opferung für die Sache. Die beiden Brüder sind politisch
fast immer zusammen gegangen. Ludwig Seeger hat zu den
regelmäßigsten Besuchern der Kammerverhandlungen gehört
— übrigens scheint das Schwänzen damals überhaupt noch
nicht Sitte gewesen zu sein. Geredet hat er nicht allzu
häufig. Zu den führenden Persönlichkeiten hat er überhaupt
nicht gehört, ist auch nur einmal in eine Kommission gewählt
worden und zwar in die Schulkommission, für die er eine
zehnjährige Erfahrung mitbrachte. In den rein geschäfts-
mäßigen, technischen Verwaltungs- und Finanzfragen hat er
fast nie und jedenfalls nicht mit besonderem Glück das Wort
genommen. Aber er war auf seinem Platze, wo größere
allgemeine Fragen zur Sprache kamen; hier hat ihn seine
energische, gerade Denkweise, sein rücksichtsloser Gerechtig-
keitssinn, seine warme Liebe für das Volk gehoben und er
hat mit wuchtiger, durch seine umfassende litterarische Bildung gekräftigter Beredsamkeit wirkungsvoll in die Debatten

eingegriffen. „Wenn nach langer Debatte", so wurde ihm
an seinem Grabe nachgerufen, „in unserem Ständesaal der
Stoff sich schwer gehäuft und geballt hatte, wenn dumpfe
Schwüle auf den Geistern zu lasten anfing, da teilte sein
schlagender Witz das finstere Gewölk, erfrischt fühlten wir
uns, bis er endete". „Er liebte es, wenn die Wogen hoch
gingen, dann fand er sich in seinem Element". So hat
Seeger das Wort ergriffen in einer Anzahl von Fragen der
inneren Politik, wo starre Schranken zu durchbrechen, alte
Härten zu mildern waren, bald mit bald ohne Erfolg: zu
Gunsten einer besseren Stellung der Volksschullehrer, zu
Gunsten der Realschulen, gegen kirchliche Herrschaftsgelüste,
gegen das Gebot der Sonntagsheiligung, für Anerkennung
der Deutschkatholiken und Emanzipation der Juden; für
Freiheit der Gewerbe und gegen die Beschränkung der Frei=
zügigkeit; gegen militärische Ausgaben, die doch nicht zur
Erfüllung patriotischer Wünsche dienten; gegen Wiederein=
führung der im Jahr 1849 aufgehobenen Todesstrafe, aber,
nachdem sie wieder eingeführt war, gegen die geheime Voll=
ziehung derselben; gegen Steuerexemtion des Adels, gegen
Erhöhung der Gehalte für die Gesandten, gegen Verlänge=
rung des Cottaischen Privilegs auf Goethes und Schillers
Werke; gegen rigorosen Einzug der Steuern und harte Be=
strafung des Bettels, endlich für das Anrecht der Gemeinden
auf Waldweide und Waldstreu, unter Berufung auf die Ver=
hältnisse des heimatlichen Schwarzwalds und seiner armen
Leute. Wenn die zuletzt genannten Wünsche und Klagen
mit den Notjahren in der ersten Hälfte der fünfziger Jahre

im Zusammenhang stehen, so erkennen wir in den andern leicht die Forderungen der Demokratie jener Zeiten. Seeger ist auch in seiner Abstimmung stets mit der Linken gegangen und bei Spaltungen in derselben auf die Seite der extremeren Meinung getreten. Es sind diese innerpolitischen Fragen bei ihm wie bei andern später mehr in den Hintergrund getreten vor den Fragen der deutschen Politik. Daß er aber bis zuletzt auf dem Standpunkte der unverfälschten bürgerlichen Demokratie, auf dem Standpunkte Ludwig Uhlands geblieben ist, zeigt noch im Jahr 1863 eine Recension von meines Vaters Drama Friedrich II., in welcher er den absolutistischen Standpunkt des Helden — wahrlich nicht des Dichters — mit unmotivierter Schärfe getadelt hat. Ueber manche Fragen der inneren Politik mögen manche jetzt anders urteilen; der Ernst, die lautere Ehrlichkeit, das warme, lebhaft empfindende und lebhaft sich äußernde Gemüt des Dichters wird man auch in dem Politiker gerne wieder erkennen und liebgewinnen.

In den nächsten württembergischen Landtag, von 1856 bis 1861, wurden die Brüder Seeger nicht gewählt. Schade; denn es entgeht uns dadurch manches kräftige Wort, das Ludwig gerade damals zu reden gehabt hätte. Fiel doch in jene Jahre nicht nur der italienische Krieg, der ganz Süddeutschland in fieberhafte Aufregung versetzte, sondern auch im Lande selbst der siegreiche Kampf der Kammermajorität gegen die von der Regierung mit der Kurie geschlossene Konvention. Aber in den folgenden Landtag, der von 1862 an mit größeren Unterbrechungen tagte, wurden

beide Brüder wieder gewählt und haben ihm jeder bis zu
seinem Tode angehört, Ludwig als Abgeordneter wieder für
Ulm, Adolf für Freudenstadt. Der Landtag trat am 3. Mai
1862 zusammen und tagte zunächst nur beinahe drei Wochen
lang. Nur einmal, am 7. Mai, hat Ludwig Seeger ge=
sprochen und zwar dafür, daß die Thronrede des Königs
mit einem Hinweis auf die deutsche Frage beantwortet werden
solle: kein Groß=Preußen, kein Groß=Oesterreich, sondern ein
Gesamt=Deutschland! Darauf folgte eine anderthalbjährige
parlamentarische Pause. In diese Zeit fallen die zwei wich=
tigsten Ereignisse der deutschen Geschichte jener Jahre: die
Ernennung Bismarcks, die den preußischen Verfassungskon=
flikt, und der Tod Friedrichs VII. von Dänemark, der den
dänischen Krieg zur Folge hatte. Wie die Stimmung wäh=
rend des preußischen Konflikts und vor der Aufrollung der
schleswig=holsteinischen Frage in Württemberg war, läßt
sich nirgends besser verfolgen als in dem gedruckten Bericht
über die Landesversammlung der Fortschrittspartei, die im
Dezember 1862 in Eßlingen stattfand. Verhandelt wurde,
von Fragen der Partei=Organisation abgesehen, nur über
die deutsche Frage. Alle Anwesenden waren einig darüber,
daß die preußische Opposition zu ihrer Haltung im Ver=
fassungskampfe zu beglückwünschen und darin zu bestärken
sei; ebenso einig in der Forderung, daß nunmehr, da ein
frischerer Zug wieder zu gehen angefangen habe, die Einigung
Deutschlands und die Herstellung einer allgemein deutschen
Volksvertretung lebhaft zu betreiben sei. Aber über die
Mittel dazu war man nicht einig. Schon hatten sich die

beiben gegnerifchen Vereine, der kleinbeutfche Nationalver=
ein und der großbeutfche Reformverein, durch ganz Deutfch=
land verbreitet und reichten mit ihren Mitgliebern auch in
die Reihen der württembergifchen Volkspartei hinein. Noch
wollte keiner von den in Eßlingen Verfammelten, baß Defter=
reich aus dem Bunde hinausgebrängt würde; aber während
mehrere Anwefende auf der Parole beharrten: bas ganze
Deutfchland foll es fein, und den Schatten des vor wenigen
Wochen verftorbenen Uhland citierten, wollten die andern,
baß einmal ohne Rückficht auf Defterreich vorgegangen werde,
diefes werde baburch fchon zum Mitthun gezwungen werden.
Diefe zweite Anficht fand in der Verfammlung große Majo=
rität, und ihr gehörten auch die beiden Brüder Seeger an.
Erft die Ereigniffe von 1864 bis 1866 haben den Keil tiefer
eingetrieben und die preußifche Partei aus der Demokratie
hinaus, diefe aber ins öfterreichifche Lager gebrängt. Man
ift verfucht, die Frage aufzuwerfen, ob es nicht möglich ge=
wefen wäre, baß Preußen fich fchon 1862 und 1863 an die
Spitze des deutfchen Liberalismus geftellt hätte: die Hin=
neigung zu Defterreich wäre dann in unferer fchwäbifchen
Volkspartei nicht Meifter geworden. Aber bas ift eine un=
nütze Frage.

Als der Landtag am 24. November 1863 wieder
zufammentrat, ftanden feine Verhandlungen gleich ganz unter
dem Zeichen der fchleswig=holfteinifchen Frage, da am acht=
zehnten Chriftian IX. die neue Verfaffung unterzeichnet hatte.
Von fpezififch württembergifchen Angelegenheiten war nur
die Zulaffung der Juden zu allen bürgerlichen Rechten und

zur Verheiratung mit Christen von größerem Interesse; auch Seeger stimmte und sprach dafür — seine letzte Kammerrede am 23. Februar 1864 war zu Gunsten der Eheschließung zwischen Christen und Juden. Immer wieder kam die Sache der Elbherzogtümer auf die Tagesordnung und verschlang jedes andere Interesse. Die Abgeordnetenkammer faßte mehrmals rasch hintereinander ganz oder nahezu einstimmige Resolutionen zu Gunsten von Schleswig-Holstein: der Augustenburger sollte anerkannt und durch Mobilmachung vom Bunde in sein Erbrecht eingesetzt werden. Auch Ludwig Seeger war öfters unter den Rednern, noch in seiner vorletzten Kammerrede am 18. Januar 1864 sprach er sich gegen das eigenmächtige Vorgehen der beiden Großmächte aus. Auch außerhalb der Kammer war er für die Elbherzogtümer bemüht und ist in Württemberg wohl der eifrigste Vorkämpfer ihrer Sache gewesen. Er war nicht nur Mitglied des Stuttgarter Komitees für Schleswig-Holstein, sondern auch Mitglied des Sechsunddreißiger-Ausschusses, der von der Frankfurter Versammlung aller deutschen Landesvertretungen im Dezember 1863 als ständiges allgemein deutsches Komitee zur Wahrung der Unzertrennlichkeit der Herzogtümer und des Augustenburgischen Erbrechts eingesetzt wurde. Seeger hat noch den Ausbruch des Kriegs, aber nicht sein Ende erlebt; fünf Tage vor seinem Tode fand das für die Preußen siegreiche Seetreffen bei Stralsund statt, und als am 28. März 1864 in verschiedenen württembergischen Bezirken große Volksversammlungen für Schleswig-Holstein gehalten wurden, da war er nicht mehr.

So sollte das Leben auch dieses Patrioten in Unge-
wißheit über die Lösung der großen und unerträglich drängenden Fragen nach der Zukunft des Vaterlands zu Ende
gehen. Wie er sich zu den folgenden Ereignissen gestellt
haben würde, wer will es wissen? Er war in den kräftigsten
Mannesjahren in das öffentliche Leben einer Republik hineingestellt gewesen und dachte republikanisch im besten Sinne:
nichts von scheuer Ehrfurcht vor dem Glanz der Höfe, von
Ergebung in die Befehle von oben. Er war ein richtiger
Demokrat, für den es zwischen Großen und Kleinen keinen
Unterschied gab, hat er doch in den letzten Jahren seines
Lebens im Stuttgarter Arbeiterbildungsverein oft und viel
geredet. Er war ein Freund freier Bewegung, ein Gegner
aller polizeilichen Bevormundung, ein Mann des strengsten
Gerechtigkeitsgefühls. Aber er war auch ein leidenschaftlicher Vaterlandsfreund, ein Mann der rücksichtslosen Wil-
lenskraft, und wenn er den Wahlspruch der Demokratie
seiner Tage: alles für das Volk und alles durch das Volk,
mit zäher Entschiedenheit festhielt, so war ihm das andere
Wort mindestens ebenso heilig: Deutschland über alles. Er
gemahnt in allem diesem am meisten an Uhland; aber er
ist viel leidenschaftlicher, aktiver als dieser, daher auch neuen
Ideen zugänglicher — lieber als die von Uhland gewählte
Rolle des Fähnrichs, der „wund und blutig sein Banner
rettet im Gefecht", ist ihm die des kecken Reiterführers, der
im Galopp den Seinen voran auf den Feind einsprengt
und einhaut.

Wir müssen den Politiker Seeger verlassen und können

nur einen flüchtigen Blick auf eine kurzwährende journalistische
Thätigkeit seiner letzten Zeit werfen, die zu den schwerer
wiegenden und dauernderen poetischen Leistungen den Ueber=
gang machen mag. In den Revolutionsjahren war als illu=
striertes Witzblatt der schwäbischen Demokratie der „Eulen=
spiegel" erschienen. Der Ebnerische Verlag in Stuttgart,
der auch die zweite Auflage von Seegers Gedichten über=
nahm, hat in den bewegten Tagen von 1862 und 1863
dieses Witzblatt wieder aufleben lassen; es erschien vom 15.
November 1862 bis Ende 1863 allwöchentlich. Auch Seeger
war unter den Mitarbeitern dieser oft recht witzigen, oft
aber auch allzu reichlich gepfefferten Zeitung. Vom Mai
1863 an hatte der Eulenspiegel regelmäßig ein „Litterarisches
Wochenblatt" als Beigabe, das zunächst nur litterarische Be=
sprechungen und litterarisch=künstlerische Tagesnotizen ent=
hielt. Vom 4. Juli 1863 an bis zum Jahresschluß erschien
das Wochenblatt in erweiterter Gestalt und als Herausgeber
nannte sich Seeger, der es wohl auch schon zuvor gewesen
war. Außer den früheren Bestandteilen enthielt die Zeitung,
die sich neben andern ihres gleichen füglich sehen lassen kann,
auch Gedichte, Novellen und anderes. Seeger selbst hat eine
Anzahl lyrischer Poesien beigesteuert. Der Inhalt dieses
Wochenblatts ist ganz unpolitisch.

Mit größeren Werken war Seeger seit seinem Aristo=
phanes nicht mehr hervorgetreten. Aus den fünfziger Jahren
ist nur die durchgesehene zweite Auflage des Beranger von
1859 zu nennen. Zu derselben Zeit aber arbeitete er schon
wieder an Größerem. Er hat sichs nie leicht gemacht. Zum

britten Male griff er nach dem Schwersten in den Litteraturen des Auslandes, als er es unternahm, die poetischen
Werke Victor Hugos zu übersetzen. Diese Uebertragung ist
1860 in der Riegerischen Verlagshandlung zu Stuttgart in
drei Bänden erschienen. Der erste Band enthält gleich das
incalculabelste Gedicht des Franzosen, die wunderlich tiefsinnige, erhaben wahnwitzige „Weltlegende", und hat die
Kunst des Uebersetzers sofort auf die allerschwerste Probe
gestellt. Im zweiten Bande folgen die „Oden", „Balladen"
und „Orientalen", im britten „Herbstblätter", „Lieder der
Dämmerung", „Innere Stimmen", Strahlen und Schatten".
Auch in dieser Uebersetzung ist Seeger dem metrischen Charakter des Originals so treu als möglich geblieben, wieder
mit einer vollkommen berechtigten Ausnahme. Den im Französischen so außerordentlich häufigen Alexandriner hat er
beibehalten, wo er lyrisch ist, das heißt wo er als Bestand-
teil lyrischer Strophen erscheint; dagegen hat er ihn da, wo
er in längeren, fortlaufenden Reihen auftritt, durch den
reimlosen fünffüßigen Jambus ersetzt. Ueber den Trimeter
konnte man streiten, über den Alexandriner nicht; er ist uns
als Versmaß längerer Gedichte so vollständig fremd geworden, daß wir uns niemals mehr in ihn hinein fühlen
können; wir ertragen ihn im Epos oder Drama höchstens
noch zur Charakterisierung zopfiger Feierlichkeit und Wohl-
redenheit, wie er etwa schon in Körners Gouvernante verwendet ist. Beranger und Hugo sind vielleicht die zwei
allerverschiedensten Lyriker Frankreichs, auf die ein Uebersetzer verfallen konnte, mag ihnen auch die starke politische

Aber gemein sein, was dazu mitgewirkt haben könnte, Seeger zu ihnen hinzuziehen. Daß er mit seinem Beranger mehr Glück gehabt hat, liegt an unserem deutschen Geschmack in lyrischen Dingen; die Arbeit war bei Hugo nicht kleiner, sondern größer. Nicht zwar in metrischer und elementar=sprachlicher Beziehung, aber in Beziehung auf den ganzen hochgetragenen Odenstil des Franzosen. Denn wenn es etwas giebt, was uns seit damals hundert Jahren so ziem=lich abhanden gekommen ist, so ist es die Empfindung für diesen lyrischen Stil höherer Ordnung. Es gehörte die größte Kunst dazu, uns den dem Deutschen vielleicht frem=desten französischen Dichter näher zu bringen, ohne ihn zu verfälschen. Seeger hat den Versuch wagen können. In weitere Kreise freilich konnte diese Uebersetzung seinen Namen nicht tragen.

Den Mann, der sich an solchen Aufgaben erprobt hatte, konnte nur die größte noch reizen. Schon im Winter 1857 auf 1858 schrieb Rudolf Kaußler an seinen Bruder: „Wenn du mit Seeger zusammenkommst, so ermahne ihn doch auch in meinem Namen, er solle den Plan einer neuen Shake=speare-Uebersetzung nicht aufgeben und einmal ein Probestück drucken lassen. Er hat in seinem Aristophanes bewiesen, daß kein Uebersetzer in der Gegenwart es ihm gleich thun kann, wenn es sich darum handelt, einen fremden Poeten zu einem deutschen zu machen". Auch die Stelle in einem vier Jahre späteren Briefe von Hermann Kurz wird sich auf nichts anderes beziehen: „Seegers Gelingen freut mich sehr und noch mehr sein Vorsatz, ein Meisterwerk zu liefern,

was er ja bloß zu wollen braucht". Nach der Vollendung
des Victor Hugo nahm Seeger die neue Arbeit, die um=
fänglichste von allen, ernstlich zur Hand. Am 30. Mai 1863
las er im Saale des Museumsgartens die Uebersetzung des
König Johann öffentlich vor; er hatte, wie berichtet wird,
dieses Stück zuerst vollendet, weil der Schauspieler Dawison
es bei seinem Besuch in Stuttgart gewünscht hatte, um es
nach der neuen Uebersetzung auf dem Dresdener Hoftheater
spielen zu lassen. Als Verleger für die Uebersetzung war
Otto Wigand in Leipzig gewonnen. Zur Unterstützung der
Arbeit beantragte ein naher Freund Seegers bei der deutschen
Schillerstiftung die Gewährung eines Ehrensoldes. Sie er=
folgte im Februar 1864 für drei Jahre; als Seeger die
Nachricht empfing, war er schon krank; seine Witwe hat
den Ehrensold noch bis 1866 bezogen.

Eine Nebenarbeit war es, als Seeger im Jahr 1863
eine stattliche Anzahl von schwäbischen und andern deutschen
Dichtern zu dem „Deutschen Dichterbuch aus Schwaben"
vereinigte, das zu gleicher Zeit mit seinen zwei eigenen
lyrischen Bänden bei Emil Ebner in Stuttgart erschienen
ist. Es war offenbar als Gegenstück zu Geibels Münchner
Dichterbuch gedacht, das ein Jahr vorher erschienen war.
In drei Abteilungen folgten epische, lyrische, dramatische
Sachen auf einander. Seeger selbst war nur in der ersten
Abteilung vertreten mit dem Schwank „Die Goldfasanen",
der aus dem Jahre 1862 zu stammen scheint und ein recht
volles, gründliches Behagen am menschlichen Dasein verrät.
Es ist eine tolle Geschichte aus Neapel, in der einem Schuh=

macher zur Rache für seine Bosheit eingeredet wird, daß
die von ihm zu Markte getragenen Schuhe Goldfasanen
seien. Das Motiv ist ganz ähnlich wie in Geibels beträcht=
lich älterem „Meister Andrea" und mit nicht geringerer
Munterkeit und Ausgelassenheit durchgeführt. In formeller
Beziehung dagegen bedient sich der Schwank der reimlosen
Trochäen, welche Herders Cid zuerst aufgebracht und Schef=
fels Trompeter für derartige Zwecke harmloser parodie=
render Komik mit Erfolg verwendet hatte.

Mitten aus der Bahn, aus der vollen, geübten Kraft
der rüstigsten Mannesjahre wurde Seeger weggerissen. Er
hatte über ein Jahrzehnt mühsam ringen müssen, um seine
Existenz zu fristen, und er hatte es gethan, ohne je zu den
beliebten Mittelchen seichter Unterhaltungsschriftstellerei zu
greifen. Er hatte sich die Anerkennung und Wertschätzung
erworben, die gerade der Schwabe und besonders der Be=
wohner der Beamtenstadt Stuttgart einem Mann ohne Amt
und Würde nicht so leicht zu Teil werden läßt. Nun dachte
er wohl, der Sorgen um des Lebens Notdurft bald quitt
zu sein, nachdem die Söhne dem Elternhaus entwachsen
waren und beginnen konnten, auf eigenen Füßen zu stehen.
Als Dichter hatte er sich einen geachteten Namen und einen
gesicherten Rang geschaffen und stand in seinem Wohnort
selbst mitten in einem Kreise dichterischer Freunde, unter
denen mein Vater und der Romandichter Otto Müller ihm
am nächsten verbunden waren. Jedermann erwartete eine
lange, fruchtbare Thätigkeit für ihn, der im Begriffe stand
durch ein weiteres Meisterwerk der Uebersetzerkunst zu dem

alten Ruhme neuen zu fügen. Auch sein politisches Wirken
schien in der schleswig-holsteinischen Frage einen festen Mittelpunkt gefunden zu haben. Anstrengende Arbeit war ihm
eine Freude. Er hatte einen kraftvoll gebauten Körper,
den er durch Uebung wacker erhielt — auch schriftstellerisch
hat er sich gelegentlich mit der Turnkunst zu thun gemacht.
Ein Naturfreund voll des feinsten Sinnes für das Schöne
der Welt, war er noch immer der rüstigen Fußwanderung,
etwa mit seinen heranwachsenden Söhnen, eifrig zugethan.
Nach dem eisernen Fleiß des Tages war er einer frohen
Geselligkeit nicht abgeneigt und bildete einen Mittelpunkt
geistreicher Tafelrunde; er, dem alles Gespreizte, Geleckte,
Gesalbte gründlich zuwider war. Die Räume der Wer-
nerischen Gartenwirtschaft an der Marienstraße, welche Hermann Kurz durch seine Novelle von den beiden Tubus un-
sterblich gemacht hat, haben manchen kernigen Witz, manche
ins Schwarze treffende Kritik Seegers vernommen; das Eine
und Andere davon lebt noch jetzt im Munde der Nachwelt.

Da kam das Schicksal. Vom 26. Februar 1864 an
hat Seeger in der Abgeordnetenkammer gefehlt. Es hatte
ihn ein Unwohlsein befallen, das zunächst leicht zu sein
schien, auch die Arbeit gestattete. Aber nach einiger Zeit
zeigten sich typhöse Erscheinungen und das rasch anwachsende
Fieber hat in der Morgenfrühe des 22. März dem kraft-
vollen Leben ein erschütternd rasches Ende gemacht. Er,
dem man im Scherz ein Jahrhundert gegeben hatte, hat es
nicht auf viel mehr als die Hälfte gebracht. Am Nachmittag
des 24. März ist er auf dem frieblich am Fuß des Berges

gelegenen Fangelsbachkirchhof bestattet worden, bei herr=
lichem, sonnigem Frühlingswetter. Es war eine mächtige
Totenfeier, deren Eindrücke ich, der ich als zwölfjähriger
Knabe zusehen durfte, nicht vergessen kann. Der Ausschuß
des Arbeiterbildungsvereins, die Mitglieder der Abgeord=
netenkammer — „Prälaten und Ritter nicht ausgenommen" —,
eine Deputation von Ulm eröffneten den Leichenzug, in dem
sich, wie nicht oft wieder, die bald nachher durch die Zeit=
ereignisse zerrissene demokratische Partei Württembergs zu=
sammenfand. Am rührendsten war es, dem Sarge den jün=
geren Bruder Adolf folgen zu sehen, der schwer leidend
lange vor dem Bruder dem Tode verfallen geschienen hätte
und nur anderthalb Jahre nach ihm, am 15. September
1865, auch dahingegangen ist. Auf den Gesang des Lieder=
kranzes und das Gebet des Geistlichen folgte ein Gedicht
meines Vaters und eine Rede Bechers, des gefeiertsten Red=
ners der Demokratie. Die Trauer wurde zur stillen Er=
hebung durch den Gedanken, daß der Geschiedene nun in
ungebrochener Kraft in der Erinnerung der Seinigen fort=
lebe. „Er mußte aufrecht von dannen gehen. Siechtum
und Alter hätten ihn bei seinen Ansprüchen an den Geist,
seinem Wirkungsdrang doppelt unglücklich gemacht. Nur so
steht er, ein Bild der Kraft, vor dem kommenden Geschlecht."
Ein einfacher Grabstein schmückt das Grab des Dichters und
Patrioten und erinnert daran, daß ihm nicht viel weniger
als drei Jahrzehnte später, am 15. März 1892, die Gattin
ins Grab nachgefolgt ist. Beide Söhne haben den Beruf
des Geschäftsmanns ergriffen; der jüngere ist noch in frü=

herem Alter als der Vater dahingegangen, der ältere lebt
als angesehener Geschäftsmann und vielbeschäftigter Künstler
in Stuttgart.

Die erste Sorge der Freunde nach Seegers Tode war,
was von seinem letzten und größten Werk, dem deutschen
Shakespeare, für die Nachwelt gerettet werden könnte. Es
war leider nicht viel. Von den sechsunddreißig Stücken
waren nur drei vollständig übersetzt: König Johann, Timon
von Athen und Hamlet; der Othello war gediehen bis in
die erste Scene des fünften Aktes, nach den Worten „da
liegt Cassio schwer verwundet" hatte Seeger am 5. März
die Feder niedergelegt. Otto Müller mußte einen Verleger
zu gewinnen. Das Bibliographische Institut in Hildburg-
hausen, das damals seine Bibliothek ausländischer Klassiker
herausgab und um dieselbe Zeit auch Hermann Kurz dafür
gewonnen hat, konnte für die unter der Führung Wilhelm
Jordans unternommene Uebersetzung Shakespeares die See-
gerischen Stücke brauchen. Gleich im Herbst 1864 gingen
sie in das Eigentum dieses Verlags über und sind im Jahr
1867 als Bestandteile der gesamten Shakespeare-Uebersetzung
erschienen: König Johann im ersten, Hamlet im siebten,
Timon im neunten Bande; der Othello dagegen erschien in
der Uebertragung Jordans. Es können aber die drei Stücke
genügen, um von Seegers Verfahren einen Begriff zu geben
und das Bedauern zu erwecken, daß ihm nur so wenig zu
geben vergönnt gewesen ist. Seeger war bei dieser Uebersetzung von vornherein günstiger und ungünstiger gestellt als
bei seinen früheren. Günstiger, denn es galt aus einer

nahe verwandten Sprache zu übertragen, aus der wohl ein=
mal ein Vers wörtlich und mit demselben Tonfall ins Deutsche
herüberkommen mag; ungünstiger, denn es handelte sich um
den Größten der Großen, der alle Kraft der Seele aufzu=
bieten zwingt. Günstiger, denn die Schlegel=Tieckische Ueber=
setzung hatte hier mehr als irgend eine bei einem andern
Dichter vorgearbeitet; ungünstiger, denn es galt mit dieser
bedeutenden Arbeit zu ringen und sie zu übertreffen. Ihr
Vorbild ganz unbenutzt zu lassen, hat keiner der späteren
Uebersetzer verantworten wollen. Auch Seeger trifft in man=
chen Wendungen, die gar nicht anders übersetzt werden
konnten, an manchen längst zum Gemeingut gewordenen
Stellen mit der älteren Uebersetzung zusammen. Aber auf
Schritt und Tritt weicht er auch von ihr ab und selten zu
seinem Nachteil, viele seiner Aenderungen sind entschiedene
Verbesserungen. Nicht selten ist der Sinn des Originals,
mitunter auch der Wortlaut, getreuer wiedergegeben. Ins=
besondere aber hat auch in dieser Uebersetzung Seeger einen
fließenderen, natürlicheren, deutscheren Ausdruck angestrebt.
Das zu erreichen, ist aber wieder nur durch eine bestimmte
Freiheit in Bezug auf das Versmaß möglich geworden. Der
dramatische Vers konnte ja hier ohne jede Abweichung bei=
behalten werden; aber während die Schlegelische Ueber=
setzung die Verszahl und Versabteilung des Originals bei=
behalten hatte, hat sich Seeger erlaubt, wo die deutschen
Worte mit ihrer meistens größeren Silbenzahl sich nicht in
denselben Raum drängen ließen, über die Originalzahl der
Verse etwas hinauszugehen und damit auch das Verhältnis

von Vers und Satz gelegentlich zu verschieben. Es ist nicht seine Schuld, wenn trotz der Vorzüge seines Shakespeare der Aristophanes doch als die größere, überhaupt als seine größte Leistung erscheinen muß; nicht nur ist dieser vollständig erschienen, es war auch die Arbeit an dem griechischen Komiker gewiß die allerschwerste und die Vergleichung mit andern Uebersetzern fällt hier noch entschiedener zum Vorteil Seegers aus.

Seeger ist nicht nur als Uebersetzer der vorzüglichste unter seinen nicht ganz wenigen schwäbischen Zeitgenossen, sondern auch als Lyriker eine höchst erfreuliche und wohlthuende Erscheinung, ganz abgesehen noch von der erquicklichen Frische und Kraft seiner Persönlichkeit, die auf ein viel späteres Geschlecht ja doch nicht mehr mit der ganzen Gewalt wirken kann, von der ich noch ein freilich noch lange nicht eidesfähiger Zeuge gewesen bin. Daß er so ganz vergessen bleiben sollte, hat mir nicht hinuntergewollt; hier ist seine anspruchslose Lebensskizze, der man hoffentlich wenigstens die Herzensfreude über einen so ganzen Mann nachfühlen kann.

Schillers Heimatjahre
von Hermann Kurz.

Die litterarischen, politischen und sozialen Bewegungen
und Schwankungen haben sich immer im Roman besonders
vernehmlich geltend gemacht. Die Vorkämpfer des jungen
Deutschlands waren es, die am lautesten die Forderung auf=
stellten, die Litteratur müsse sich der Zeit dienstbar machen.
Eine Anzahl von Romanen mit ausgesprochener Tendenz,
mit mehr oder weniger klarem Programm trat an den
Tag. Klarer und schöner als irgend ein Anderer stellte
Immermann in seinen Epigonen, wenn auch verbrämt mit
einzelnen ganz romantischen Zuthaten, den Kampf der
Geburtsaristokratie und Industrie dar; weit kritischer und
satirischer wurde er zwei Jahre darauf in seinem Münch=
hausen, in welchem er aber als Perle in abstechender Fassung
die westfälische Dorfgeschichte untergebracht hat. Auch in
Schwaben hat der Zeit= und Tendenzroman in den dreißiger
Jahren seine Blüten getrieben und auch hier ist rasch der
Uebergang zur Volks= und Familienerzählung vollzogen wor=
den. Nachdem im Todesjahr Goethes der Maler Nolten
Mörikes noch mit den Romanen des Meisters um den Preis
in künstlerischer Vollendung und psychologischer Tiefe ge=

rungen hatte, hat Auerbach fünf und sieben Jahre nachher
seine beiden Judenromane und 1843 den ersten Band seiner
Schwarzwälder Dorfgeschichten erscheinen lassen.

Im nämlichen Jahr 1843 hat Hermann Kurz den
ersten seiner zwei großen Romane aus der Geschichte Würt=
tembergs veröffentlicht : „Schillers Heimatjahre. Vaterlän=
discher Roman". Der Roman hat viele und dankbare Leser
gefunden und ich kann mich begnügen, durch eine kurze Nach=
erzählung seinen Inhalt den Lesern dieser Zeilen wieder ins
Gedächtnis zu rufen.

Heinrich Roller, württembergischer Kandidat der Theo=
logie, verlobt sich mit Lottchen, der jüngeren Tochter des
Pfarrers in Illingen. Er soll in Stuttgart um eine Pfarr=
stelle nachsuchen, kommt aber zufällig mit dem Herzog Karl
zusammen, der ihm den Plan auszureden und ihn in seinen
Dienst zu ziehen sucht. Er nimmt den Antrag Karls an,
nach Ulm zu Schubart zu reisen, um diesen vor den Nachstel=
lungen des Wiener Hofes zu warnen; auf der Reise ver=
weilt er in Reutlingen bei dem Bürgermeister, dessen Be=
kanntschaft er in Stuttgart gemacht hat. Er ist in Ulm
Zeuge von Schubarts populärer Publizistenthätigkeit, aber
auch bei dem Ausflug nach Blaubeuren Zeuge seiner Ver=
haftung. Er kehrt von dort nach Stuttgart zurück, wird
zu den Festlichkeiten in der Karlsakademie zugelassen und,
obschon er durch das Verfahren des Herzogs mit Schubart
gewarnt sein könnte, nimmt er den Antrag an, Lehrer an
der Akademie zu werden. In dieser Stellung eine Familie
zu ernähren, ist nicht möglich; die Verlobung wird vorerst

aufgehoben.

Im zweiten Teil (Band) lernen wir zunächst das Trei=
ben Schillers und seines Kreises kennen, zu dem auch der
jugendliche, nachsichtige Vorgesetzte Roller gehört: die nächt=
liche Vorlesung der Räuber, die durch den Herzog gestört
wird, nächtlichen Unfug mit dem bekannten Aufseher Rieß.
Roller findet in Stuttgart eine mit ihm fühlende weibliche
Seele, die frühere Geliebte des Herzogs Aurora, die ihm
auf einer Spazierfahrt ihre Geschichte erzählt. Bei dieser
Spazierfahrt werden beide von Lotte gesehen. Lotte ist in
Stuttgart zu Besuch bei ihrer älteren Schwester Amalie, die,
auch ein Opfer der Laune des Herzogs, mit einem Expe=
ditionsrat verheiratet ein freudenarmes Dasein führt. Roller
sieht Lotte in Gesellschaft eines Barons, den er als Gecken
kennt. Beide sehen ihre Verbindung auch innerlich als ge=
löst an. Lotte wird auf der Heimfahrt vom Theater durch
den Baron wider ihren Willen auf sein Schloß entführt,
vermag aber von dort zu entweichen. Schillers geniale
Wirtschaft in seiner Sturmperiode als Regimentsmedikus
wird geschildert. Eine Enkelin des Herzogs, Laura, wird
Rollers Schülerin und setzt sein wehrloses Herz abermals
in Flammen. Mit einem jungen Zigeuner geht diese aben=
teuerlustige Schönheit nach einem Maskenball durch und zu
der Bande Hannikels, die eben auf dem Schwarzwald haust.
Roller übernimmt die Aufgabe, sie von dort wieder zu
holen. Er wird aber, da er sich in Gesellschaft eines be=
freundeten Pfarrers allzu sehr den studentischen Jugend=
erinnerungen hingegeben hat, im Schlafe selber von den

Zigeunern geraubt, muß längere Zeit bei ihnen und in
Lauras Gesellschaft bleiben, verläßt sie dann, wird als verdächtig nach Sulz transportiert, durch den Pfarrer rekog-
nosziert und befreit: allein die Sorge um Lauras Geschick läßt ihn nicht ruhen, er geht wieder zu der Bande.

Im dritten Teil finden wir ihn bei den Zigeunern, mit
denen er im Schönbuch in eine herzogliche Jagd hineinge-
rät. Laura wird von den Jägern ergriffen und im Wagen
nach Stuttgart gebracht, wo sie, wie man später erfährt,
einem Kavalier und Zögling des Herzogs vermählt wird.
Gegen Roller, den er im Komplott glaubt, schießt der Herzog seine Pistole los, fehlt ihn aber. Roller zieht mit den
Zigeunern bis in die Nähe von Reutlingen und entflieht
ihnen, wie sie eben die furchtbare Rache an einem herzog-
lichen Grenadier ausüben, infolge deren stärker auf sie ge-
fahndet und der große Räuber schließlich durch den ge-
fürchtetsten Gegner des Gaunerwesens, den Oberamtmann
Schäffer in Sulz, gefangen genommen wird. Roller erholt
sich in Reutlingen bei dem Bürgermeister von seinen Müh-
salen und erfährt, daß der Herzog, versöhnlich gestimmt,
ihn in Hohenheim erwarte. Dort aber läßt ihn Karl, der
ihn noch immer mit seiner Enkelin im Komplott glaubt,
verhaften und auf den Asberg führen. Das Leben auf
der Festung wird geschildert: der widerliche Frömmler
Rieger, der noch immer zwischen Weltsinn und Buße schwankende Schubart, der Mann der echten Herzensreligion Philipp
Matthäus Hahn, von dem Roller für die Vertiefung seines
Seelenlebens lernt. Auf dem Asberg erhält er durch

Amalie einen Brief, der ihm Lottes unverändertes Herz
und den ganzen Reichtum ihrer Seele enthüllt. Lauras
Gemahl kündigt ihm endlich seine Befreiung an; nachdem
er eben noch Zeuge von Riegers jähem Tode gewesen ist,
eilt er nach Stuttgart und auf die Solitüde, von wo er
mit Amalie in derselben Nacht, in der Schiller mit seinem
Streicher aus Stuttgart entflieht, nach abenteuerlicher Fahrt
in Illingen ankommt. Es ist ihm die Stelle eines Prinzener-
ziehers an einem fremden Hofe durch den wieder umge-
stimmten Herzog angetragen; er wird sie antreten. Aber
erst wird er noch mit Lotte durch den greisen Vater fürs
Leben verbunden. — Ein Anhang „Wiedersehen in der
Heimat" führt elf Jahre weiter herab. Roller ist zum Besuch in Schwaben, er sieht den Herzog noch einmal, verlebt
mit Schiller, der eben auch zu Besuch ist, frohe Wochen und
die Freunde haben auch noch Gelegenheit, nach dem Tode
des Fürsten ihren Ansichten über den Dahingeschiedenen
Worte zu leihen.

Man wird sagen können, daß Schillers Heimatjahre,
wenn man alles zusammen nimmt, unter den zwei historischen Romanen des Dichters am meisten befriedigen. Bedeutender ist zweifellos der Sonnenwirt; neben die Tiefe
der Charakterzeichnung und die tragische Leidenschaft dieses
Romans kann sich sein Vorgänger nicht stellen. Aber sein
Inhalt ist mannigfaltiger, giebt ein volleres Bild des Lebens und der Zustände, und dem Sonnenwirt haftet das

Bleigewicht der historisch = kriminalistischen Relation am
Schlusse schwer an.

Am deutlichsten springen zunächst die rein poetischen
Eigenschaften des Romans ins Auge. Modernen Kunst=
jüngern wird er wohl zu normale Sätze, zu wenig Gedanken=
striche und zu große Absätze haben; Leute, die ihre deutsche
Sprache lieb haben, werden um so gerner nach so einem
alten Herrn greifen, der deutsch hat schreiben können. Und
wie! Kurz hat von jeher über eine bedeutende Sprachge=
walt verfügt; zu der Schulung durch die großen Meister
der Erzählungskunst kommt die Fülle von Lokalanschauungen,
die Kenntnis der örtlichen Redeweise hinzu, die ihn für
jedes Ding den treffenden Namen finden läßt, ohne daß
er einen wie die Volksschilderer späterer und heutiger Tage
mit einem ganzen Scheffel von Idiotismen zu überschütten
braucht; die pointierte und prickelnde Manier seiner letzten
Zeit, die überhaupt nur in kurzen Erzählungen gut wirken
kann, ist noch ferne von ihm. Zu der vortrefflichen Sprache
kommt eine lebhafte Empfindung, die doch nie zur Leiden=
schaft wird, sondern immer die Dinge selbst reden läßt,
und eine eminente Fähigkeit der Anschauung. Jedem, der den
Roman gelesen hat, muß ohne Besinnen eine Anzahl der
lebendigsten Bilder und Vorgänge gegenwärtig sein, die mit
der vollen Kraft der ursprünglichen Farben in ihm nach=
wirken. Vor allem sind die Naturszenerien, namentlich bei der
Schilderung des Gaunerlebens, geradezu entzückend. Wenn
wir uns aber fragen, wodurch diese leuchtenden Bilder be=
wirkt sind, so muß die Antwort lauten: nicht durch pein=

liche Aneinanderreihung einzelner Mosaikstäbchen, nicht durch
rhetorische Deklamationen, sondern durch lebendige Hand=
lung und Bewegung. Wollte man für Lessings Verwerfung
der beschreibenden Poesie, für seine Forderung, daß der
Dichter die Beschreibung in Handlung auflösen müsse, neben
den homerischen Beispielen ein paar neue: man dürfte nur
anführen, wie die Winkel= und Mauerwerke der Reichsstadt
bei dem Gange Rollers zum Lichtkarz oder die Schluchten
des Schwarzwaldes beim Durchzug der Zigeuner in voller
Wirklichkeit vor einem stehen.

Fragen wir nach den tiefer liegenden Vorzügen der
Erfindung und Verkettung der Handlung, so wird auch hier
die Antwort zunächst die günstigste sein. Kurz war nicht
der erste, der die Brauchbarkeit der württembergischen Ge=
schichte für novellistische Darstellungen erkannt hatte. Es
soll nicht die Rede von Hauffs Lichtenstein sein, über den
die meisten bloß deshalb lächeln, weil sie ihn, wie Schiller
und Uhland, schon sehr früh kennen gelernt haben und des=
halb tief unter sich erblicken zu dürfen glauben; jene Zeit
des ausgehenden Rittertums und des angehenden modernen
Staats= und Kirchenwesens ist eine Welt für sich. Aber
auch aus dem achtzehnten Jahrhundert hatte derselbe Hauff
einen Erzählungsstoff gewählt; er hatte in seinem „Jud Süß“
die berüchtigtste Episode aus der Geschichte unseres Absolu=
tismus geschildert; er ist also hier gewissermaßen der Vor=
gänger von Kurz. Aber die Art und Weise der Novelle
Hauffs ist sehr charakteristisch verschieden von der Art des
späteren Erzählers. Eine politische Haupt= und Staats=

aktion ist der Untergrund des Ganzen, der Kampf der Land=
stände und der Landeskirche gegen den Despotismus und
Jesuitismus mit ihren Werkzeugen. Die Novelle ist voll
von politischem Pathos, aber doch von recht unreifem, das
gegen die viel reifere Art desselben Erzählers in der No=
velle „Das Bild des Kaisers" merkwürdig absticht. Die
Liebesgeschichte der Schwester des Juden und des Sohnes
des Konsulenten ist darauf wie ein himmelblauer Lappen
auf Purpurgrund aufgetragen: Max und Thekla im Ge=
wande des achtzehnten Jahrhunderts. Diese Novelle konnte
also Kurz etwa bestimmen, auch in die Stoffvorräte der
späteren Herzogszeit Württembergs hinein zu greifen, aber
zugleich es jedenfalls viel besser zu machen. Das hat er
denn auch gethan. Vor allem hat er einmal alles politische
Pathos weggelassen, das bei solchen älteren Stoffen über=
haupt eine mißliche Sache ist. Die württembergische Land=
schaft, welche Hauff im Sinne Uhlands als das Bollwerk
der verfassungsmäßigen Freiheit verherrlicht hatte, ist
hübsch bei Seite gelassen, und nur so gelegentlich ist hinge=
worfen, daß man an ihr doch nicht den mindesten Schutz
gegen die herzogliche Willkür haben würde, sobald diese
Willkür sich nicht gegen die Rechte und Interessen der
ständischen Oligarchie richtete. Kurz hat es damit nicht
allen recht gemacht. Er hatte, als 1856 die zweite Bear=
beitung des Romans erschien, das Bedürfnis, sich gegen
grobe Mißdeutungen von seiten der tendenziösen Preßmei=
nung zu sichern, welche zu vergessen geneigt sein dürfte, daß
„darin keine moderne politisch=kritische Zeit, sondern eine

patriarchalische Vergangenheit geschildert sei". Er ist darin zweifellos nicht nur mit künstlerischem Takt, sondern auch mit historischer Gerechtigkeit zu Werke gegangen.

Es zeigt sich das vor allem in der Charakterisierung des Herzogs Karl selbst. Man findet diesen im Lande noch immer viel genannten Fürsten bald ganz einseitig in Worten geschildert, wie sie für irgend einen grausen Wüterich irgendwo passen würden, bald hat er und noch mehr seine Franziska (die bei Kurz ganz mit Recht im Hintergrund gelassen ist) unglaubliche Verhimmelungen erfahren dürfen. Kurz besaß Kenntnisse und Scharfblick genug, um in keinen dieser Fehler zu verfallen. Sein Bild Karls ist von allen, die ich kenne, das beste; nur am Schluß, nach Karls Tode, ist der apologetische Ton im Munde Schillers und seiner Freunde nicht so recht passend — jener Schluß ist aber auch das schwächste am ganzen Roman; wie denn solche Epiloge, welche auf eine Art von partikularem jüngstem Gericht mit möglichster Wiederbringung aller Dinge hinauslaufen, noch selten wohl gelungen sind. In der Erzählung selbst ist die scharfe Zeichnung dieses Charakters nicht genug zu bewundern; er ist so recht sine ira et studio entworfen. Zwei Grundeigenschaften namentlich, die ihn erst recht verständlich machen, eine ungewöhnliche Vorurteilslosigkeit auf der einen und eine taschenspielerartige Versatilität, eine schauspielerhafte Eitelkeit auf der andern Seite, machen ihn erst verständlich. Und nun folgt aus dieser objektiven Schilderung einer despotischen Persönlichkeit und Gewalt ganz ungezwungen die politische Grundstimmung, welche mit den feurigsten Dekla-

mationen nicht zu erzielen gewesen wäre: „Er ist ein glän-
zendes Beispiel, daß es nicht gut ist, die Gewalt und die
Verantwortlichkeit in die Hände Eines Mannes zu geben".

Nehmen wir ferner hinzu, mit wie genauer Kenntnis
und Sicherheit die Verhältnisse und Lokalitäten gezeichnet
sind, wie abäquat der Ton der Erzählung und der Dialoge
den Dingen und Personen ist, welche dargestellt werden,
und wie das doch ohne jeden Aufputz von archäologischer
Stilgemäßheit erreicht ist und vollkommen natürlich an-
mutet, so dürfen wir wohl sagen: die württembergischen
Zustände in der späteren Zeit Herzog Karls sind nirgends
so richtig und lebendig dargestellt wie in diesem Roman.

Auch wenn man nach der Oekonomie der Erzählung
sucht, wird man leicht einen befriedigenden Zusammenhang
des Ganzen herausfinden. In der Geschichte der Person,
die nun einmal die Hauptperson des Ganzen ist, zeigt sich
poetische Gerechtigkeit. Der junge Magister ist auf dem
Punkte, seine Versorgung und damit die Hand seiner Geliebten zu gewinnen; die Gefahr hängt, ihm und ihr
unbewußt, über ihnen, daß beide entweder verbauern oder
unglücklich werden müßten, wenn sie nicht erst die Welt
kennen lernten. Da weist die Faust des Allgewaltigen ihm
einen andern Weg; die Liebesneigung kommt in Konflikt
mit den äußeren Verhältnissen, aber im selben Momente
zeigt sich, wie sehr zu befürchten gewesen wäre, daß der
bei einem jungen, talentvollen Manne ungesunde Quietis-
mus, der nur möglichst rasch in den Hafen einfahren möchte,
vor den Lockungen der Welt nicht Stand gehalten hätte.

Wie der Herzog Roller in das Leben hinausschickt, da ist
dieser rasch bereit, sich brauchen zu lassen; und nicht nur
das praktische Leben in der großen Welt reizt ihn, auch den
Wirkungen weiblicher Schönheit und Bildung steht er wehr=
los gegenüber. Er muß den ganzen Zauber des wilden
Naturlebens kosten und von dem Manne, der die Ordnung
im Lande vertritt, aufs schmählichste und unverdienteste ge=
kränkt werden, um noch im rechten Augenblick die Scheuß=
lichkeiten zu erleben, die jenes Naturleben in sich birgt, und
zu erkennen, daß sein Platz nur in der zivilisierten Welt=
ordnung sein kann. Nun wird er im Stande sein, künftige
Regenten zu erziehen, nun wird er geweiht sein, in die
Segnungen des häuslichen Lebens einzugehen; und ebenso
seine Braut, denn auch ihr ist im Wetterschein die Kraft
gewachsen. Der Herzog, der aus reiner Laune in beider
Geschick eingegriffen hat, hat schließlich, wie ein Teil von
jener Kraft, die stets das Böse will und stets das Gute
schafft, ihnen hinausgeholfen; er hat ihnen nur wie ein Werk=
zeug ihres eigenen Genius die Gelegenheit geben müssen,
sich mit dem Leben auseinander zu setzen. Persönliches und
Zuständliches sind so aufs engste und glücklichste verbunden.
Auch die Wahl des Helden ist recht glücklich. Roller ist
ein alter Stiftler wie Kurz selbst, der seine eigene ritter=
liche, feinfühlige Art, seine raschen Impulse, seine entzünd=
liche und bestimmbare Poetennatur auf ihn übertragen hat.
Von einem Manne seiner Art und seiner Bildung ist das
alles denkbar, was von ihm erzählt ist und wozu ein minder
fein gebildeter Mann zu stumpf, ein Weltkind zu klug wäre.

15*

Roller ist so nicht nur der Typus des gebildeten, aber welt-
unerfahrenen Mannes, an dem alle diese Dinge vor sich gehen,
sondern auch der des Dichters und Lesers, der sich aus der
Ferne der Zeit mit ihnen beschäftigt. Irgend ein bedeutender Mann als Mittelpunkt würde nicht getaugt haben;
er hätte die reine Schilderung des Zuständlichen unmöglich
gemacht.

Nicht ebenso wird man urteilen müssen über den Zusammenhang im Einzelnen. Man kann hier an manchem
Anstoß nehmen. Die unfreiwillige Entführung und Flucht
Lottchens ist eine zwar ganz gut erzählte, aber doch nicht
so ganz; neue Geschichte; sie hat ja den Zweck, das Mädchen
auch etwas erleben und dadurch innerlich gefräftigt werden
zu lassen; aber der Zweck konnte besser erreicht werden als
durch eine Geschichte, die man unwillkürlich als Parallele
zu der nachherigen Flucht Lauras auffassen muß, als was
sie doch gar nicht gedacht sein kann. Störend für die kom-
pakte Einheit des Ganzen ist auch manches, was mit Schillers
Erlebnissen zu thun hat. Die Geniestreiche der Akademisten,
das Treiben des Regimentsmedikus und seiner Freunde
stehen als bloß anekdotische Züge der Handlung ferne; und
so ist der zweite Teil derjenige geworden, der am wenigsten
innere Einheit besitzt. Auch noch gegen den Schluß ist es
für den klaren Ueberblick der Handlung nicht vorteilhaft,
wenn neben der Heimkehr Amaliens und Rollers auch die
gleichzeitige Schillers erzählt ist. Nicht nur, daß uns
bei dieser letzteren immer Streichers unübertrefflich brave
Erzählung vor Augen schwebt und die geistreicher ausge-

führte bei Kurz in Schatten stellt: es ist auch nicht eben
geschickt, wenn in verschiedenen Kapiteln berichtet ist, daß
Schiller und Streicher die Kirche in Illingen beleuchtet
sehen, in der natürlich Roller getraut wird, und daß Roller
und die Seinigen einen Wagen rollen hören, in dem natür=
lich Schiller und Streicher sitzen. Mit einem Wort: wo
wir uns von dem Helden selbst entfernen, ist die Erzählung
minder gut gefügt; und es ist kein Zufall, wenn der vordere
Teil des ersten Bandes und der dritte in ihrer flott fort=
laufenden Erzählung am besten sind.

Ein Ueberblick über die Quellen und die Entstehungs=
geschichte des Romans wird am besten zeigen können, wo=
her der Inhalt und die gelegentlichen Schwächen des Werkes
stammen.

Was die Geschichte Rollers selbst betrifft, so ist sie
offenbar frei erfunden. Ob Kurz irgend welche Anhalts=
punkte dafür hatte, weiß ich nicht. Es wird zwar behauptet,
ein Roller sei Schillers Lehrer gewesen, aber das ist falsch:
weder ist ein Roller Lehrer oder Aufseher an der Akademie
gewesen, noch hat es überhaupt in Württemberg einen Theo=
logen Roller gegeben, der dem Alter nach nur entfernt
passen würde. Jedenfalls ist die Art, wie Roller in Schillers
Jugendgeschichte verflochten ist, vollkommene poetische Licenz.
Was die gelegentlichen Andeutungen besagen sollen über
die Aehnlichkeit Rollers mit dem General Wimpffen, ist
nicht recht klar, denn nach dem Schlußabschnitt soll er
der rechte Sohn eines Pfarrers gewesen sein; es sind auch
jene Andeutungen in der zweiten Auflage mit Recht ge=

strichen worden. Bei Amalie und dem Expeditionsrat brauchen
wir keine bestimmten Originale zu suchen; solcher Unglück=
lichen, deren Tugend irgend ein Beamter durch eine Kon=
ventionsehe zu reparieren bereit war, gab es mehr als
genug. Ebenso hat Kurz für seine Aurora wohl kein be=
sonderes Modell gebraucht; deren fanden sich im Leben und
in der Dichtung seit Orsina und Milford nicht ganz wenige;
ebenso solche Gecken und Wüstlinge wie der Baron, dessen
Typus außer bei Schiller im Hofmarschall Kalb namentlich
bei Wilhelm Hauff zu finden war. Der Mystiker, der in
Lottchens Flucht eine Rolle spielt, wird kein anderer sein
als der bekannte Theosoph Oetinger, der in Murrhardt 1782
gestorben ist; denn die ganze Beschreibung paßt auf den
Welzheimer Wald, welchen Kurz von Buoch her kannte.
Für den Herzog und seine Karlsschule stand dem Dichter
nicht nur eine ziemlich ausgedehnte, da und dort zerstreute
Litteratur zu Gebot, sondern noch zwei weitere wichtige
Quellen. Erstlich konnte er eine Menge mündlicher An=
gaben und Anekdoten benutzen, denn es war seit Karls
Tode noch kein halbes Jahrhundert verstrichen. Namentlich
mußte er die alten Angehörigen der Akademie auszufragen,
die „Karlisten", wie er sie scherzend nannte; er nennt ins=
besondere Schlotterbeck, den bekannten Kasualdichter, der von
1788 an Lehrer an der Akademie gewesen war und erst
1840 in Stuttgart gestorben ist. Zweitens aber standen
ihm die im Cottaischen Besitz befindlichen Aufzeichnungen
Petersens, des bekannten Jugendgenossen Schillers, zur
Verfügung; Kurz hat sich aus diesen Papieren des unermüd=

lichen Notizenkrämers und Skandalhistorikers zahlreiche Aus=
züge gemacht, die in seinem Nachlaß noch vorhanden sind;
sie betreffen namentlich die übeln Seiten des Herzogs, und
Kurz konnte hier reiche Ernte halten — seine Künstlerschaft
hat er damit bewiesen, daß das Bild des Fürsten nirgends
zur Karikatur ausgeartet ist, als was es bei Petersen
oft genug erscheint. Auch über Schiller lag ihm schon eine
nicht ganz unbedeutende Litteratur vor; die Jugendfreunde
Petersen, Scharffenstein, Conz hatten in mehreren Zeit=
schriften, die Kurz zu Gebote standen, ihre Erinnerungen
niedergelegt; zuletzt kam noch Hoven's 1840 erschienene Selbst=
biographie hinzu, aus der Kurz die in die Situation passen=
den, aber mit den wirklichen Empfindungen Schillers kaum
so recht übereinstimmenden Reden Schillers über den toten
Herzog geschöpft hat. Am wichtigsten aber war Streichers
Bericht über die Flucht. Er war 1836 erschienen; Kurz
hatte ihn in der Zeitschrift „Der Spiegel" recensiert und
zwar etwas schnöde; denn er hatte nur für die Erscheinung
Schillers als des Pegasus im Joche ein Auge gehabt, keins
für das edle, unendlich liebenswürdige Herz, für die Treue
eines Hundes, die Streicher an den Tag gelegt hat. Im
Roman hat er das ein wenig gut gemacht, aber ein paar
Worte mehr hätte er schon haben dürfen für den auf=
opferndsten und selbstlosesten Freund, den je ein Dichter ge=
habt hat.

Die Beschreibung der berühmten Anlagen in Hohenheim,
des wunderlichsten Denkmals eines zwischen Sentimentalität
und Roheit oscillierenden Despotengeschmacks, konnte Kurz

aus mehr als einem Werke schöpfen; der Ernst der Zeiten
hatte schon längst mit rauher, aber gerechter Hand diese
Theaterkulissen und Schönheitspfläſterchen beſeitigt. Für
die Szenen mit Schubart gab ihm deſſen Chronik und Selbſt=
biographie genügende Ausbeute; ja er meinte ſich entſchul=
digen zu müſſen, daß er manches zu wörtlich entlehnt habe.
Die Figur Riegers ist recht nach dem Leben gezeichnet. An
ein paar Orten war ſeine Lebensgeſchichte ſchon erzählt;
am bekannteſten iſt die Darſtellung Schillers in der Erzäh=
lung „Spiel des Schickſals“, aus welcher aber kaum etwas
zu entnehmen geweſen wäre, als der Tod des Generals
zufolge einer Zornesaufwallung gegen einen Untergebenen.
Für das ſchöne Bild des edeln Hahn konnte Kurz etwa aus
ſeiner Autobiographie ſchöpfen, die 1828 erſchienen war.
Die Szenen, welche Schubart mit dem Schieferdecker Baur
im Adler in Stuttgart aufführte, waren durch mündliche
Ueberlieferung und durch einen Druck von 1792 in aller
Munde. Ein Lapſus oder eine abſichtliche Freiheit iſt es,
wenn Kurz die Freunde noch 1793 von den beiden als
Lebenden reden läßt, während ſie beide im Jahr 1791 ge=
ſtorben waren. Ein paar gute ſatiriſche Züge konnten Bern=
ritters „Wirtembergiſche Briefe“ von 1786 hergeben, welche
Kurz mit großer Freude geleſen hatte. Die myſteriöſe
Beichte des Schmieds gegen den Schluß entſtammt den
mündlichen Gerüchten, welche im Lande umliefen und noch
jetzt gehört werden können, daß Karl Alexander ermordet
worden ſei.

Die Räuberſzenen, mit einer des beſten Schilderers wür=

digen Kunst dargestellt, sind in ihrer Schattenseite nur zu
wirkliche Wahrheit gewesen. Der große Hannikel (Jakob
Reinhard) war Jahre lang der Schrecken des Landes; seine
Gefangennahme und Hinrichtung, welche erst 1787 stattfand, hat Kurz noch in die Begebenheiten von 1782
hineingezogen. Kurz konnte für diese Darstellungen insbesondere den vortrefflichen, 1793 erschienenen „Abriß des
Jauner- und Bettlerwesens in Schwaben" benutzen, der die
eigentlich klassische Darstellung dieser Dinge giebt und aus
dem er nachher für seinen Sonnenwirt mit noch vollerer
Hand schöpfen konnte. Laura aber ist keine Person des
achtzehnten Jahrhunderts, sondern soll nach einer Stuttgarter Dame geformt sein, die im Jahr 1833 dem elterlichen Haus entlaufen und eine Zeit lang mit Vaganten
herumgezogen war. Die köstliche Geschichte mit dem Kaffee,
den die bäurische Pfarrfrau schmälzt, um dem Gast eine
besondere Ehre anzuthun, soll wirklich passiert sein. Die
beiden Reutlinger Szenen sind eine Art Nachklang der schon
vorher von Kurz reizend erzählten Familiengeschichten. Kann
man bei der ersten zweifeln, ob sie nicht ein etwas über-
flüssiges, wenn auch noch so gut ausgefallenes Erzeugnis
des Lokalpatriotismus sei, so ist die zweite um so mehr an
ihrem Platz. Sie bildet ein ganz treffliches retardierendes
Moment zwischen den Greueln der Hannikelsbande und den
Szenen in Hohenheim und auf dem Asberg. Zugleich aber
soll sie wohl auch durchblicken lassen, daß Rollers Platz
weder bei den Ausgestoßenen der menschlichen Gesellschaft
ist, noch in dem banausischen Behagen reichsstädtischer Pa-

triarchentums, sondern — trotz allem, was geschehen ist und noch geschehen wird — in der großen Welt, in den Kreisen der gebildeten Gesellschaft, in der fortschreitenden Entwicklung der Menschheit.

Die Entstehungsgeschichte des Romans ist eine wahre Leidensgeschichte, wie sie hinter diesem auch in seinen düstern Partien noch von einer lebendigen, heiteren Frische durch=wehten Werke niemand suchen würde; eine Leidensgeschichte, zu der der Dichter selbst und andere in einer nicht mehr völlig entwirrbaren Vermischung beigetragen haben. In der Vorrede, die dem ersten Bande vorausgeschickt ist, hat er das angedeutet, und aus den Briefen und Aktenstücken, die in meiner Hand gewesen sind, läßt es sich genauer nach=weisen.

Nachdem Kurz 1832 mit der Uebersetzung englischer Gedichte und 1834 mit der Herausgabe des alten Faust=buchs schon als Student seine ersten litterarischen Gänge gewagt hatte, entschloß er sich im Anfang des Jahres 1836, von der Schriftstellerei zu leben und zog aus seinem Vikars=idyll in Ehningen nach Stuttgart in die laute Oeffentlichkeit. Es fehlte dort nicht an unternehmenden Buchhändlern. Hallberger beschäftigte ihn als Uebersetzer. Mit dem Datum 1837 auf dem Titelblatt, aber dem 4. November 1836 unter der Vorrede, erschienen bei Karl Erhard die „Genzianen", acht novellistische Skizzen, die alle dem Leben der Heimat ent=nommen waren und sofort das große Talent für die Schilderung des Zuständlichen, für die Auffindung des warmen Lokaltons bekundeten. Im nämlichen Jahr 1836

war Kurz auch schon mit dem Fürsten des Stuttgarter
Buchhandels, mit Cotta, in Verbindung gekommen. Nicht
nur hatten mehrere Novellen der genannten Sammlung in
diesem Jahr ihren ersten Abdruck in Cotta's „Morgenblatt"
erfahren; es hat sich auch im Sommer und Herbst längere
Zeit darum gehandelt, daß Kurz in Cottas Diensten nach
Augsburg übersiedeln sollte. Daraus ist nun nichts geworden. An Stelle dieses Plans trat ein anderer, den
ebenfalls die Cottaische Buchhandlung verwirklichen sollte,
und das war eben der Plan unseres Romans.

In der Vorrede vom 11. Februar 1843 sagt Kurz:
„Heinrich Roller oder vor sechzig Jahren, schwäbische Geschichten, so lautete der Titel, den der Verfasser heute vor
sechs Jahren, an Herzog Karls Geburtstage, so säuberlich
als ihm gegeben ist auf die erste ahnungsvolle weiße Seite
malte". Wirklich ist in den nicht ganz wenigen Briefen,
die in meiner Hand gewesen sind, vorher nie die Rede von
dem Roman; aber im Februar 1837 schrieb Kurz in seinem
barock=witzigen Briefstil an Adelbert Keller: „Dann schreibe
ich (honny soit qui mal y pense!) einen dreibändighistorisch=
KarlHerzoglichSchillerSchubartischSchieferdeckerischnational =
sechzigbogigen Roman". Von da an verschwindet der Plan
nicht wieder. Cotta ließ durch Gustav Schwab, der sich des
jungen Dichters stets freundlich annahm, bei ihm anfragen,
ob er den Roman nicht bekomme. Kurz übersandte im Mai
einen „Bauriß" zu der Erzählung. Der Dichter glaubte,
eine so weitgreifende Arbeit bedürfe einer reinen, ungestörten
Lage, einiger Reisen und zeitraubender Vorstudien; er glaubte

aber, wenn er durch pekuniäre Sicherung seiner Lage in völliger Muße leben könnte, so würde er zu Anfang des Jahres 1838 mit der Ausarbeitung fertig sein können. Cotta gewährte ihm einen Vorschuß und eine halbjährige Pension für die Arbeit, und Kurz zog im Juni 1837 nach Buoch, wo sein Freund Rudolf Kausler Vikar war. Er führte dort ein angenehmes Leben, lernte Land und Leute kennen und konnte das dort Gesehene namentlich später für seinen Sonnenwirt verwenden. Aber das Erträgnis jener Zeit für den Roller war sehr unbedeutend. Nachdem Kurz im November vierzehn Tage in Stuttgart gewesen und von dort nach Buoch zurückgekehrt war, schrieb er an Keller: „Der Winter treibt und schiebt an meinem Roman; ich sehe jedoch, daß diejenigen sehr im Irrtum sind, die da glauben, um zu arbeiten müsse man aufs Land gehen; Horaz hat das besser gewußt — das procul negotiis ist unzertrennlich davon. Die vierzehn Tage, die ich in Stuttgart war, habe ich aus Langerweile und Ueberdruß mehr gearbeitet als den ganzen Sommer hier". Und im Januar 1838 mußte er gegen Cotta gestehen, er habe bei diesem Roman sein gutes Lehrgeld bezahlen müssen; die Neuheit der Form, die Nähe der behandelten Zeit, die ein ganz freies Walten der Ein= bildungskraft ausschloß und „jedes Kapitel gleichsam mit Realität zu tränken gebot", hätten hemmend gewirkt; aber diese Verzögerung habe zugleich gedient, „dem Buche einen Gehalt zu geben, den es wenigstens auf den ersten Wurf nicht bekommen hätte"; die noch ungeschriebenen Partien seien innerlich so gut wie fertig. Auf den Mai sollte der

Roman vollendet sein. Einstweilen wurden im März zwei Bruchstücke aus „Heinrich Roller oder vor sechzig Jahren" im Morgenblatt abgedruckt: „Schiller als Schauspieler" und „Ein Mittagsmahl in der Hohen Carlsschule", welche später, mit ganz geringen Abweichungen, das zehnte, zwölfte und dreizehnte Kapitel des ersten Teils bildeten. Im April 1838 berichtet dann Kurz, das erste Buch des Romans sei groß geworden, fünfzehn mitunter sehr dicke Kapitel. „Wenn Cotta nur halb will, so laß' ich Buch für Buch drucken, hauptsächlich weil ich von der Teilnahme des Publikums auf Notizen hoffe." Anderthalb Kapitel, die in Reutlingen spielen, hat er mit großem Erfolg zwei Landsleuten vorge= lesen. Zwar redet Kurz in dem Briefe von vier mal fünf= zehn, muß also vorübergehend an vier Bücher gedacht haben; allein die andern Angaben stimmen alle zu der Annahme, daß das damals vollendete erste Buch gleich dem ersten Bande von 1843 gewesen ist.

Als nun aber Cotta das Manuskript des ersten Teils in der Hand hatte, machte er Schwierigkeiten. Er hatte, wie es Kurz schien, zwar Zutrauen zu dem Erfolg des Buches, aber „große Bedenklichkeiten in puncto loyalitatis". Ich und andere haben das früher auf die Laura=Geschichte bezogen. Das ist aber nicht möglich. Daß Kurz an den Scenen mit Hannikel erst 1842 gearbeitet hat, geht aus einem seiner damaligen Briefe deutlich hervor; von der ganzen Räubergeschichte ist 1838 noch keine Silbe fallen gelassen. Außerdem hat Kurz 1842 angegeben, es habe ursprünglich ein ganzer Band auf Schillers Dichterleben kommen sollen. Nach allem dem wird anzunehmen sein, daß Cotta allgemeinere politische Bedenken hatte. Kurz selbst sagte später, er habe „anstoßerregende Sachen" gestrichen, und schon 1838 schreibt er: „Nach Cottas Erklärung kann man entweder eine Apotheose der gegenwärtigen Regierung oder aber eine Beleidigung der Dynastie darin finden. Ein Vernünftiger, wie unsereins, wird über beides lachen". Man= cher wird sich erinnern, daß auch Laubes Karlsschüler, in denen Karl doch weit günstiger behandelt ist als bei Kurz, zu Lebzeiten König Wilhelms I. in Stuttgart nicht aufge= führt werden durften. Hermann Hauff, der Redakteur des Morgenblatts, wollte zwar acht Jahre später wissen, Cotta habe die Loyalitätsbedenken bloß vorgeschoben, in Wahrheit habe er zu dem buchhändlerischen Erfolg kein Zutrauen ge= habt. Ob das nun richtig ist oder nicht: Kurz unterwarf sich einer vertraulichen Zensur des Manuskripts, an der sich zwei höhere Beamte beteiligten. Das Resultat war, daß Cotta im Mai den Verlag ablehnte. Formell muß er dazu berechtigt gewesen sein, materiell war es furchtbar hart — nicht nur gegen das Buch, das uns wenigstens in seiner späteren Gestalt recht wenig inkriminierbar scheinen will, sondern noch mehr gegen den Verfasser. Die Vorschüsse, die Kurz von Cotta bekommen hatte, mußte er, da nie ein Werk von ihm bei Cotta erschien, langsam und widerwillig durch Artikel für Cotta's Zeitschriften abverdienen.

Was nun weiter? Ein Gedanke, den nur die Verzweif= lung eingeben konnte, war der, das Manuskript an die kö= nigliche Handbibliothek zu verkaufen; er wurde nur flüchtig aus=

gesprochen. Gegen weitere Veröffentlichungen im Morgen=
blatt hatte Cotta nichts, und so wurde ein weiteres Kapitel,
„Schillers Traum“, später das achte Kapitel des zweiten
Bandes, dorthin gegeben, aber wieder zurückgezogen und
erst 1839 in der Zeitschrift „Europa“ veröffentlicht. Für
das Ganze wurde ein anderer Verleger gesucht; und
zwar hatte Kurz, da sein Manuskript offenbar noch nicht
weiter reichte und er die Aengstlichkeit der Buchhändler ge=
genüber einem mehrbändigen Roman fürchtete, den Gedanken,
wenn einer nicht alle Bände übernehmen wolle, zunächst nur
den schon fertigen ersten zu publizieren. Außer diesem sei
Schillers Traum und die Geschichte mit dem Schwarzwälder
Pfarrhaus fertig; diese beiden könnten auch jede für sich
gegeben werden. Eigentlich genüge der erste Band für sich,
man brauche ja nur auf den Titel zu setzen „Schwäbische
Geschichten“, der Plural zeige dann schon an, daß man keine
organische Einheit zu erwarten habe; das Publikum werde
Appetit nach weiterem bekommen, und dann könne man ihm
den Rest auch noch vorsetzen. Genau genommen war das
etwas litterarischer Selbstmord, aber Kurz mußte leben und
brauchte Honorar, es komme woher es wolle; in seiner
ganzen Bitterkeit schrieb er am 2. September 1838 an
Schwab: „Ich schwöre Ihnen, ich habe diesen unglückseligen
Roman bloß angefangen, weil ich glaubte, ein deutscher
Autor sei verpflichtet, seiner Provinz auch einen Tribut ab=
zutragen. Wohlfeiler wenigstens hab' ich mir diesen Tribut
vorgestellt“.

Kein Verleger wollte etwas von dem Roman; in Stutt=

gart konnte man füglich wissen, daß Cotta davon zurück-
getreten war, sollten die kleineren Leute ihre Haut zu Markte
tragen? Hallberger, Metzler, Scheible lehnten ab. Für Aus-
wärtige mochte der Inhalt des Romans wenig Interesse
bieten; Sauerländer in Frankfurt, an den sich Kausler wandte,
der damals dort war, wollte nicht, auch mit Löwenthal
(Löning) war's nichts; und Brockhaus, an den Schwab den
Roman empfahl, wollte sich nur auf das Ganze einlassen.
Kurz machte Versuche, den Roman fortzusetzen; aber dazu
fehlte die Muße und die ruhige Stimmung. Er war genötigt, zunächst wieder von der Hand in den Mund zu leben.
Er stellte einen zweiten Novellenband zusammen, der unter
dem Titel „Dichtungen" 1839 in Pforzheim erschien. Er
ließ sich von dem rührigen Buchhändler Hoffmann in Stuttgart zur Teilnahme an einer Uebersetzung der Werke Byron's
anwerben, für welche er 1839 eifrig arbeitete, und machte
für denselben Verleger vom Sommer 1839 bis zum Januar
1841 seine Uebersetzung des Ariost.

Inzwischen hatte sich wieder Aussicht gezeigt, den Roller
los zu werden. Am 9. Juli 1840 wandte sich, vielleicht
durch Keller aufmerksam gemacht, der Tübinger Buchhändler
Fues an Kurz, ob er nicht Lust hätte, den Roman zu vollenden und ihm in Verlag zu geben. Kurz antwortete, er
müsse erst den Ariost vollenden, sei aber dann bereit, den
zweiten und dritten Band zu schreiben. Fues gab einstweilen einige Bemerkungen zu Stellen des ersten Bandes, die
Kurz dankbar annahm. Inzwischen aber machte dieser den
Vorschlag, doch einmal den ersten Band für sich zu geben; Fues

erklärte sich im September damit einverstanden. Weitere
Verhandlungen drehten sich um Nebensachen. Plötzlich, nach=
dem Fues im März 1841 noch ein paar sachliche Bemer=
kungen zum ersten Teil gemacht hatte, schrieb er am 17.
April: er könne den Roman nicht nehmen, das Ganze würde
den Leser nicht befriedigen; es sei das nicht bloß seine An=
sicht, sondern auch die „sehr kompetenter Richter" — man
sagt, es seien das zwei Studenten gewesen, was in Tü=
bingen sehr wohl möglich war. Kurz bestand auf seiner
Abmachung und bat Fues, sich doch nicht so besorgt für seinen
litterarischen Ruhm zu zeigen; ein Anerbieten mit niedri=
gerem Honorar und den von dritter Seite gemachten Vor=
schlag, die drei Bände in einen zusammenzuziehen, schlug er
im Bewußtsein seines Rechts ab. Es kam zum Prozeß;
am 23. Februar 1842 wurde Fues zur Veröffentlichung des
ersten Bandes und Honorarzahlung verurteilt. Er appel=
lierte an das Kreisgericht; dort ist es aber zu keiner Ver=
handlung gekommen, die Sache muß irgendwie beigelegt
worden sein. Jedenfalls ist der Roman nicht bei Fues er=
schienen. Schon im Mai 1841 hatte Schwab Hoffnung ge=
macht, Cotta werde den Roman doch nehmen; die Korrespon=
denz bricht aber ohne Resultat ab, nur vier Stücke, „Schu=
bart", „Schillers Räuber", „Das Pfarrhaus auf dem Schwarz=
walde", „Schillers Flucht aus Stuttgart", sind 1843 im
Morgenblatt mitgeteilt worden. Nicht lange jedoch, nach=
dem Kurz in seinem Galgenhumor an Keller geschrieben
hatte: „Ein Exemplar des Roller will ich dir in meinem
Testament vermachen, denn den erleb' ich nicht mehr", sollte

die Publikation doch zu Stande kommen. Der Stuttgarter
Verleger Franckh, der vor ein paar Jahren wegen poli=
tischen Vergehens verurteilt worden war, kam durch die
Amnestie nach dem Regierungsjubiläum wieder zu einem
Geschäft und wünschte den Roller zu bekommen. Kurz voll=
endete nun das Ganze, unter starken Umarbeitungen im
ersten Band, und war am 4. Dezember 1842 mit der Er=
zählung selbst fertig. Im Januar 1843 wurde der Vertrag,
freilich ein weit ungünstigerer als der mit Fues, geschlossen
und im Sommer konnten die drei Bände erscheinen.

Der unglückliche frühere Plan, nur den ersten Band
zu geben, spukt auch in der dreibändigen Ausgabe noch in
einer mir nicht recht begreiflichen Art. Der erste Band
nämlich hat nicht nur ein Vorwort, aus dem man unter
anderem erfährt, daß der Verleger den jetzt gewählten Titel
„Schillers Heimatjahre" zur Bedingung gemacht habe —
seltsamer Zufall, denn auf die gesamten drei Bände paßte
der alte Titel „Heinrich Roller" viel besser als auf den
ersten allein —, er hat auch einen höchst eigentümlichen
Epilog, „geschrieben im Mai 1841". Dieser sagt: „Selt=
same Begegnisse, die hier auseinanderzusetzen nicht der Ort
ist, haben die Erscheinung dieses Buchs seit mehreren Jahren
verzögert, und noch in dem Augenblicke, da ich diese Nach=
schrift schreibe, weiß ich nicht, wann und unter welchem
Titel es herauskommen wird". Wozu hat Kurz diesen an=
tiquierten Epilog in der fertigen Ausgabe mit abgedruckt?
Er schien ihm wohl deshalb nicht antiquiert, weil er immer
noch befürchten konnte, es möchte bei dem einen Bande

bleiben. Deshalb nämlich, und nun schlagen wir ein letztes
Blatt dieser Leidensgeschichte auf:

Gleich nach Abschluß des Vertrags munkelte man, Franckh
sei zahlungsunfähig; es sei auf den größten Teil des Ho=
norars Beschlag gelegt. Ein Konkurs ist damals nicht er=
öffnet worden; aber etwas muß an der Sache sein; denn
Kurz mußte im Sommer 1843 einen Civilprozeß gegen
Franckh anstrengen und zugleich eine Injurienklage gegen
ihn erheben. Leider existieren die Akten nicht mehr. Sicher
ist nur, daß das Werk noch 1843 herauskam; aber auch,
daß Kurz im Juli 1844 schrieb, er bekomme „auch diese
Messe nichts"; für den ganzen Rest der Auflage, für den
Tantieme ausgemacht war, über 500 Exemplare, bot ihm
Franckh damals 100 Gulden! Im Sommer 1845 schreibt
Kurz frohlockend, es seien 570 Exemplare abgesetzt; dem
war aber nicht so. Zwei Jahre nachher erschien eine Titel=
auflage. Damit hatte dieser Abschnitt von Künstlers Erden=
wallen ein Ende; es war ein Glück im Unglück, daß Kurz
von Ende 1844 an eine feste Stellung hatte.

Die Ereignisse der schwäbischen Vorzeit haben unserem
Dichter nie Ruhe gelassen. Schon im Januar 1838 dachte
er an einen Konrad Wiberhold: kein Unglück, daß er das
hat fallen lassen; der Stoff hätte ein patriotisches Pathos
verlangt, das dem lyrischen Gedichte sehr gut, dem Drama
mitunter, der Erzählung ganz und gar nicht zu Gesichte
steht. Im März 1838 schrieb er an Kausler: „Ich habe
meine Stoffe übersehen, und die haben sich dann gleich ganz
hübsch abgeteilt. Die württembergischen lassen sich nicht aus

der Prosa heraus heben, hier mag's denn beim Walter Scott bleiben. Die hohenstaufischen dagegen lassen sich der Tragödie nicht rauben, denn sie sind individuell. Dagegen bleiben mir zwei große Massen übrig, der Bauernkrieg und der dreißigjährige, und das wären meine Epopöen" — in Versen nämlich. Von allen diesen Möglichkeiten hat sich aber Kurz keine herausgesucht, sondern eine damals noch gar nicht erwogene. Zur nämlichen Zeit, als die Heimat= jahre im Druck fertig waren, Sommer 1843, redet er zum erstenmal von dem Sonnenwirt, und dieser Gegenstand hat ihn nun festgehalten. Der zweite Roman ist freilich durch die anstrengende Thätigkeit, die Kurz erst in Karlsruhe, dann vollends in Stuttgart am Beobachter auszuüben hatte, noch länger als der erste hinausgezogen worden; erst 1854 konnte er erscheinen. Diesmal hatte Kurz das Glück, an Meidinger in Frankfurt einen opferwilligen Verleger zu fin= den, der ihn gleich auch zu weiteren Unternehmungen an= spornen wollte. Nun sollten die Bauernaufstände des sech= zehnten Jahrhunderts daran kommen; es ist bald vom Armen Konrad bald von „1525" die Rede. Statt dessen kam es aber zu der prächtigen Dorfgeschichte „Der Weihnachtsfund", die im Sommer 1855 geschrieben wurde. Auf Stoffe aus der württembergischen Geschichte ist Kurz nur in einer an= dern Form zurückgekommen, welche bloß die Darstellungs= gabe des Schriftstellers, nicht die Erfindungskraft des Dich= ters in Anspruch nahm: in den „Bildern aus der Geschichte Schwabens", welche 1859 im Morgenblatt erschienen sind.

Der unermüdliche Meidinger sollte auch den Rest der

Auflage des ersten Romans ankaufen und eine neue veranstalten. Er fand das aber nicht praktikabel. Dagegen ließ sich Leins, der neue Eigentümer des Franckhischen Verlags, auf eine neue Auflage ein. Diese ist im Jahr 1856 zu Stande gekommen und mit dem Dezember war schon der letzte Bogen gedruckt. Auf dem Titel ist der Zusatz „Vaterländischer Roman" getilgt; mit ehrlicher Ignorierung der Restauflage von 1847 heißt es „Zweite durchgesehene Auflage"; aus den drei Bänden sind zwei geworden. Dieser Druck von 1856 liegt auch der weiteren Ausgabe zu Grunde, welche Heyse im zweiten, dritten und vierten Band seiner Ausgabe der Gesammelten Werke veröffentlicht hat, wieder in drei Bänden, aber mit etwas anderer Abgrenzung als 1843; ebenso der Ausgabe, welche am Ende der siebziger Jahre in Cotta's „Deutscher Volksbibliothek" erschienen ist.

Die Durchsicht in der Ausgabe von 1856 erstreckt sich auf alle Teile des Romans, wenn auch in verschiedenem Maße. Sie ist in der zweiten, später entstandenen Hälfte weniger durchgreifend als in der ersten. Sie besteht nur zum geringeren Teil in redaktionellen Veränderungen. Nicht nur die Gesamtentwicklung, sondern auch die Reihenfolge der einzelnen Kapitel ist vollkommen unverändert geblieben; nur sind ein paarmal in der Zählung zwei Kapitel in eins zusammengezogen worden. Vielmehr ist das Wesentlichste an der Bearbeitung eine durchgehende Verkürzung, nicht eben von erheblichem Belang, aber doch überall angewandt. Eine Menge von Kürzungen, namentlich der Dialoge, sind ohne jede Bedeutung. Daneben sind aber ein paarmal auch

etwas größere Stücke, aber immer nur Teile von Kapiteln,
ausgeworfen. Drei davon hat Kurz gerettet, indem er sie
dem Roman als Vorwort voranstellte: „Der historische
Roman", „Herzog Karl", „Zigeuner und Vaganten". Anderes
ist einfach weggelassen. Teils sind es kleine Anekdoten,
welche dem prüfenden Auge überflüssig erschienen, Figuren
aus der Zeit, von denen mündliche oder schriftliche Kunde
sich erhalten hatte, wie die Geschichte vom Gerberheiner
von Weilheim an der Teck (wo Kurz öfters bei einem Bruder
wohnte), die Figuren der Hofwäscherin und der Silber=
kämmerlingin, des alten Schauspielers Professor Uriot, des
Satirikers Bernritter und des Garteninspektors Walther,
dessen Feindschaft gegen Schiller der Roman auf eine wider=
wärtige Begegnung beim Kegelschieben zurückgeführt hatte.
Ein Traum Rollers wurde als unnützes Pendant zu dem
Traum Schillers beseitigt. Zum andern Teil hat aber Kurz
auch solche Partien entfernt, welche mit seiner eigenen Ver=
gangenheit und Bildung zu eng zusammenhingen und als
hängen gebliebene Eierschalen gemahnen konnten: einige
Stellen über Theologie und über das Tübinger Stift; auch
eine, die man bloß versteht, wenn man seine Briefe kennt:
eine nämlich, wo die homöopathische Theorie anachronistisch
angedeutet war; längere Exkurse über Astrologie im Zu=
sammenhang mit Hahn und Rollers apokalyptischen Studien
auf dem Asberg; leider auch eine schöne Apologie des echten
Pietismus — Kurz war in seinen jungen Jahren zwar ein
abgesagter Feind alles Kirchentums, aber durchaus nicht der
Religion, ja er war spiritistischen Dingen sogar zugeneigt;

später wird ihn die Nüchternheit des höheren Alters und vor allem die politische Thätigkeit härter und einseitiger in solchen Sachen gemacht haben. Am meisten ist der Schluß= abschnitt gekürzt, in den auch etwas gar zu viel retrospek= tive Weisheit zusammengedrängt gewesen war. Sachliche Veränderungen sind an der Erzählung nur im bescheidensten Maß vorgenommen worden. Notwendig war kaum eine der Auslassungen und Abweichungen, aber auch keine schädlich. Immerhin sind doch diese und jene unnützen Auswüchse beschnitten worden. Man mag, wenn man zum ersten Mal an den Roman herantritt — denn die gute alte Sitte, gute Bücher mehrmals zu lesen, ist hoffentlich noch nicht ganz tot —, ihn in der späteren Form lesen; wer ihn aber schon kennt, namentlich wenn er ein Schwabe ist und sich für konkrete Züge aus der Vergangenheit seines Landes und Volkes interessiert, der wird gerne nach der ersten Ausgabe in ihrer größeren Fülle naiver Einzelheiten greifen; und wäre es auch nur, weil sie im Druck viel schöner und opu= lenter ausgefallen ist als alle folgenden.

———

Es könnte ja nun scheinen, als ob die Geschichte eines solchen Kunstwerks bloß aus solchen Aeußerlichkeiten bestehen sollte, welche freilich großenteils doch mehr als bloße Aeußer= lichkeiten sind. Das wäre eine kaltsinnige Anschauung, die mir nicht einfallen kann. Wollen wir ein größeres Kunst= werk verstehen, das fertig vor uns steht, so werden wir nicht anders verfahren können, als indem wir seiner äußeren

Geschichte nachgehen. Da sehen wir dann, was der Dichter
von andern entnommen hat, was durch äußere Umstände
bewirkt war. Wenn wir das aber entfernen, so bleibt noch
ein Rest, der bei dem einen größer, bei dem andern kleiner
ist — und das ist seine dichterische Persönlichkeit. Sie ist
bei Kurz überall bedeutend und interessant, zweifellos im
Sonnenwirt bedeutender entwickelt als in unserem Roman,
aber auch hier schön und liebenswürdig genug ausgeprägt.
Wäre der Roman nichts weiter als das satteste und wahrste
Bild der württembergischen Dinge und Menschen um 1780,
so hätte er Lobes genug dafür anzusprechen. Er ist aber
mehr. Wer die Volksszenen, wer die Zigeunerwanderungen
in Schillers Heimatjahren gemacht hat, der ist ein echter
Dichter vom Scheitel bis zur Sohle gewesen.